编委会

主　任　杨临萍

副主任　刘竹梅　李明义　李相波　刘小飞　毛宜全

委　员（按姓氏笔画排序）

　　　　叶　阳　田心则　朱　婧　孙　茜　杨　迪
　　　　吴凯敏　宋春雨　胡夏冰　黄　鹏

执行编辑　宋春雨　叶　阳

撰稿人（按姓氏笔画排序）

　　　　王　立　王新田　仇彦军　叶　阳　田心则
　　　　朱　婧　刘牧晗　刘　哲　刘慧慧　孙　茜
　　　　陆　阳　杨　迪　吴凯敏　宋春雨　徐　阳
　　　　徐文文　曹　倩

最高人民法院环境资源审判指导系列

最高人民法院
生态环境侵权责任司法解释
理解与适用

最高人民法院环境资源审判庭 ◎ 编著

中国法制出版社
CHINA LEGAL PUBLISHING HOUSE

前　言

党的十八大以来，以习近平同志为核心的党中央把生态文明建设作为关系中华民族永续发展的根本大计，开展了一系列开创性工作，决心之大、力度之大、成效之大前所未有。新时代生态文明建设从理论到实践都发生了历史性、转折性、全局性变化，美丽中国建设迈出重大步伐，我国生态文明建设实现由重点整治到系统治理的重大转变、由被动应对到主动作为的重大转变、由全球环境治理参与者到引领者的重大转变、由实践探索到科学理论指导的重大转变。[①] 站在第二个百年奋斗目标新征程的起点，党的二十大报告深刻指出，中国式现代化是人与自然和谐共生的现代化，应坚定不移走生产发展、生活富裕、生态良好的文明发展道路。为当前和今后一段时期我国生态文明建设擘画了宏伟蓝图，指明了前进方向。

在民事立法领域，《中华人民共和国民法典》（以下简称《民法典》）在总则编首次确立了绿色原则。侵权责任编在原环境污染责任的基础上增加了生态破坏责任和惩罚性赔偿责任，扩大了生态环境侵权责任机制的救济范围，加大了对故意侵权人的惩治力度，为推进人与自然和谐共生的中国式现代化和美丽中国建设提供了有力的法律保障。

为准确适用《民法典》的规定，正确审理生态环境侵权案件，

---

① 参见《谱写新时代生态文明建设新篇章》，载求是网，http://www.qstheory.cn/qshyjx/2023-07/20/c_1129758865.htm，2023年9月8日访问。

依法保护当事人合法权益，最高人民法院制定《关于审理生态环境侵权责任纠纷案件适用法律若干问题的解释》（以下简称《解释》），就生态环境侵权案件范围和归责原则、数人侵权、责任主体、责任承担、诉讼时效等审判实践中的重点难点问题作出规定。《解释》于2023年6月5日经最高人民法院审判委员会第1890次会议通过，2023年8月15日发布，自2023年9月1日起施行。

《解释》的制定，是人民法院贯彻落实党中央生态文明建设新部署的重要举措。《解释》深入贯彻落实党的二十大报告和全国生态环境保护大会精神，牢固树立绿水青山就是金山银山的理念，落实用最严格的制度、最严密法治保护生态环境的要求，努力把党中央关于生态文明建设的重大决策部署转化为司法护航美丽中国建设的生动实践。

《解释》的制定，是人民法院积极回应人民群众优美生态环境新期盼的有力抓手。《解释》坚持以人民为中心的发展思想，将实现和保护好人民群众的生态环境权益作为生态环境审判工作的出发点和落脚点，通过对生态环境侵权法律适用问题的系统规定，切实回应人民群众的生态环境司法需求，依法及时有效维护被侵权人的合法权益。

《解释》的制定，是人民法院正确适用《民法典》生态环境保护新规定的必然要求。《解释》贯彻落实民法典绿色原则，深刻领会增加生态破坏责任的重大意义，准确把握《民法典》侵权责任编一般规定与环境污染和生态破坏责任章特殊规定的关系，进一步完善生态环境侵权实体裁判规则，确保《民法典》相关制度安排在审判实践中得到正确实施。

《解释》以习近平生态文明思想和习近平法治思想为指导，在制定的过程中坚持以下原则：一是恪守司法解释功能定位。以准确适用《民法典》生态环境侵权责任制度为根本价值追求，严格遵循立法原意，在《民法典》《中华人民共和国民事诉讼法》《中华人民共和国环境保护法》等法律制度框架下系统思考和解决生态环境侵权的法律适用问题，确保《解释》内容符合法律规定和立法精神。二是突出生态保护价值导向。坚持生态优先、绿色发展、系统保护司法理念，在平衡权利救济和行为自由基础上，突出生态环境保护的价值导向，充分发挥侵权责任制度的损失填补、损害预防等功能，推动人与自然和谐共生理念在审判工作中落地生根。三是遵循生态环境审判规律。准确把握生态环境侵权在归责原则、因果关系、第三人责任等方面的特殊性，深入研究能量污染损害事实的成立标准、环境修复和管控义务的主体责任、第三方治理机构在合同履行中的侵权责任等审判实践中的新情况新问题，完善数人侵权、公司法人人格否认、过失相抵、诉讼时效等制度在生态环境侵权案件中的具体适用规则，在2015年《最高人民法院关于审理环境侵权责任纠纷案件适用法律若干问题的解释》基础上继续丰富和发展，以更好适应生态环境法治发展和审判实践的需要。

　　为使司法工作人员和社会各界更好地了解《解释》出台的背景、意义，准确适用具体规则，我们组织参与司法解释制定的同志和部分业务骨干编写了本书。本书的写作坚持合法原则、问题导向、效果意识，系统阐释了条文主旨和适用要点，并对司法实践中的重点难点问题进行了详细阐述。本书成稿时间有限，作者水平有限，可能有疏漏之处，欢迎批评指正、提出宝贵意见，共同推动环境资源审判工作高质量发展。

最高人民法院环境资源审判庭
2023 年 9 月

凡 例

1. 为行文简洁，方便读者阅读，本书第三部分条文理解与适用法律名称均使用简称，如《中华人民共和国民法典》简称为《民法典》。

2. 相关司法解释直接使用了简称，具体如下：

序号	全称	简称
1	2015 年《最高人民法院关于审理环境侵权责任纠纷案件适用法律若干问题的解释》	《环境侵权责任规定》
2	2023 年《最高人民法院关于审理环境侵权责任纠纷案件适用法律若干问题的解释》	本解释
3	《最高人民法院关于审理环境民事公益诉讼案件适用法律若干问题的解释》	《环境民事公益诉讼解释》
4	《最高人民法院关于生态环境侵权民事证据的若干规定》	《生态环境侵权证据规定》
5	《最高人民法院关于贯彻执行〈中华人民共和国民法通则〉若干问题的意见（试行）》	《民法通则意见》

续表

序号	全称	简称
6	《最高人民法院关于审理人身损害赔偿案件适用法律若干问题的解释》	《人身损害赔偿司法解释》
7	《最高人民法院关于适用〈中华人民共和国民事诉讼法〉的解释》	《民事诉讼法司法解释》
8	《最高人民法院关于审理民事案件适用诉讼时效制度若干问题的规定》	《民事案件诉讼时效规定》
9	《最高人民法院关于生态环境侵权民事诉讼证据的若干规定》	《生态环境侵权证据规定》

目录
Contents

第一部分 司法解释全文

最高人民法院关于审理生态环境侵权责任纠纷案件适用法律若干问题的解释 …… 3

第二部分 司法解释新闻发布稿

《最高人民法院关于审理生态环境侵权责任纠纷案件适用法律若干问题的解释》新闻发布稿 …… 13

《最高人民法院关于审理生态环境侵权责任纠纷案件适用法律若干问题的解释》新闻发布会答记者问 …… 20

第三部分 条文理解与适用

第一条 【生态环境侵权类型】 …… 25
　【条文主旨】 …… 25
　【条文理解】 …… 25
　【审判实践中需要注意的问题】 …… 37

【法条链接】 …………………………………………… 39

第二条 【不作为生态环境侵权案件处理的情形】 ……… 40
　【条文主旨】 ……………………………………………… 40
　【条文理解】 ……………………………………………… 41
　【审判实践中需要注意的问题】 ………………………… 47
　【法条链接】 ……………………………………………… 49

第三条 【生产经营型相邻关系的生态环境侵权】 ……… 49
　【条文主旨】 ……………………………………………… 49
　【条文理解】 ……………………………………………… 50
　【审判实践中需要注意的问题】 ………………………… 55
　【法条链接】 ……………………………………………… 55

第四条 【归责原则】 ……………………………………… 57
　【条文主旨】 ……………………………………………… 57
　【条文理解】 ……………………………………………… 57
　【审判实践中需要注意的问题】 ………………………… 67
　【法条链接】 ……………………………………………… 68
　【典型案例】 ……………………………………………… 69

第五条 【数人侵权责任之一】 …………………………… 70
　【条文主旨】 ……………………………………………… 71
　【条文理解】 ……………………………………………… 71
　【审判实践中需要注意的问题】 ………………………… 83
　【法条链接】 ……………………………………………… 84

第六条 【数人侵权责任之二】 ········· 85
【条文主旨】 ········· 85
【条文理解】 ········· 85
【审判实践中需要注意的问题】 ········· 91
【法条链接】 ········· 94

第七条 【数人侵权责任之三】 ········· 96
【条文主旨】 ········· 96
【条文理解】 ········· 96
【审判实践中需要注意的问题】 ········· 106
【法条链接】 ········· 107

第八条 【数人侵权责任之四】 ········· 107
【条文主旨】 ········· 107
【条文理解】 ········· 107
【审判实践中需要注意的问题】 ········· 117
【法条链接】 ········· 118

第九条 【数人侵权责任之五】 ········· 118
【条文主旨】 ········· 119
【条文理解】 ········· 119
【审判实践中需要注意的问题】 ········· 129
【法条链接】 ········· 130

第十条 【帮助侵权责任】 ········· 131
【条文主旨】 ········· 131
【条文理解】 ········· 131
【审判实践中需要注意的问题】 ········· 138

【法条链接】…………………………………………… 138
【典型案例】…………………………………………… 139

第十一条　【过失为侵权行为提供便利的责任】…………… 141
【条文主旨】…………………………………………… 141
【条文理解】…………………………………………… 141
【审判实践中需要注意的问题】……………………… 148
【法条链接】…………………………………………… 149
【典型案例】…………………………………………… 150

第十二条　【"第三方治理"责任之一】………………… 152
【条文主旨】…………………………………………… 152
【条文理解】…………………………………………… 152
【审判实践中需要注意的问题】……………………… 161

第十三条　【"第三方治理"责任之二】………………… 162
【条文主旨】…………………………………………… 162
【条文理解】…………………………………………… 162
【审判实践中需要注意的问题】……………………… 169
【法条链接】…………………………………………… 170

第十四条　【"第三方治理"责任之三】………………… 171
【条文主旨】…………………………………………… 171
【条文理解】…………………………………………… 171
【审判实践中需要注意的问题】……………………… 180
【法条链接】…………………………………………… 180

第十五条 【生态环境侵权中的法人人格否认】 ………… 182
   【条文主旨】 ………… 182
   【条文理解】 ………… 182
   【审判实践中需要注意的问题】 ………… 193
   【法条链接】 ………… 194

第十六条 【违反安全保障义务致人损害的补充责任】 ………… 195
   【条文主旨】 ………… 195
   【条文理解】 ………… 195
   【审判实践中需要注意的问题】 ………… 203
   【法条链接】 ………… 206

第十七条 【违反生态环境风险管控和修复义务责任】 ………… 206
   【条文主旨】 ………… 206
   【条文理解】 ………… 206
   【审判实践中需要注意的问题】 ………… 223
   【法条链接】 ………… 224

第十八条 【第三人侵权责任之一】 ………… 225
   【条文主旨】 ………… 225
   【条文理解】 ………… 225
   【审判实践中需要注意的问题】 ………… 233
   【法条链接】 ………… 235

第十九条 【第三人侵权责任之二】 ………… 237
   【条文主旨】 ………… 237
   【条文理解】 ………… 237
   【审判实践中需要注意的问题】 ………… 245

【法条链接】 …………………………………………… 247

第二十条　【第三人侵权责任之三】 …………………… 248
【条文主旨】 …………………………………………… 248
【条文理解】 …………………………………………… 249
【审判实践中需要注意的问题】 ……………………… 257
【法条链接】 …………………………………………… 259

第二十一条　【相关机构弄虚作假的连带责任】 ……… 260
【条文主旨】 …………………………………………… 260
【条文理解】 …………………………………………… 260
【审判实践中需要注意的问题】 ……………………… 269
【法条链接】 …………………………………………… 271
【典型案例】 …………………………………………… 271

第二十二条　【生态环境侵权责任的范围】 …………… 274
【条文主旨】 …………………………………………… 274
【条文理解】 …………………………………………… 274
【审判实践中需要注意的问题】 ……………………… 280
【法条链接】 …………………………………………… 282
【典型案例】 …………………………………………… 284

第二十三条　【自然资源使用权益的损害赔偿】 ……… 288
【条文主旨】 …………………………………………… 288
【条文理解】 …………………………………………… 288
【审判实践中需要注意的问题】 ……………………… 301
【法条链接】 …………………………………………… 301

第二十四条 【连带责任的追偿权】 …… 302
【条文主旨】 …… 302
【条文理解】 …… 302
【审判实践中需要注意的问题】 …… 311
【法条链接】 …… 313

第二十五条 【数人侵权的责任划分】 …… 314
【条文主旨】 …… 314
【条文理解】 …… 314
【审判实践中需要注意的问题】 …… 324
【法条链接】 …… 326

第二十六条 【生态环境侵权过错相抵的适用】 …… 326
【条文主旨】 …… 326
【条文理解】 …… 326
【审判实践中需要注意的问题】 …… 338
【法条链接】 …… 339

第二十七条 【生态环境侵权诉讼时效期间的起算】 …… 340
【条文主旨】 …… 340
【条文理解】 …… 340
【审判实践中需要注意的问题】 …… 349
【法条链接】 …… 350

第二十八条 【生态环境侵权诉讼时效中断】 …… 350
【条文主旨】 …… 350
【条文理解】 …… 350
【审判实践中需要注意的问题】 …… 356

【法条链接】………………………………………… 357

第二十九条 【时间效力和新旧司法解释的衔接适用】………… 357
　　【条文主旨】………………………………………… 358
　　【条文理解】………………………………………… 358
　　【审判实践中需要注意的问题】…………………… 361
　　【法条链接】………………………………………… 362

第一部分

司法解释全文

最高人民法院关于审理生态环境侵权责任纠纷案件适用法律若干问题的解释

(2023年6月5日 法释〔2023〕5号)

为正确审理生态环境侵权责任纠纷案件，依法保护当事人合法权益，根据《中华人民共和国民法典》《中华人民共和国民事诉讼法》《中华人民共和国环境保护法》等法律的规定，结合审判实践，制定本解释。

第一条 侵权人因实施下列污染环境、破坏生态行为造成他人人身、财产损害，被侵权人请求侵权人承担生态环境侵权责任的，人民法院应予支持：

（一）排放废气、废水、废渣、医疗废物、粉尘、恶臭气体、放射性物质等污染环境的；

（二）排放噪声、振动、光辐射、电磁辐射等污染环境的；

（三）不合理开发利用自然资源的；

（四）违反国家规定，未经批准，擅自引进、释放、丢弃外来物种的；

（五）其他污染环境、破坏生态的行为。

第二条 因下列污染环境、破坏生态引发的民事纠纷，不作为生态环境侵权案件处理：

（一）未经由大气、水、土壤等生态环境介质，直接造成损害的；

（二）在室内、车内等封闭空间内造成损害的；

（三）不动产权利人在日常生活中造成相邻不动产权利人损害的；

（四）劳动者在职业活动中受到损害的。

前款规定的情形，依照相关法律规定确定民事责任。

第三条 不动产权利人因经营活动污染环境、破坏生态造成相邻不动产权利人损害，被侵权人请求其承担生态环境侵权责任的，人民法院应予支持。

第四条 污染环境、破坏生态造成他人损害，行为人不论有无过错，都应当承担侵权责任。

行为人以外的其他责任人对损害发生有过错的，应当承担侵权责任。

第五条 两个以上侵权人分别污染环境、破坏生态造成同一损害，每一个侵权人的行为都足以造成全部损害，被侵权人根据民法典第一千一百七十一条的规定请求侵权人承担连带责任的，人民法院应予支持。

第六条 两个以上侵权人分别污染环境、破坏生态，每一个侵权人的行为都不足以造成全部损害，被侵权人根据民法典第一千一百七十二条的规定请求侵权人承担责任的，人民法院应予支持。

侵权人主张其污染环境、破坏生态行为不足以造成全部损害的，应当承担相应举证责任。

第七条 两个以上侵权人分别污染环境、破坏生态，部分侵权人的行为足以造成全部损害，部分侵权人的行为只造成部分损害，被侵权人请求足以造成全部损害的侵权人对全部损害承担责任，并与其他侵权人就共同造成的损害部分承担连带责任的，人民法院应予支持。

被侵权人依照前款规定请求足以造成全部损害的侵权人与其他侵权人承担责任的，受偿范围应以侵权行为造成的全部损害为限。

第八条 两个以上侵权人分别污染环境、破坏生态，部分侵权人能够证明其他侵权人的侵权行为已先行造成全部或者部分损害，并请求在相应范围内不承担责任或者减轻责任的，人民法院应予支持。

第九条 两个以上侵权人分别排放的物质相互作用产生污染物造成他人损害，被侵权人请求侵权人承担连带责任的，人民法院应予支持。

第十条 为侵权人污染环境、破坏生态提供场地或者储存、运输等帮助，被侵权人根据民法典第一千一百六十九条的规定请求行为人与侵权人承担连带责任的，人民法院应予支持。

第十一条 过失为侵权人污染环境、破坏生态提供场地或者储存、运输等便利条件，被侵权人请求行为人承担与过错相适应责任的，人民法院应予支持。

前款规定的行为人存在重大过失的，依照本解释第十条的规定处理。

第十二条 排污单位将所属的环保设施委托第三方治理机构运营，第三方治理机构在合同履行过程中污染环境造成他人损害，被侵权人请求排污单位承担侵权责任的，人民法院应予支持。

排污单位依照前款规定承担责任后向有过错的第三方治理机构追偿的，人民法院应予支持。

第十三条 排污单位将污染物交由第三方治理机构集中处置，第三方治理机构在合同履行过程中污染环境造成他人损害，被侵权人请求第三方治理机构承担侵权责任的，人民法院应予支持。

排污单位在选任、指示第三方治理机构中有过错，被侵权人请求排污单位承担相应责任的，人民法院应予支持。

第十四条 存在下列情形之一的，排污单位与第三方治理机构应当根据民法典第一千一百六十八条的规定承担连带责任：

（一）第三方治理机构按照排污单位的指示，违反污染防治相关规定排放污染物的；

（二）排污单位将明显存在缺陷的环保设施交由第三方治理机构运营，第三方治理机构利用该设施违反污染防治相关规定排放污染物的；

（三）排污单位以明显不合理的价格将污染物交由第三方治理机构处置，第三方治理机构违反污染防治相关规定排放污染物的；

（四）其他应当承担连带责任的情形。

第十五条 公司污染环境、破坏生态，被侵权人请求股东承担责任，符合公司法第二十条规定情形的，人民法院应予支持。

第十六条 侵权人污染环境、破坏生态造成他人损害，被侵权人请求未尽到安全保障义务的经营场所、公共场所的经营者、管理者或者群众性活动的组织者承担相应补充责任的，人民法院应予支持。

第十七条 依照法律规定应当履行生态环境风险管控和修复义务的民事主体，未履行法定义务造成他人损害，被侵权人请求其承担相应责任的，人民法院应予支持。

第十八条 因第三人的过错污染环境、破坏生态造成他人损害，被侵权人请求侵权人或者第三人承担责任的，人民法院应予支持。

侵权人以损害是由第三人过错造成的为由，主张不承担责任或者减轻责任的，人民法院不予支持。

第十九条 因第三人的过错污染环境、破坏生态造成他人损害，被侵权人同时起诉侵权人和第三人承担责任，侵权人对损害的发生没有过错的，人民法院应当判令侵权人、第三人就全部损害承担责任。侵权人承担责任后有权向第三人追偿。

侵权人对损害的发生有过错的，人民法院应当判令侵权人就全部损害承担责任，第三人承担与其过错相适应的责任。侵权人承担责任后有权就第三人应当承担的责任份额向其追偿。

第二十条 被侵权人起诉第三人承担责任的，人民法院应当向被侵权人释明是否同时起诉侵权人。被侵权人不起诉侵权人的，人民法院应当根据民事诉讼法第五十九条的规定通知侵权人参加诉讼。

被侵权人仅请求第三人承担责任，侵权人对损害的发生也有过错的，人民法院应当判令第三人承担与其过错相适应的责任。

第二十一条 环境影响评价机构、环境监测机构以及从事环境监测设备和防治污染设施维护、运营的机构存在下列情形之一，被侵权人请求其与造成环境污染、生态破坏的其他责任人根据环境保护法第六十五条的规定承担连带责任的，人民法院应予支持：

（一）故意出具失实评价文件的；

（二）隐瞒委托人超过污染物排放标准或者超过重点污染物排放总量控制指标的事实的；

（三）故意不运行或者不正常运行环境监测设备或者防治污染设施的；

（四）其他根据法律规定应当承担连带责任的情形。

第二十二条 被侵权人请求侵权人赔偿因污染环境、破坏生态造成的人身、财产损害，以及为防止损害发生和扩大而采取必要措施所支出的合理费用的，人民法院应予支持。

被侵权人同时请求侵权人根据民法典第一千二百三十五条的规定承担生态环境损害赔偿责任的，人民法院不予支持。

第二十三条 因污染环境、破坏生态影响他人取水、捕捞、狩猎、采集等日常生活并造成经济损失，同时符合下列情形，请求人主张行为人承担责任的，人民法院应予支持：

（一）请求人的活动位于或者接近生态环境受损区域；

（二）请求人的活动依赖受损害生态环境；

（三）请求人的活动不具有可替代性或者替代成本过高；

（四）请求人的活动具有稳定性和公开性。

根据国家规定须经相关行政主管部门许可的活动，请求人在污染环境、破坏生态发生时未取得许可的，人民法院对其请求不予支持。

第二十四条 两个以上侵权人就污染环境、破坏生态造成的损害承担连带责任，实际承担责任超过自己责任份额的侵权人根据民法典第一百七十八条的规定向其他侵权人追偿的，人民法院应予支持。侵权人就惩罚性赔偿责任向其他侵权人追偿的，人民法院不予支持。

第二十五条 两个以上侵权人污染环境、破坏生态造成他人损害，人民法院应当根据行为有无许可，污染物的种类、浓度、排放量、危害性，破坏生态的方式、范围、程度，以及行为对损害后果所起的作用等因素确定各侵权人的责任份额。

两个以上侵权人污染环境、破坏生态承担连带责任，实际承担责任的侵权人向其他侵权人追偿的，依照前款规定处理。

第二十六条 被侵权人对同一污染环境、破坏生态行为造成损害的发生或者扩大有重大过失，侵权人请求减轻责任的，人民法院可以予以支持。

第二十七条 被侵权人请求侵权人承担生态环境侵权责任的诉讼时效期间，以被侵权人知道或者应当知道权利受到损害以及侵权人、其他责任人之日起计算。

被侵权人知道或者应当知道权利受到损害以及侵权人、其他责任人之日，侵权行为仍持续的，诉讼时效期间自行为结束之日起计算。

第二十八条 被侵权人以向负有环境资源监管职能的行政机关请求处理因污染环境、破坏生态造成的损害为由，主张诉讼时效中断的，人民法院应予支持。

第二十九条 本解释自 2023 年 9 月 1 日起施行。

本解释公布施行后，《最高人民法院关于审理环境侵权责任纠纷案件适用法律若干问题的解释》（法释〔2015〕12 号）同时废止。

第二部分

司法解释新闻发布稿

《最高人民法院关于审理生态环境侵权责任纠纷案件适用法律若干问题的解释》新闻发布稿①

2023年8月15日上午，最高人民法院召开新闻发布会，发布《最高人民法院关于审理生态环境侵权责任纠纷案件适用法律若干问题的解释》和《最高人民法院关于生态环境侵权民事诉讼证据的若干规定》，并回答记者提问。最高人民法院副院长杨临萍、最高人民法院环资庭庭长刘竹梅、最高人民法院环资庭副庭长李明义出席，最高人民法院新闻局副局长王斌主持。

党的十八大以来，以习近平同志为核心的党中央把生态文明建设作为关系中华民族永续发展的根本大计，开展了一系列开创性工作，生态文明建设从理论到实践都发生了历史性、转折性、全局性变化，美丽中国建设迈出重要步伐。今年6月28日，第十四届全国人民代表大会常务委员会第三次会议通过《关于设立全国生态日的决定》，将8月15日设立为全国生态日，对于更好学习宣传贯彻习近平生态文明思想，以钉钉子精神推动生态文明建设不断取得新成效，具有重要意义。

为贯彻落实全国人大常委会决定精神，向全社会展示人民法院贯彻落实习近平生态文明思想、服务保障生态文明建设的生动实践

---

① 参见《最高人民法院发布〈关于审理生态环境侵权责任纠纷案件适用法律若干问题的解释〉》，载最高人民法院网站，https://www.court.gov.cn/zixun/xiangqing/408962.html，2023年8月15日访问。为尽力保持新闻发布稿原貌，本部分条文序号为阿拉伯数字。

和工作成绩，最高人民法院经过充分准备，决定在 8 月 15 日发布《关于审理生态环境侵权责任纠纷案件适用法律若干问题的解释》《关于生态环境侵权民事诉讼证据的若干规定》两部生态环境保护方面的重要司法解释，进一步健全完善生态环境审判法律适用规则体系，推动生态环境审判工作高质量发展。

在此之前，最高人民法院已向各高级人民法院发出通知，指导全国法院深入开展首个全国生态日宣传活动；发布了《关于具有专门知识的人民陪审员参加环境资源案件审理的若干规定》《关于审理破坏森林资源刑事案件适用法律若干问题的解释》；组织开展了全国法院生态环境公益诉讼审判优秀业务成果评选；与最高人民检察院联合发布了《关于办理环境污染刑事案件适用法律若干问题的解释》和一批生态环境公益诉讼典型案例；通过一系列"组合拳"，抓实抓好首个全国生态日生态文明宣传教育活动。

《最高人民法院关于审理生态环境侵权责任纠纷案件适用法律若干问题的解释》（以下简称《解释》）已于 2023 年 6 月 5 日经最高人民法院审判委员会第 1890 次会议审议通过，现就该解释制定的背景和意义、基本原则、主要内容作简要介绍说明。

一、制定背景和意义

制定《解释》，是人民法院贯彻落实党中央生态文明建设新部署的重要举措。《解释》深入贯彻落实党的二十大报告和全国生态环境保护大会精神，牢固树立绿水青山就是金山银山理念，落实用最严格制度最严密法治保护生态环境要求，努力把党中央关于生态文明建设的重大决策部署转化为司法护航美丽中国建设的生动实践。

制定《解释》，是人民法院积极回应人民群众优美生态环境新期盼的有力抓手。《解释》坚持以人民为中心的发展思想，将实现和保护好人民群众生态环境权益作为生态环境审判工作的出发点和落脚点，通过对生态环境侵权法律适用问题的系统规定，切实回应人民群众的生态环境司法需求，依法及时有效维护被侵权人合法权益。

制定《解释》，是人民法院正确适用民法典生态环境保护新规定的必然要求。《解释》贯彻落实民法典绿色原则，深刻领会增加生态破坏责任的重大意义，准确把握民法典侵权责任编一般规定与环境污染和生态破坏责任章特殊规定的关系，进一步完善生态环境侵权实体裁判规则，确保民法典相关制度安排在审判实践中得到正确实施。

二、制定的基本原则

《解释》坚持以习近平生态文明思想和习近平法治思想为指导，在制定的过程中坚持以下原则：

一是恪守司法解释功能定位。以准确适用民法典生态环境侵权责任制度为根本价值追求，严格遵循立法原意，在民法典、民事诉讼法、环境保护法等法律制度框架下系统思考和解决生态环境侵权的法律适用问题，确保《解释》内容符合法律规定和立法精神。

二是突出生态保护价值导向。坚持生态优先、绿色发展、系统保护司法理念，在平衡权利救济和行为自由基础上，突出生态环境保护的价值导向，充分发挥侵权责任制度的损失填补、损害预防等功能，推动人与自然和谐共生理念在审判工作中落地生根。

三是遵循生态环境审判规律。准确把握生态环境侵权在归责原则、因果关系、第三人责任等方面的特殊性，深入研究能量污染损害事实成立标准、环境修复和管控义务主体责任、第三方治理机构在合同履行中的侵权责任等审判实践中的新情况新问题，完善数人侵权、公司人格否认、过失相抵、诉讼时效等制度在生态环境侵权案件中的具体适用规则，及时取代 2015 年环境侵权司法解释，以更好适应生态环境法治发展和审判实践需要。

三、《解释》的主要内容

《解释》共29条，主要规定生态环境侵权案件范围、归责原则、数人侵权、责任主体、责任承担、诉讼时效等内容。下面，我就《解释》规定的主要问题进行说明：

（一）关于生态环境侵权的案件范围

根据民法典侵权责任编环境污染和生态破坏责任章的规定，结合最高人民法院《民事案件案由规定》，本解释所规定的生态环境侵权案件，仅指私益侵权，具体包括环境污染责任纠纷案件和生态破坏责任纠纷案件。与一般侵权不同，生态环境侵权在归责原则、因果关系证明等方面具有特殊性，所适用的法律规则亦有不同，因此合理确定生态环境侵权案件范围十分必要。对此，《解释》第1条作出正向规定，明确环境污染包括废水、废气等物质型污染，以及噪声、振动等能量型污染；生态破坏包括非法采矿、乱砍滥伐等不合理开发利用自然资源造成的生态破坏，以及违法引进、释放、丢弃外来物种等造成的生态破坏。《解释》第2条作出反向排除规定，明确未经生态环境介质直接造成人身财产损害、封闭空间内发生损害、劳动者在职业活动中受到损害、日常生活中造成相邻不动产权利人损害等情形，不属于生态环境侵权的案件范围，可依照其他法律规定确定相关民事责任。

（二）关于数人侵权

数人侵权是生态环境侵权案件中较为常见的侵权形态，侵权人的责任承担是审判实践中的重点难点问题。《解释》根据民法典侵权责任编关于数人侵权的一般规定，结合生态环境侵权责任归责原则和案件特点，通过第5条至第9条作出明确规定：其一，根据民法典第1171条规定，两个以上侵权人分别实施污染环境、破坏生态行为造成同一损害，每个人的行为都足以造成全部损害的，侵权人承担连带责任；其二，两个以上侵权人排放无害物质相互作用产生污染物，或者两个以上侵权人排放污染物相互作用产生次生污染物，由于每个侵权人的行为都是损害发生的原因，侵权人应当承担连带责任；其三，两个以上侵权人中每个侵权人的行为都不足以造成全部损害的，根据民法典第1172条的规定确定各侵权人的责任比例和份额；其四，部分侵权人的行为足以造成全部损害，部分侵权人的行为只造成部分损害，由足以造成全部损害的侵权人对全部损害承担责任，并与其他侵权人就共同造成的损害部分承担连带责任，但被侵权人受偿应以侵权行为造成的全部损害为限。

（三）关于第三方治理中的损害赔偿

环境污染第三方治理是排污者按约定支付费用、委托环境服务公司进行污染治理的市场化新模式，在环境污染治理方式中的比重不断上升。针对审判实践中涉及的侵权责任承担问题，《解释》第12条至第14条区分三种情形予以规定：其一，排污单位将所属环保设施委托第三方治理机构运营，第三方治理机构在合同履行过程中污染环境造成他人损害的，因污染治理设施由排污单位提供，第三方治理机构在排污单位管理下运营设施，故应当由排污单位承担侵权责任；排污单位承担侵权责任后，可以向有过错的第三方治理机构追偿。其二，排污单位将污染物交由第三方治理机构集中处置，第三方治理机构在合同履行过程中污染环境造成他人损害的，因污染治理设施由第三方治理机构建设运营并实际控制，故应当由第三方治理机构承担侵权责任；排污单位在选任、指示第三方治理机构中有过错的，应当承担相应责任。其三，排污单位与第三方治理机构构成共同侵权的，应当承担连带责任。

（四）关于第三人侵权

民法典第1233条对因第三人过错造成污染环境、破坏生态的情形作出规定。如何正确理解和适用该条规定，是审判实践中的难点问题。为此，《解释》第 18 条至第 20 条从以下方面作出规定：其一，虽然第三人对损害发生有过错，但侵权人应当承担全部侵权责任；侵权人以第三人的过错为由主张减轻或免除责任的，不予支持。其二，侵权人无过错的，在承担全部责任后可以向第三人追偿；侵权人对损害发生也有过错的，在承担全部责任后，可以就超出的责任份额向第三人追偿。其三，被侵权人仅起诉第三人承担责任时，人民法院应当向其释明是否同时起诉侵权人；被侵权人经释明不起诉侵权人的，人民法院应当根据民事诉讼法第 59 条规定通知侵权人参加诉讼。

（五）关于法人人格否认制度的适用

实践中，排污企业滥用公司法人独立地位和股东有限责任，在实施污染环境、破坏生态行为后逃避责任的情形时有发生。为解决这一问题，《解释》第 15 条规定了法人人格否认制度在生态环境侵权中的具体适用规则。根据公司法第 20 条的规定，法人人格否认制度既适用于自愿交易的合同行为，也适用于非自愿交易的侵权行为。相较于合同相对人基于意思自治决定是否与公司发生交易，被侵权人所受损害是完全被动的，在确定生态环境侵权责任时适用法人人格否认制度，既符合公司法第 20 条的规定，也有利于被侵权人合法权益和生态环境的保护。

（六）关于特定利益的保护

关于污染环境、破坏生态行为对自然资源使用利益造成损害的救济问题，《解释》第 23 条规定，在符合以下特定条件时，请求人主张行为人承担责任的，人民法院应予支持：第一，请求人的活动位于或者接近生态环境受损区域；第二，请求人的活动依赖受损害生态环境；第三，请求人的活动不具有可替代性或者替代成本过高；

第四，请求人的活动具有稳定性和公开性。此外，请求人的活动如依照国家规定须经相关行政主管部门许可的，还应当依法取得许可。在具备前述条件情况下，请求人对自然资源的使用利益属于侵权责任制度所保护的法益范围，应当依法予以适当保护。

（七）关于过失相抵规则的适用

民法典第1173条规定了过失相抵的一般规则。《解释》第26条结合生态环境侵权特点，遵循侵权责任法基本理论，规定被侵权人对同一污染环境、破坏生态行为造成损害的发生或者扩大有重大过失，侵权人请求减轻责任的，人民法院可以支持，以在保护被侵权人合法权益基础上更好地平衡当事人双方的责任。

人与自然和谐共生是中国式现代化的重要特征，建设美丽中国是全面建设社会主义现代化国家的重要目标。人民法院将以纪念全国生态日为契机，更加深入地贯彻落实习近平生态文明思想和习近平法治思想，更加充分地发挥生态环境审判职能作用，更加有效地开展生态环境法治宣传教育活动，努力为全面推进美丽中国建设、加快推进人与自然和谐共生的现代化提供更加有力的司法服务和保障。

《最高人民法院关于审理生态环境侵权责任纠纷案件适用法律若干问题的解释》新闻发布会答记者问[①]

问题：由于生态环境侵权纠纷的特殊性，诉讼时效的计算对保护被侵权人至关重要。能否介绍下，《解释》在诉讼时效制度方面有哪些新规定？

答：针对生态环境侵权的诉讼时效制度，《解释》主要明确了以下两方面内容：**一是明确持续性侵权的诉讼时效起算点**。《解释》第 27 条规定，被侵权人知道或者应当知道权利受到损害以及侵权人、其他责任人之日，侵权行为仍持续的，诉讼时效期间自行为结束之日起计算。这样规定的理由在于，其一，从立法沿革看，生态环境侵权责任纠纷案件的诉讼时效较一般民事案件更有利于被侵权人，以行为结束之日作为起算点，符合对被侵权人的特殊保护；其二，持续性的生态环境侵权可视为一个整体，从行为结束之日起计算诉讼时效符合侵权责任基本法理；其三，生态环境侵权致害因果关系链条复杂，损害结果具有潜在性、滞后性和不确定性，判断被侵权人知道或者应当知道权利受到损害以及侵权人、其他责任人之日较为困难，而行为结束之日更易合法合理判断。

二是明确诉讼时效中断的特殊事由。《土壤污染防治法》第 96

[①] 参见《最高法相关负责人就最新发布的生态环境侵权相关司法解释答记者问》，载最高人民法院网站，https://www.court.gov.cn/zixun/xiangqing/408952.html，2023 年 8 月 15 日访问。另本部分仅节录与本解释相关的问题，特此说明。

条第 3 款规定:"土壤污染引起的民事纠纷,当事人可以向地方人民政府生态环境等主管部门申请调解处理,也可以向人民法院提起诉讼。"《水污染防治法》第 97 条也有类似规定。为依法支持政府主管部门发挥职能作用,促进纠纷及时有效化解,维护被侵权人合法权益,《解释》第 28 条规定,被侵权人以向负有环境资源监管职能的行政机关请求处理因污染环境、破坏生态造成的损害为由,主张诉讼时效中断的,人民法院应予支持。

第三部分

条文理解与适用

> 第一条 【生态环境侵权类型】侵权人因实施下列污染环境、破坏生态行为造成他人人身、财产损害，被侵权人请求侵权人承担生态环境侵权责任的，人民法院应予支持：
>
> （一）排放废气、废水、废渣、医疗废物、粉尘、恶臭气体、放射性物质等污染环境的；
>
> （二）排放噪声、振动、光辐射、电磁辐射等污染环境的；
>
> （三）不合理开发利用自然资源的；
>
> （四）违反国家规定，未经批准，擅自引进、释放、丢弃外来物种的；
>
> （五）其他污染环境、破坏生态的行为。

【条文主旨】

本条是生态环境侵权责任的正向阐释，列举式规定了生态环境侵权行为，进而明确生态环境侵权案件的范围边界。

【条文理解】

本条规定和本解释第二条从正向列举和反向排除两个方面，共同限定了本解释的适用范围。首先，本解释系针对《民法典》[①] 第一千二百二十九条规定的环境私益侵权责任，作出相应法律适用的

[①] 注：《民法典》已于 2021 年 1 月 1 日起实施，《婚姻法》《继承法》《民法通则》《收养法》《担保法》《合同法》《物权法》《侵权责任法》《民法总则》同时废止。下文不再对上述法律规范的效力作特别说明。

解释，即将生态环境侵权限缩为仅仅针对造成他人人身、财产之私益损害的环境侵权责任，而不包括《民法典》第一千二百三十四条、第一千二百三十五条规定的生态环境损害之公共利益的环境侵权责任，从而排除环境公益侵权的一般性适用。其次，本解释采用环境法学界、环境科学界及各国研究、实践中取得了广泛认同的环境污染和生态破坏二分法，将生态环境侵权界定为侵权人通过污染环境行为、破坏生态行为作用于生态环境，经生态环境对享有法律权利的特定主体或不特定群体的人身、财产造成损害，依法应当承担民事责任的法律状态。最后，本条将承担生态环境侵权责任的原因行为划分为污染环境行为、破坏生态行为，以此将生态环境侵权责任划分为污染环境侵权责任、破坏生态侵权责任，进而明确了属于生态环境侵权纠纷的案件范围，并以分类列举的方式明确了生态环境侵权行为，其中，第一项、第二项针对污染环境行为作出规定，第一项是关于物质型污染的一般规定，第二项是关于能量型污染的一般规定；第三项、第四项主要从生态破坏的角度对破坏生态行为作出规定，第三项是对自然资源利用过程中的破坏生态行为作出的概括性规定，第四项是对涉及外来物种的破坏生态行为作出的专门性规定；同时，考虑到实践中环境污染行为和破坏生态行为的复杂性、多样性、交叠性等特点，有限的条文可能无法完全列举和囊括所有生态环境侵权行为，故本条采取开放式规定，第五项对污染环境行为和破坏生态行为作出兜底性规定，即除了前四项列举的常见污染环境行为和破坏生态行为之外，其他凡符合污染环境、破坏生态本质要义的行为，均属于本解释的规制范畴。

一、解释的定位和适用

（一）定位

本解释的规定系根据《民法典》侵权责任编环境污染和生态破坏责任章的规定，并结合最高人民法院《民事案件案由规定》确定。换言之，《民法典》侵权责任编是本解释的实体法依据。而《民法典》侵权责任编又是我国侵权责任纠纷的基础性法律依据，属于侵权责任的一般法规定，故解释理应具有生态环境侵权责任纠纷的基础规定、一般规定的地位。

《民法典》将生态环境侵权责任作为侵权责任的特别规定，其构建的生态环境侵权责任体系下，生态环境公共利益与私益被一并纳入保护范畴，一般认为，其中第一千二百二十九条至第一千二百三十三条主要规制生态环境私益侵权，第一千二百三十四条、第一千二百三十五条专门规制生态环境公益侵权。解释的实体法依据，具体来讲是《民法典》第一千二百二十九条至第一千二百三十三条，故本解释针对造成他人人身、财产之私益损害的生态环境侵权责任作出规定，亦为生态环境私益侵权的法律适用规则。

（二）适用范围和顺位

《民法典》第一千二百二十九条至第一千二百三十三条既属于生态环境私益侵权的规定，也属于生态环境侵权的一般规定；第一千二百三十四条和第一千二百三十五条专属于对生态环境公益侵权责任的特别规定。生态环境侵权的一般规定既适用于生态环境私益侵权责任，又适用于生态环境公益侵权责任条款没有特别规定的情形；而生态环境公益侵权责任的特别规定，仅适用于生态环境公益侵权责任。相对于一般侵权，生态环境侵权属于特殊侵权，只有在《民法典》第一千二百二十九条至第一千二百三十五条均无相应规定的情况下，才适用《民法典》侵权责任编第一章、第二章、第三章等一般侵权责任的规定。最高人民法院2015年《环境侵权责任规定》亦遵循这一逻辑，也即既适用于环境民事公益诉讼，又适用于环境民事私益诉讼，规定两类诉讼共同适用的一般规则，重点规范污染者如何承担责任等实体问题。[①] 同时，考虑这两类诉讼虽在案件事实认定、责任承担等方面存在共性，但环境公益诉讼在诉讼主体、诉讼目的、诉讼请求等方面不同于环境私益诉讼，故最高人民法院先后起草了《环境民事公益诉讼解释》、与最高人民检察院共同起草了《关于检察公益诉讼案件适用法律若干问题的解释》，仅规定适用于环境公益诉讼的特殊规则，重点规范环境公益诉讼的当事人、管辖等程序性问题。因此，本解释的适用也遵循上述逻辑，所作规定首先适用生态环境私益侵权责任，而排除对生态环境公益侵权责任的一般性适用，即在侵权人实施的污染环境行为、破坏生态行为对特定主体（含个人、集体/组织）造成人身或财产损害时，适用本解释之规定，在本解释没有相应规定的情况下，适用一般侵权责任规则；同时，本解释把生态环境公益侵权责任的规制，留待环境公益诉讼、生态损害赔偿诉讼等特别司法解释作出，只有在特别司法解释没有相应规定的情况下，才适用本解释之规定，若本解释亦无相应规定，则适用一般的侵权责任规则。也就是说，生态环境公益侵权由专门的特别规定加以规制，仅在生态环境公益侵权的规制规则没有规定的情况下，才将生态环境私益侵权的规制规则作为生态环境侵权的一般规则加以适用；生态环境侵权的一般规则亦无规定的，再考虑

---

① 该司法解释第十八条第一款规定："本解释适用于审理因污染环境、破坏生态造成损害的民事案件，但法律和司法解释对环境民事公益诉讼案件另有规定的除外。"

适用一般的侵权责任规则。

另外,《环境保护法》的规定,相对于《民法典》侵权责任编的规定是特别法规范,但相对于《海洋环境保护法》《水污染防治法》《大气污染防治法》《固体废物污染环境防治法》《噪声污染防治法》《放射性污染防治法》等环境保护单行法的规定,又是一般法规范。为此,我们认为,本解释的适用应当遵循特别法优于一般法的规则,把握如下规制:一是本解释的实体法依据是《民法典》侵权责任编的规定,因而本解释的规定相对于《环境保护法》和环境保护单行法的规定,是一般法规范,即在《环境保护法》和环境保护单行法有规定的情况下,优先适用其规定;二是环境保护单行法有特殊规定的,本解释具有在该法适用的特定范围内对抗《环境保护法》和解释所作规定的效力。

二、污染环境行为的认定

(一)污染环境行为的概念

本解释规定的污染环境行为,即造成或可能造成环境污染的行为。其中,对环境的理解,本解释采纳《环境保护法》第二条规定的表述,即环境是指影响人类生存和发展的各种天然的和经过人工改造的自然因素的总体,包括大气、水、海洋、土地、矿藏、森林、草原、湿地、野生生物、自然遗迹、人文遗迹、自然保护区、风景名胜区、城市和乡村等。这里的环境是广义概念,既包括天然环境,又包括人工环境。环境污染,现行法律暂无明确界定,本解释取通常理解,即指由于人类直接或间接地向环境输入或输出超过环境容量(自净能力)的物质或能量,致使环境要素发生化学、物理、生物等特征上的不良变化,因而对人类的生存与发展、人身或财产造成不利影响的现象。在此,需要注意三点:一是本解释所涉环境污染的概念,与《民法典》相关规定一以贯之,有别于《侵权责任法》及先前相关司法解释的规定,仅针对环境本身,而将生态破坏作为与之并行的独立概念进行规定;二是污染环境行为和环境污染是既相互联系又相互区别的一对概念,污染环境行为强调侵权者的行为及其过程,环境污染侧重于结果(通常为不利后果),有污染环境行为并不必然导致环境污染,但存在环境污染的情况必然有污染环境行为存在;三是污染环境行为通常为作为,本条明确列举了"排放",但也不排除具体个案中存在不作为(如密封器自然损坏后发生泄漏)的情况,又或者还有"排放"之外的作为形式(如丢弃、投放、传播等),于此体现了本条第五项规定的相应意义。

(二)污染环境行为的分类

本条根据环境污染的类型对污染环境行为进行分类。由于分类标准不同,环境污染的类型很多,例如,按环境要素分:有大气污染、水体污染、土壤污染、噪声(音)污染、农药污染、辐射污染、热污染等;按属性分:有显性污染、隐性污染;按人类活动分:有工业环境污染、城市环境污染、农业环境污染等;按造成环境污染的性质来源分:有化学污染、生物污染、物理污染(噪声污染、放射性污染、电磁波污染等)固体废物污染、液体废物污染、能源污染等;按地理形态分:有陆地污染、海洋污染;等等。为简洁、准确描述一定历史阶段我国主要的环境污染类型,更好地依法解决当下以及将来一段时期内我国面临的污染环境侵权纠纷,本解释结合实际,以污染源的有形性与无形性为标准,将环境污染归纳为物质污染和能量污染两类,并以此为基础,在本条第一项中列举了常见的物质污染行为,在第二项中列举了常见的能量污染行为。

(三) 污染环境行为的本质

本解释规定的污染环境行为，是侵权主体在生产、生活活动中，向环境添加（或索取）了给环境带来以及可能带来不利影响的物质、能量，因而造成他人人身、财产损害的行为。其本质特征应重点把握以下四点：一是环境污染行为是伴随人类活动产生的，以人类的生产、生活活动为前提。二是环境污染行为首先直接作用于环境本身，而非直接作用于他人人身或财产，即环境污染行为必须以环境为媒介，环境污染行为带来的不利影响通过环境间接作用于他人人身或财产。三是污染环境行为通常为"做加法"（向环境添加物质或能量），当添加物质或能量的浓度和总量超过环境容量即环境的自净能力时，就会导致环境质量发生质的变化。但需要注意的是，污染环境行为也不总是"做加法"，在"做减法"（向环境索取物质或能量）时，同样可能超出环境的承载能力，给环境造成不利影响。四是污染环境行为的成立，不以产生环境污染的实害后果为标准，只要存在造成环境污染的高度盖然性即可，不能以未造成环境的实际损害否认污染环境行为的存在。

三、破坏生态行为的认定

(一) 破坏生态行为的概念

本解释规定的破坏生态行为，即造成或可能造成生态破坏的行为。"生态"的含义极为广泛，在生态环境法律保护语境下的"生态"，现行法律并未给出明确界定。本解释规定的"生态"的概念，应当从生态学来理解，即生物与生物之间及生物与非生物之间形成的相互关系状态，是决定生物性状特征和分布的因子，也是生物和非生物环境间通过能量流动和物质循环而相互作用的生态系统。与"环境"主要针对环境要素相区别,"生态"这一概念强调生物在一定环境里生存和发展过程中环环相扣的关系状态。准确地讲,本解释规定的"生态",实际就是由各个环境要素、各种环境及其互动下形成的与人类活动相互联系、彼此作用的生态系统的简称。生态系统的范围可大可小,大到生物圈,小到微观世界,既有最复杂的自然生态系统——热带雨林,也有以城市和农田为主的人工生态系统,等等。这些生态系统往往相互交错,也是开放系统,均通过生物和非生物环境间的相互关联作用,形成物质和能量的不断输出、输入,以达到总体动态平衡,维系自身稳定的状态。基于此,本解释规定的"生态破坏"是指人类生活、生产活动引起的生态系统的功能退化和服务减少,因而对人类生存发展以及环境本身发展产生不利影响的现象。有观点将"生态破坏"限缩为"人类不合理的开发利用资源损害了自然生态环境,使人类、动物、植物、微生物等的生存条件发生恶化的现象"[1],虽描述了常见的生态破坏现象之一,但囊括性不足,不能满足本解释作为生态环境侵权责任纠纷基础规定、一般规定的定位需求,所以本解释除了通过列举明确这一常见现象项下的行为之外,还给出兜底条款的规定,进一步完善法律适用规则。另需注意:一是本解释将破坏生态行为与污染环境行为作为两个相互独立、并行的概念,更多的是为了条文的清晰性和表达的逻辑性,在列举相应行为时达到高度囊括的效果,并非意味着破坏生态行为与污染环境行为客观上泾渭分明、互无交叉。在司法实践中,同一生态环境侵权行为很可能既是破坏生态的行为又是污染环境的行为,如排放有毒有害物质可能使某些环境要素产生不利改变而导

---

[1] 参见最高人民法院民法典贯彻实施工作领导小组编著:《中国民法典适用大全·生态环境卷(一)》,人民法院出版社 2022 年版,第 20 页。

致环境污染，与此同时可能也给生活其中的生物及其与生境之间的关系等带来不利影响而导致生态破坏。二是破坏生态行为和生态破坏是既相互联系又相互区别的一对概念，破坏生态行为强调侵权者的行为及其过程，生态破坏侧重于结果（通常为不利后果），有破坏生态行为并不必然导致生态破坏，但存在生态破坏的情况必然有破坏生态行为存在。三是破坏生态行为通常为作为，本条明确列举了"不合理开发利用自然资源"和"擅自引进、释放、丢弃外来物种"两种情形，但也不排除具体个案中存在不作为的情况，又或者还有以上两种情形之外的作为形式（如释放臭氧层破坏物质等），这些情形应属于本条第五项规定的范围。

（二）破坏生态行为的分类

本条根据生态破坏的类型对破坏生态行为进行分类。生态破坏的类型亦可按照不同标准区分，如按环境要素分：有土地荒漠化（即土地退化，如：沙漠化、石漠化、红漠化、盐碱化、水土流失等）、资源枯竭、生物多样性减少、气候异常、水体富营养化和地下水漏斗、地面下沉等；按空间范围分：有局部生态破坏、全区域生态破坏；按地理形态分：有陆地生态破坏、海洋生态破坏；按物质或能量的流动方向分：有输出型生态破坏、输入型生态破坏；按破坏程度分：有可逆性生态破坏、不可逆性生态破坏；等等。虽然本条以生态破坏的原因为标准进行列举，但是由于生态破坏的原因多种多样，本条的列举亦未完全覆盖也无可能完全覆盖该分类标准下的所有生态损害行为，司法实践中，可通过适用本条第五项，依法解决好当下以及将来一段时期内我国面临的各种生态破坏侵权纠纷。

（三）破坏生态行为的本质

本条规定的破坏生态行为，是侵权主体在生产、生活活动中，向生态系统输入（或输出）了引起或可能引起生态系统的功能退化和服务减少的物质、能量，因而造成他人人身、财产损害的行为。其本质特征应重点把握四点：一是破坏生态行为是伴随人类活动产生的，以人类的生产、生活活动为前提；二是破坏生态行为首先直接作用于生态系统或者作为生态系统组成部分的生物、环境要素及其之间联系、互动过程/介质等，而非直接作用于他人人身或财产，即破坏生态行为必须以生态系统或其组成部分（包括组成部分之间的关联和相互作用）为媒介，通过这一媒介间接作用于他人人身或财产；三是破坏生态行为既可能发生于物质或能量的输入阶段，也可能发生于物质或能量的输出阶段，甚至在两个阶段叠加发生，且除生物的物质或能量外，输入的还可能是某特定生态系统内没有的入侵物种，输出的还可能是某特定生态系统内对维系该系统平衡具有关键作用的生物；四是破坏生态行为的成立，不以产生生态破坏的实害后果为标准，只要存在生态破坏的高度盖然性即可，不能以未造成生态系统的实际损害否认破坏生态行为的存在。

四、污染环境行为和破坏生态行为的关系

污染环境行为和破坏生态行为虽有一定区别，但究其本质都是人类不当作用于生态环境，具有连续性、广泛性、复杂性、潜藏性等共同特征，属于法律性质相同的两类生态环境侵权行为。二者时常相互重合，且时常互为因果，环境污染会导致生态破坏，生态破坏又会降低环境自净能力进而加剧污染的程度。两者均直接作用于生态环境导致或可能导致生态环境发生不利变化，也均通过生态环

境间接对他人人身或财产致害，应当以相同的规则予以规制，在法律上同属于生态环境侵权行为这一整体性的概念体系。

五、生态环境侵权责任的认定

（一）生态环境侵权责任的界定

《民法典》将生态环境侵权作为一种特殊侵权，构建了污染环境侵权责任和破坏生态侵权责任的生态环境损害民事责任体系。本解释依从这一体系架构，将生态环境侵权责任界定为侵权人因污染环境、破坏生态造成他人人身或财产损害，依法应当承担的民事责任，并划分为污染环境侵权责任和破坏生态侵权责任两大基本形态。需要注意的是，本解释规定的"生态环境侵权责任"仅包括私益侵权，公益侵权不包含在内。这与本解释作为生态环境侵权的一般规则，在无特别规定的情况下能够适用于生态环境公益侵权并不矛盾。

（二）生态环境侵权责任的构成要件

生态环境侵权责任，尤其在生态环境私益侵权领域，不考虑侵权人主观是否存在过错，其归责原则采无过错责任。这一认识在包括我国在内的大多数国家法学（律）界已经达成共识，《民法典》及部分环境保护单行法等均明确了生态环境侵权的无过错归责原则。解释规定的"生态环境侵权责任"为无过错责任，其构成要件有三：一是存在生态环境侵权行为（污染环境行为或破坏生态行为）；二是存在对他人人身或财产造成损害的结果；三是前两者间有因果关系。对此，《民法典》第一千二百二十九条等条文释义已经进行了详细阐释。这里重点说明的是：第一，生态环境侵权行为通过生态环境作用于他人人身或财产，生态环境是行为的直接对象，他人人身或财产是间接对象。未作用在生态环境上的行为,不是生态环境侵权行为,具体规定可见本解释第二条。此外,不论是作为的生态环境侵权行为还是不作为的生态环境侵权行为,只要因此造成他人人身、财产损害,就构成生态环境侵权责任。第二,在无过错原则下,破坏生态行为规定中"不合理""违反国家规定""未经批准"等要求如何理解。一方面,本解释规定"生态环境侵权责任"是生态环境私益侵权责任,保护私益即意味着被保护的是他人人身、财产的合法权益,因而生态环境私益侵权责任中的"无过错",是指对他人人身、财产损害没有主观过错,至于对生态环境的损害有无过错则不在生态环境私益侵权责任构成要件的考虑范围内,也不是该侵权责任的一个认定标准;另一方面,合理与否、违反规定与否等是对破坏生态行为认定的限定,在合理限度内或合法、合规的情况下,相应行为一般就不被认定为破坏生态行为,这种限定与生态环境私益侵权责任无过错责任原则并不矛盾。但是在个案中如果出现侵权人以合理、合法、合规的行为通过生态环境媒介仍然造成他人人身、财产损害的情况,其本质并未超出生态环境侵权行为的范畴,应受本条第五项规定的规制。同时,考虑到这种特例中行为本身缺乏可指摘的瑕疵,我们认为,应严格把握为宜,除前述要求外,还应当具备对他人人身、财产造成损害或者导致生态环境恶化等实害后果,且不通过生态环境侵权责任加以规制就会出现显失公平、不利于生态环境保护的条件,否则,由符合条件的其他侵权责任或一般侵权责任规制即可,不必纳入生态环境侵权行为的范畴加以规制。第三,就损害后果而言,受损的是他人人身或财产,而非生态环境本身,且应当为实际损害。生态环境本身是否受到实际损害是生态环境公益侵权责任认定的考虑因素,不是生态环境私益侵权责任的必备要件。生态环境侵权行为作用于生态环境后,生态环境可能基于自身承载力或者外部因素等作用最终没有产生实际损害，但这一行为的效应却可能引发他人人身或财产损害。例如，农药随雨水进入河流，剂量未超出河流的环境容量，就河流而言，其本身尚无损害可言，但下游鱼塘引进河水后却因其中含有农药造成鱼类死亡或减产，沿途人、畜饮用后健康受损。反之，生态环境产生实际损害，未必一定会对他人人身、财产造成具体损害。例如，乱捕滥猎行为会导致一定范围的生物数量失衡，但很难说给特定人的人身、财产带来损害。

【审判实践中需要注意的问题】

一、对本解释列举的两类生态环境侵权行为差异的理解

对比本条第一项至第四项列举的生态环境侵权行为规定，不难发现，第一项和第二项列举的污染环境行为没有合理、合规、合法等要求，而第三项和第四项列举的破坏生态行为则存在不合理、违法、违规等限制，出现这一现象可归因于列举的有限性，不意味着两类生态环境行为在司法实践中需要按照不同标准进行认定。本条列举的是当前及一段时期以来司法实践中常见的生态环境侵权行为，这些行为的认定标准经过实践反复探索后，在科学界、法律界已形成基本一致的稳定认识，以此认定相应的生态环境侵权行为较为科学、合理。但是，这不代表一切污染环境行为必须依照本条第一项和第二项的表述、一切破坏生态行为必须依照本条第三项和第四项的表述来圈定认定标准。在司法实践中，对具体生态环境侵权行为的认定，需要把握这类行为的本质，从实质上作出判定，符合本条第一项至第四项规定可以直接适用相应规定，超出该四项列举情形但又符合生态环境侵权行为本质特征的，可以适用本条第五项规定。

二、生态环境侵权中"不作为"侵权人的范围及注意义务

在司法实践中,较难把握的一类是不作为的生态环境侵权。与作为的生态环境侵权相比,不作为的生态环境侵权中没有相应主体作出一定行为,我们认为,这类侵权主体一般应为致害或可能致害的物质、能量等的所有人、管理人、实际控制人等,应对致害或可能致害的物质、能量等尽注意义务的主体。这里的注意义务不是对他人人身、财产存在过错,而是对致害或可能致害的物质、能量等进入或输出生态环境的注意,这种注意义务在纷繁复杂的现实情况中,难以确定一条统一的标准线。实践中,可以结合致害或可能致害的物质、能量等的种类、形态、危害程度等,并结合具体生态环境条件状况、侵权人的认知条件和法定义务、国家(地方、行业等)标准或要求等,综合作出合理评判。

三、破坏生态行为中"不合理"的认定

破坏生态行为中的"不合理"并非一个法定标准,一般来讲,行为不合法、不合规很大程度上就意味着不合理,但行为合法、合规也并不意味着合理。我们认为,在司法实践中,对自然资源的开发利用合理性的判定标准可适当高于法律规定和政策要求,着重从以下因素综合加以考虑:一是自然资源的开发利用是否造成生态环境的实际损害;二是自然资源的开发利用工具、过程、范围等是否合法、合规、符合国家(地方、行业等)标准或要求等;三是行为人对自然资源的开发利用是否具有相应资质;四是行为人在自然资源的开发利用前是否对相应风险进行科学预判并制作应急预案,对自然资源的开发利用中生态环境的实时变化是否尽到合理注意义务并采取必要措施;五是其他足以影响自然资源合理开发

利用的因素。

【法条链接】

《中华人民共和国民法典》（2020年5月28日）①

第一千一百六十六条 行为人造成他人民事权益损害，不论行为人有无过错，法律规定应当承担侵权责任的，依照其规定。

第一千二百二十九条 因污染环境、破坏生态造成他人损害的，侵权人应当承担侵权责任。

第一千二百三十条 因污染环境、破坏生态发生纠纷，行为人应当就法律规定的不承担责任或者减轻责任的情形及其行为与损害之间不存在因果关系承担举证责任。

《中华人民共和国刑法》（2020年12月26日）

第三百四十四条之一 违反国家规定，非法引进、释放或者丢弃外来入侵物种，情节严重的，处三年以下有期徒刑或者拘役，并处或者单处罚金。

《中华人民共和国环境保护法》（2014年4月24日）

第二条 本法所称环境，是指影响人类生存和发展的各种天然的和经过人工改造的自然因素的总体，包括大气、水、海洋、土地、矿藏、森林、草原、湿地、野生生物、自然遗迹、人文遗迹、自然保护区、风景名胜区、城市和乡村等。

第四十二条第一款 排放污染物的企业事业单位和其他生产经营者，应当采取措施，防治在生产建设或者其他活动中产生的废气、废水、废渣、医疗废物、粉尘、恶臭气体、放射性物质以及噪声、

---

① 注：【法条链接】部分法律规范后所列时间为法律规范的公布时间或最后一次修正、修订公布时间。

振动、光辐射、电磁辐射等对环境的污染和危害。

《中华人民共和国生物安全法》（2020年10月17日）

第八十一条　违反本法规定，未经批准，擅自引进外来物种的，由县级以上人民政府有关部门根据职责分工，没收引进的外来物种，并处五万元以上二十五万元以下的罚款。

违反本法规定，未经批准，擅自释放或者丢弃外来物种的，由县级以上人民政府有关部门根据职责分工，责令限期捕回、找回释放或者丢弃的外来物种，处一万元以上五万元以下的罚款。

第二条　**【不作为生态环境侵权案件处理的情形】**因下列污染环境、破坏生态引发的民事纠纷，不作为生态环境侵权案件处理：

（一）未经由大气、水、土壤等生态环境介质，直接造成损害的；

（二）在室内、车内等封闭空间内造成损害的；

（三）不动产权利人在日常生活中造成相邻不动产权利人损害的；

（四）劳动者在职业活动中受到损害的。

前款规定的情形，依照相关法律规定确定民事责任。

【条文主旨】

本条是对生态环境侵权范围的合目的性限缩。

【条文理解】

一、起草背景

司法解释作为法律的重要补充,对社会生活的影响极为重大,故而司法解释条文起草往往围绕法律规范和其立法目的而展开。实现社会目的的过程,就是围绕某些利益来划定不同主体之间的权利义务关系的过程。生态环境侵权的适用有别于一般侵权的无过错责任和因果关系推定,其正当性基础在于生态环境侵权的间接性所造成的损害发生的危险性、致害过程的复杂性、损害事实识别的困难性,等等。因此,对于虽然对生态环境造成损害,但不符合上述条件的侵害行为,不能认定为民法中的生态环境侵权。且生态环境侵权领域的法律规范数量庞大繁多,与生态环境相关的民事活动也较为广泛,仅从正面规范生态环境侵权案件,不足以明确与人民群众生产生活相关的,涉及生态环境的其他民事活动的性质。本解释第一条规定了可以作为生态环境侵权案件处理的一些情形,故本解释第二条从合目的性角度明确不作为生态环境侵权案件处理的民事纠纷类型。

二、不作为生态环境侵权案件处理的几种情形

(一)未经由大气、水、土壤等生态环境介质,直接造成损害的

本项为未经由生态环境介质所造成的损害。一般认为,环境侵权,是指行为人实施的致使环境发生化学、物理、生物等特征上的不良变化,从而影响人类健康和生产生活,影响生物生存和发展的

行为。行为人因其环境侵权行为造成他人人身、财产损害，或者造成生态环境公共利益的损害，依法应当承担的民事责任，即为环境侵权责任①。《民法典》第一千二百二十九条规定："因污染环境、破坏生态造成他人损害的，侵权人应当承担侵权责任。"《环境保护法》第六十四条规定："因污染环境和破坏生态造成损害的，应当依照《中华人民共和国侵权责任法》的有关规定承担侵权责任。"可以看出，法律规定系从行为角度对环境侵权进行规范，即污染环境、破坏生态的行为造成了损害，行为人应当承担侵权责任。这里的行为与损害之间一般是间接的，即行为作用于生态环境和自然资源要素—生态环境或者自然资源要素发生不利改变—人身或者财产受到损害。污染表现为环境介质物理、化学、生物或放射性特征的改变，而生态破坏表现为生态系统的平衡被打破，其所造成的环境介质的改变更多的是一种物理特征的改变，如大气中温室气体的增加导致的气候异常，采矿造成的地层下陷和水资源枯竭，乱砍滥伐造成的水土流失、荒漠化和物种灭绝等。因为自然资源具有价值属性，其本身具有经济价值和生态价值。如果环境污染和生态破坏行为是直接作用于人或者财产，如失火烧毁林木、盗采矿产资源、非法占用耕地等，行为无须通过环境介质而是直接产生了财产损害，作为受害人来说，其财产是受到了行为人的直接侵害，并没有经过污染（破坏）行为—生态环境介质或者要素—人身财产损害的过程，而是直接从行为—损害结果。这与一般侵权行为别无二致，对这种行为产生的民事责任的追究，不应当按照特殊侵权对待，故本项将其排除在生态环境侵权之外。

---

① 最高人民法院民法典贯彻实施工作领导小组编著：《中国民法典适用大全·生态环境卷（一）》，人民法院出版社 2022 年版，第 19 页。

（二）在室内、车内等封闭空间内造成损害的

本项是对封闭空间造成损害的规定。关于室内污染等原因造成的损害，是否应当按照生态环境侵权处理，长期以来在理论和实践中存在不同观点。我们认为，判断生态环境侵权的关键在于行为是通过作用于生态和环境导致他人的人身财产损害。关于生态与环境的概念，现有法律规定中仅有对环境的规范，尚无对生态的定义。《环境保护法》第二条规定："本法所称环境，是指影响人类生存和发展的各种天然的和经过人工改造的自然因素的总体，包括大气、水、海洋、土地、矿藏、森林、草原、湿地、野生生物、自然遗迹、人文遗迹、自然保护区、风景名胜区、城市和乡村等。"2021年1月1日实施的生态环境部、国家市场监督管理总局发布的《生态环境损害鉴定评估技术指南 总纲和关键环节 第1部分：总纲》第3.1条明确生态环境损害是指："因污染环境、破坏生态造成环境空气、地表水、沉积物、土壤、地下水、海水等环境要素和植物、动物、微生物等生物要素的不利改变，及上述要素构成的生态系统的功能退化和服务减少。"

从前述规定可知，生态环境以自然生态和环境为主，其损害主要是功能退化和服务减少，故从结果反推行为作用的对象可知，封闭空间不属于生态环境的范畴。车内、室内这类封闭空间与生态环境相对独立，虽然其中可能存在大气、水、土壤等自然要素或者动物植物矿产等资源要素，但因不具有一般意义上的生态与环境系统性和整体性特点，不应被认为是生态环境侵权。对于该类侵权造成的损害应当按照一般侵权对待。例如，室内装修产生的空气污染，如行为人装修行为导致室内空气超过《民用建筑工程室内环境污染控制标准》及《公共建筑室内空气质量控制设计标准》等规范要

求，导致空气污染，受害人受到污染损害后，可以主张其承担侵权损害赔偿责任。如某法院审理的余某诉某学校健康权纠纷一案中，法院认为"环境污染责任是指因工业活动或者其他人为原因，导致自然环境遭受污染或者破坏，从而造成他人人身、财产权益或者公共环境、其他公共财产遭受损害，或者有造成损害的危险时，侵权人所应承担的侵权损害赔偿责任。因此，环境污染责任纠纷中所指的环境，一般应指自然环境、公共环境。本案中，余某认为某学校对宿舍装修导致空气污染，但该污染仅止于室内环境等非开放性环境，与环境污染责任强调的开放性、公共性存在明显差异。《学生伤害事故处理办法》第八条规定：'发生学生伤害事故，造成学生人身损害的，学校应当按照《中华人民共和国侵权责任法》及相关法律、法规的规定，承担相应的事故责任。'故本案应为一般侵权责任纠纷案件，案由应确定为健康权纠纷"[1]。需要说明的是，如购买的车辆内空气超标致人损害等情形，可以通过产品质量责任或者消费者权益保护等方式追究生产者的责任。

（三）不动产权利人在日常生活中造成相邻不动产权利人损害的

本项是相邻不动产侵害的规定。本项延续了2015年《环境侵权责任规定》第十八条第二款的规定，即"相邻污染侵害纠纷……不适用本解释"。不动产权利人在日常生活中造成相邻不动产权利人的损害，应遵循《民法典》第二百八十八条确立的"有利生产、方便生活、团结互助、公平合理"的原则，按照《民法典》第二百九十四条"不动产权利人不得违反国家规定弃置固体废物，排放大气污

---

[1] 参见湖南省常德市武陵区人民法院（2021）湘0702民初4843号民事判决书，载中国裁判文书网。

染物、水污染物、土壤污染物、噪声、光辐射、电磁辐射等有害物质"的规定适用过错责任,而不适用生态环境侵权的特殊规则。

相邻不动产权利人实施环境侵权行为引起的民事责任可以分为以下两种情况:(1)因相邻不动产的个人或者家庭生活排放固体废物、大气污染物、水污染物、噪声、光、电磁波辐射等有害物质,对他人人身或财产权益造成损害的,是否合规排放应系认定侵权人是否承担民事责任的构成要件之一;(2)因个人或者家庭生活之外的相邻不动产权利人实施的环境侵权行为,主要是指因法人、其他组织以及自然人在生产经营过程中排放固体废物、大气污染物、水污染物、噪声、光、电磁波辐射等有害物质对他人人身或者财产权益造成损害的,应当适用《民法典》《环境保护法》《大气污染防治法》《水污染防治法》等相关法律以及本解释的规定,即是否合规排放并非认定污染者承担民事责任的构成要件之一,侵权人以排污符合国家或者地方污染物排放标准为由主张不承担责任的,人民法院不予支持。

《民法典》第二百九十四条规定:"不动产权利人不得违反国家规定弃置固体废物,排放大气污染物、水污染物、土壤污染物、噪声、光辐射、电磁辐射等有害物质。"该条是对相邻不动产之间由于弃置固体废物、排放有害物质而产生的相邻关系问题作出的专门规定。该条借鉴了大陆法系不可量物侵害制度,同时将噪声、光辐射、电磁辐射等不可量物质与固体废物、水污染物、土壤污染物等实质型污染一体规定,相对于大陆法系不可量物侵害制度,扩大了调整范围。[1] 不可量物侵害,是指噪声、煤烟、震动、臭气、尘埃、放射性等不可量物质侵入邻地造成的干扰性妨害或者损害,在性质上属

---

[1] 参见最高人民法院民法典贯彻实施工作领导小组编著:《中国民法典适用大全·物权卷(一)》,人民法院出版社2022年版,第652~653页。

于物权法上相邻关系的一种类型。不可量物侵害有以下特点：（1）难以衡量性。不可量物没有一定、具体形态，不能用传统方式加以计量，但可用专业技术、仪器加以量化或用社会观念加以判断。（2）在一定程度的危害性。（3）从物性。不可量物侵害的问题最早见于罗马法，在查士丁尼《学说汇纂》中即有关于炉灶中的烟尘侵害程度轻微时，邻人无权请求禁止的内容。随着社会经济的发展和工商业活动的日益频繁，不可量物侵害逐渐制度化。从19世纪开始，现代工业文明在创造巨额财富的同时带来了一系列的社会问题。因工商业活动所产生的噪声、煤烟、粉尘、震动、臭气、放射性物质等，严重影响了相邻不动产所有人或利用人对其不动产的享有和利用，对于自然环境也造成了极大的破坏。在这种情况下，各国纷纷将这种不可量物侵害纳入民法调整的范畴。但具体法律适用过程中还需要结合《民法典》第二百八十八条的规定，"有利生产、方便生活、团结互助、公平合理"的原则，即蕴含一定的容忍限度理论在内的处理原则处理案件。

（四）劳动者在职业活动中受到损害的

本项是关于劳动者在职业活动中受到损害的规定。对于劳动者在职业活动中因污染遭受损害的救济，属于工伤保险的范畴，应当适用《职业病防治法》《工伤保险条例》等法律法规，不属于生态环境侵权，不适用生态环境侵权责任的规定。本项延续了2015年最高人民法院制定的《环境侵权责任规定》第十八条第二款"相邻污染侵害纠纷、劳动者在职业活动中因受污染损害发生的纠纷，不适用本解释"的规定。部分行业生产经营活动中可能会使用、产生各种有害的化学、物理、生物因素导致劳动者受到这些因素影响而产生损害。虽然劳动者的损害也是由于大气、水、土壤等环境要素改变导致的，但由于我国对劳动者职业损害有特殊规定，故应当适用特殊规定，而不应当将该类纠纷作为生态环境纠纷对待。如《职业病防治法》第二条规定："本法适用于中华人民共和国领域内的职业病防治活动。本法所称职业病，是指企业、事业单位和个体经济组织等用人单位的劳动者在职业活动中，因接触粉尘、放射性物质和其他有毒、有害因素而引起的疾病。职业病的分类和目录由国务院卫生行政部门会同国务院劳动保障行政部门制定、调整并公布。"

【审判实践中需要注意的问题】

一、未经由大气、水、土壤等生态环境介质，直接造成损害的，不排除生态环境公共利益损害责任

本条第一项规定的直接造成受害人人身、财产损害的情形，不排除该污染环境、破坏生态行为可能产生生态环境公共利益的损害。环境污染和生态破坏行为虽然直接作用于人或者财产，如失火烧毁林木、盗采矿产资源、非法占用耕地等，对于国有、集体所有的自然资源来说，涉及财产损失不属于生态环境私益侵权范畴，国有、集体所有财产所有权、使用权人可以通过提起侵权损害赔偿之诉主张权益。同时，国家规定的机关和法律规定的组织也可以根据《民法典》第一千二百三十四条、第一千二百三十五条的规定，通过提起环境民事公益诉讼、生态环境损害赔偿之诉，就因污染环境、破坏生态造成的生态环境损害主张行为人承担生态环境公共利益的损害赔偿责任。

二、关于处理不动产权利人涉及生态环境相邻关系纠纷的基本原则

在相邻不动产权利人排放污染物造成人身、财产损害的情形中,违法性要件,即是否合规排放,是判断相邻不动产权利人是否应承担民事责任的构成要件之一。即居民之间生活污染适用过错责任,主要由《民法典》规定的相邻关系解决,而企业生产污染等污染环境的则适用无过错责任,主要由《民法典》侵权责任编和《环境保护法》《大气污染防治法》《水污染防治法》等相关法律调整。

对于不可量物侵入的情形,法官在司法实践中会面临利益衡平的问题。当利益发生冲突时,应以利益衡量原则作为判断容忍义务合理限度的可行标准。法院认为,在相邻各方发生利益冲突时,就需要在冲突的利益之间进行平衡、协调,确定哪一方利益应当优先保护,哪一方利益应当受到限制,即哪一方应当负有容忍义务。如果环境侵害行为不妨害对不动产的利用或者侵害并非重大,相邻不动产权利人不得请求停止侵害或者排除妨碍,也即负有容忍义务。对于侵害是否具有严重性,国家规定(包括环境质量标准、排污标准、污染物总量控制指标)可以作为一个重要的判断标准,但并不是唯一标准。对此,日本、韩国司法实务界在既有民法框架下发展出"容忍限度论",这对不可量物侵害等环境污染问题的解决具有借鉴意义。(1)在因环境侵害而发生损害的情形中,日本、韩国通说和判例都基于"容忍限度论"对其违法性进行判断。也就是说,并不是只要有环境侵害,就把相应的加害行为认定为违法,而是对被侵害利益的种类、性质、被侵害程度、加害行为的样态、受害方的具体情况及其相关关系进行利益衡量之后,认为该侵害行为超过了受害人能够忍受的范围和限度时,该行为才具有一定的违法性。这

种是否超过忍受限度的判断，通常应从一个理性人的角度出发，综合被侵害利益的性质、受害者预先是否知情、不动产利用的先后关系、侵权人所从事行为的社会价值和必要性，以及国家或者地方排放标准等因素进行利益衡量。（2）日本、韩国的通说认为，损害赔偿请求权和停止侵害请求权的忍受限度水平有所不同，在停止侵害请求权中，应适用更高标准的忍受限度。

【法条链接】

《中华人民共和国民法典》（2020年5月28日）

第二百八十八条　不动产的相邻权利人应当按照有利生产、方便生活、团结互助、公平合理的原则，正确处理相邻关系。

第二百九十四条　不动产权利人不得违反国家规定弃置固体废物，排放大气污染物、水污染物、土壤污染物、噪声、光辐射、电磁辐射等有害物质。

第三条　【生产经营型相邻关系的生态环境侵权】不动产权利人因经营活动污染环境、破坏生态造成相邻不动产权利人损害，被侵权人请求其承担生态环境侵权责任的，人民法院应予支持。

【条文主旨】

本条是关于生产经营型相邻关系中的生态环境侵权的规定。

【条文理解】

《民法典》物权编关于相邻关系的规定，适用于不动产权利人日常生活中行使不动产权利时发生的纠纷，即一般所谓邻里纠纷。而对于因生产经营活动发生的纠纷不适用相邻关系的规定。例如，因工厂生产造成周边居民空气污染、噪声污染的，属于典型的生态环境侵权，应适用生态环境侵权的特殊规则。

2015年《环境侵权责任规定》第十八条第二款规定："相邻污染侵害纠纷、劳动者在职业活动中因受污染损害发生的纠纷，不适用本解释。"这是除外规定，将两种情形排除在该司法解释的适用范围之外。第一种情形，劳动者在职业活动中因受污染损害发生的纠纷适用的是《职业病防治法》《工伤保险条例》等法律和行政法规的规定，不适用该司法解释的规定。第二种情形，相邻污染侵害纠纷。对此应作限缩性解释，即指相邻关系中因个人、家庭生活排放污染发生的纠纷。本解释沿用了2015年《环境侵权责任规定》的精神。体现在本解释第二条第三项关于"不动产权利人在日常生活中造成相邻不动产权利人损害的"、第四项关于"劳动者在职业活动中受到损害的"，以及本条规定。本条进一步明确规定，不动产权利人因经营活动污染环境、破坏生态造成的损害属于生态环境侵权。

因个人或者家庭生活之外的相邻不动产权利人实施的环境侵权行为，主要是指因公民、法人和其他组织在生产经营过程中排放固体废物、大气污染物、水污染物、噪声、光、电磁波辐射等有害物质对他人人身或财产权益造成损害的，应适用《民法典》第七编第七章"环境污染和生态破坏责任"以及《环境保护法》《大气污染防治法》《水污染防治法》等相关法律规定的环境侵权关于无过错责任原则、举证责任倒置等特殊规则，不能适用《民法典》第二百九十四条的规定，即不能按照相邻关系来处理污染侵害。概言之，司法实践中区分相邻污染侵害与环境侵权应主要以污染来源是生活污染还是生产污染为标准，同时还应结合相邻权人排污的目的是正常使用不动产还是侧重于生产经营，所侵害的是邻人生活环境还是更广泛意义上的生态环境，其行为是单纯的不动产利用民事行为还是需要接受国家环境行政监管的行为，正确认定案件性质，进而正确适用法律。

对本条规定的侵权主体的理解。本条规定的环境污染、生态破坏的行为人限定为从事经营活动的不动产权利人。按照《安全生产违法行为行政处罚办法》第六十八条规定，生产经营单位，是指合法和非法从事生产或者经营活动的基本单元，包括企业法人、不具备企业法人资格的合伙组织、个体工商户和自然人等生产经营主体。根据《民法典》的精神，应包括自然人、个体工商户和农村承包经营户、法人、非法人组织。一些特别法或部门规范性文件对于特定行业领域的生产经营单位有界定[1]，可在一定程度上作为参考。关键一是要从事经营活动，二是要作为不动产权利人。

对"被侵权人"的理解。本条规定的"被侵权人"，不限于自然人，也可能是村集体组织、另一家生产经营单位等。比如，某公司在修建高速公路过程中，因排水系统不完善导致含有融雪剂的雪水不当排放，造成某村委会的道路路面损毁，村委会即作为

---

[1] 如《安全生产法》第二条规定："在中华人民共和国领域内从事生产经营活动的单位（以下统称生产经营单位）的安全生产，适用本法；有关法律、行政法规对消防安全和道路交通安全、铁路交通安全、水上交通安全、民用航空安全以及核与辐射安全、特种设备安全另有规定的，适用其规定。"又如中国保险监督管理委员会（已撤销，组建国家金融监督管理局）印发的《农业保险统计制度》（保监发〔2007〕111号）第3.4.1条指出，农业生产经营者指农村农业生产经营户、城镇农业生产经营户和农业生产经营单位。农村农业生产经营户指在农村地域经营农、林、牧、渔业和农林牧渔服务业的家庭；城镇农业生产经营户指在城镇地域经营农、林、牧、渔业和农林牧渔服务业的家庭；农业生产经营单位指住户以外经营农、林、牧、渔业和农林牧渔服务业的法人单位、产业活动单位和基本符合法人单位条件的未注册单位，既包括主营农业的各种企事业单位、农户合作经营单位，也包括工矿企业、机关、团体、学校等附属的农业生产经营单位。

被侵权人。又如，最高人民法院发布的典型案例"曲某全诉实业公司大气污染责任纠纷案"①，曲某全承包集体土地种植樱桃，因相邻的实业公司从事铝产品生产加工排放废气导致樱桃减产受到损害，曲某全从事的亦是生产经营活动。

对"相邻不动产"的理解。所谓相邻，顾名思义，即相互毗邻，具有相邻的特性。相邻的不动产除土地外，还包括附着于土地的建筑物等②。在某些情况下，当事人之间尽管土地并不相互毗邻，但行使权利也可能是相互邻接的。例如，被告公司经营范围为铝矿采选、加工、销售，石子加工及销售，被告生产经营的运输车辆常年运输生产材料从原告家门口的道路通过对原告住所构成环境污染，即从相邻不动产旁的道路通行也可能造成污染。对于河流上下游是否属于相邻不动产，存在不同意见，可以在实践中进一步探索。

对"相邻不动产权利人"的理解。本条规定的相邻不动产权利人，既包括不动产的所有人，也包括不动产用益物权人和占有使用人。比如，前述修建高速公路案件中，被损毁的道路所占用的土地实际已为被告公司所征用，但该道路由村委会出资修建，系村民日常生产、生活必经道路，法院亦认可了村委会的权利人资格。

对"经营活动"的理解。这里的经营活动，指生产经营活动。我国现行法律对于"经营活动"没有进行一般通用的概念界定。《刑法》第二百七十六条③所规定的"破坏生产经营罪"，主要规定的是行为人基于什么目的采取什么方式破坏生产经营，亦未明确何

---

① 详见最高人民法院 2015 年 12 月 29 日发布的环境侵权典型案例，载最高人民法院网站，https://www.court.gov.cn/zixun/xiangqing/16396.html，2023 年 9 月 8 日访问。
② 根据原《担保法》对不动产的界定，该法所称不动产，是指土地以及房屋、林木等地上定着物。
③ 《刑法》第二百七十六条规定，由于泄愤报复或者其他个人目的，毁坏机器设备、残害耕畜或者以其他方法破坏生产经营的，处三年以下有期徒刑、拘役或者管制；情节严重的，处三年以上七年以下有期徒刑。

谓生产经营。一些特别法或部门规范性文件对于特定行业领域的生产经营有界定[①]，可在一定程度上作为参考。《环境保护法》第四十二条第一款规定，排放污染物的企业事业单位和其他生产经营者，应当采取措施，防治在生产建设或者其他活动中产生的废气、废水、废渣、医疗废物、粉尘、恶臭气体、放射性物质以及噪声、振动、光辐射、电磁辐射等对环境的污染和危害。根据《环境保护税法》第二条的规定，在中华人民共和国领域和中华人民共和国管辖的其他海域，直接向环境排放应税污染物的企业事业单位和其他生产经营者为环境保护税的纳税人，应当依照本法规定缴纳环境保护税。从该法所附《环境保护税税目税额表》来看，生产经营活动直接向环境排放的应税污染物包括大气污染物、水污染物、固体废物（煤矸石，尾矿，危险废物，冶炼渣、粉煤灰、炉渣及其他固体废物）、噪声，也即产生前述应税污染物的生产经营活动更容易符合本条规定的侵权情形。有的行业需申请取得相应的生产经营许可证，方可从事生产经营活动[②]。实践中，比较常见的生产经营活动可能造成相

[①] 如已被废止的1995年《食品卫生法》第五十四条规定，本法下列用语的含义……食品生产经营：指一切食品的生产（不包括种植业和养殖业）、采集、收购、加工、贮存、运输、陈列、供应、销售等活动……

[②] 如《畜牧法》第二十四条第一款规定，从事种畜禽生产经营或者生产经营商品代仔畜、雏禽的单位、个人，应当取得种畜禽生产经营许可证。第二十七条规定，种畜禽生产经营许可证应当注明生产经营者名称、场（厂）址、生产经营范围及许可证有效期的起止日期等。禁止无种畜禽生产经营许可证或者违反种畜禽生产经营许可证的规定生产经营种畜禽或者商品代仔畜、雏禽。禁止伪造、变造、转让、租借种畜禽生产经营许可证。《种子法》第三十一条规定，从事种子进出口业务的种子生产经营许可证，由国务院农业农村、林业草原主管部门核发。国务院农业农村、林业草原主管部门可以委托省、自治区、直辖市人民政府农业农村、林业草原主管部门接收申请材料。从事主要农作物杂交种子及其亲本种子、林木良种繁殖材料生产经营的，以及符合国务院农业农村主管部门规定条件的实行选育生产经营相结合的农作物种子企业的种子生产经营许可证，由省、自治区、直辖市人民政府农业农村、林业草原主管部门核发。前两款规定以外的其他种子的生产经营许可证，由生产经营者所在地县级以上地方人民政府农业农村、林业草原主管部门核发。只从事非主要农作物种子和非主要林木种子生产的，不需要办理种子生产经营许可证。《食品安全法》第三十五条第一款规定，国家对食品生产经营实行许可制度。从事食品生产、食品销售、餐饮服务，应当依法取得许可。但是，销售食用农产品和仅销售预包装食品的，不需要取得许可。仅销售预包装食品的，应当报所在地县级以上地方人民政府食品安全监督管理部门备案。

邻不动产污染侵害的，包括采矿、炮震等作业，钢铁冶炼，化工生产，畜牧，养殖等。

对"因经营活动污染环境、破坏生态"的理解。这里强调污染环境、破坏生态的后果是因行为人的生产经营活动所导致。换言之，如果被告单位虽然是生产经营单位，但其所排出的是日常生活污水，非因生产经营活动排污，也不适用于本条。例如，原告因其所养殖鱼死亡，诉请三被告承担环境污染侵权责任。法院经审查查明，被告A公司的污水均系循环使用，无污水外排；被告B公司虽有生产废水排放，但其举证证明所生产废水均交由有相应资质的环保运营管理有限公司处理；被告C公司是一家销售公司，排出的只是日常生活污水，本身并不产生生产污水。法院认为，即便在环境污染案件中存在因果关系举证责任倒置的规定，原告也应当证明污染者排放了污染物。而原告并未提供三被告排放污染物进入水体的证据，亦未提供证据证明其养殖鱼系污染致死或系因被告方排放污染物导致水体缺氧的初步关联性，故对其要求三被告连带赔偿其损失的诉请不予支持。反过来说，如果被告单位主张其不产生生产污水，实则主张不存在污染环境、破坏生态的行为，同样需提供证据证明。

对"污染"的理解。由于本条实际明确的是生产经营型相邻关系适用生态环境侵权的特殊规则，故对于"污染"的理解，既包括物质型污染，亦包括能量型污染。两者的区别，可见本书对本解释第一条的理解适用阐述。实践中，生产经营型相邻能量污染侵权并不鲜见。比如，因钢铁切割造成噪声污染。需要注意的是，根据《噪声污染防治法》第二条第二款关于"本法所称噪声污染，是指超过噪声排放标准或者未依法采取防控措施产生噪声，并干扰他人正常生活、工作和学习的现象"的规定，需要超过噪声排放标准或者未依法采取防控措施。

【审判实践中需要注意的问题】

在处理生产经营型相邻关系中的生态环境侵权案件时，有时可能会涉及卫生防护距离问题。所谓卫生防护距离，是在正常生产条件下，无组织排放的有害污染物（如大气污染物）自生产单元（生产区、车间或工段）边界到居住区的范围内，能够满足国家居住区容许浓度限制相关标准规定的所需的最小距离。该项目设立的本意在于避免工厂企业对近距离环境产生直接污染。我国早在20世纪七八十年代发布的一些规范性文件就对卫生防护距离有所要求。法官在处理相关案件时，应根据相应规定确定卫生防护距离，作为认定事实的一个方面。

实际生活中，许多地区尤其旧城区、农村都是在原来建筑规划的基础上发展的，居民生产或生活区与造成环境污染、生态破坏的生产经营单位的距离不一定都能达到相关标准要求，这种情况下很容易对相邻不动产权利人造成生态环境侵权。本着"法不溯及既往"的原则，通过完善物理隔离等防疫屏障措施，实行"老场老办法"，可以继续生产经营。如造成环境污染、生态破坏损害的，则根据案件具体情况承担相应责任。

【法条链接】

《中华人民共和国民法典》（2020年5月28日）

第二百八十八条 不动产的相邻权利人应当按照有利生产、方便生活、团结互助、公平合理的原则，正确处理相邻关系。

第二百八十九条 法律、法规对处理相邻关系有规定的，依照其规定；法律、法规没有规定的，可以按照当地习惯。

第二百九十四条 不动产权利人不得违反国家规定弃置固体废物，排放大气污染物、水污染物、土壤污染物、噪声、光辐射、电磁辐射等有害物质。

《中华人民共和国土壤污染防治法》（2018年8月31日）

第四条 任何组织和个人都有保护土壤、防止土壤污染的义务。

土地使用权人从事土地开发利用活动，企业事业单位和其他生产经营者从事生产经营活动，应当采取有效措施，防止、减少土壤污染，对所造成的土壤污染依法承担责任。

《中华人民共和国环境保护法》（2014年4月24日）

第六条 一切单位和个人都有保护环境的义务。

地方各级人民政府应当对本行政区域的环境质量负责。

企业事业单位和其他生产经营者应当防止、减少环境污染和生态破坏，对所造成的损害依法承担责任。

公民应当增强环境保护意识，采取低碳、节俭的生活方式，自觉履行环境保护义务。

第四十二条 排放污染物的企业事业单位和其他生产经营者，应当采取措施，防治在生产建设或者其他活动中产生的废气、废水、废渣、医疗废物、粉尘、恶臭气体、放射性物质以及噪声、振动、光辐射、电磁辐射等对环境的污染和危害。

排放污染物的企业事业单位，应当建立环境保护责任制度，明确单位负责人和相关人员的责任。

重点排污单位应当按照国家有关规定和监测规范安装使用监测设备，保证监测设备正常运行，保存原始监测记录。

严禁通过暗管、渗井、渗坑、灌注或者篡改、伪造监测数据，或者不正常运行防治污染设施等逃避监管的方式违法排放污染物。

《中华人民共和国噪声污染防治法》（2021年12月24日）

第二条第二款 本法所称噪声污染，是指超过噪声排放标准或者未依法采取防控措施产生噪声，并干扰他人正常生活、工作和学习的现象。

《中华人民共和国放射性污染防治法》（2003年6月28日）

第四十条 向环境排放放射性废气、废液，必须符合国家放射性污染防治标准。

第四条　【归责原则】污染环境、破坏生态造成他人损害，行为人不论有无过错，都应当承担侵权责任。

行为人以外的其他责任人对损害发生有过错的，应当承担侵权责任。

【条文主旨】

本条是关于生态环境侵权归责原则的规定。

【条文理解】

根据《民法典》第一千一百六十六条的规定，生态环境侵权适用无过错责任原则。但这种无过错责任的适用仅限于直接实施加害行为的"污染环境者"和"生态破坏者"，对于行为人之外的其他责任主体，包括为行为人提供场地、运输等便利条件的主体，造成损害的第三人等，仍应适用过错责任原则，以避免无过错责任的无限扩大使民事主体动辄得咎。例如，依照《民法典》第一千二百三十三条的规定，造成损害的第三人只有在有过错的情况下才承担责任。本条是对生态环境侵权归责原则的细化规定。

一、条文的演进

本条内容来自 2015 年《环境侵权责任规定》第一条，2020 年该司法解释修正时，基本沿用了 2015 年的条文内容，只是将原来该条第一款第二句独立为第二款。2020 年修正后的《环境侵权责任规定》第一条共三款，第一款规定："因污染环境、破坏生态造成他人损害，不论侵权人有无过错，侵权人应当承担侵权责任。"第二款规定："侵权人以排污符合国家或者地方污染物排放标准为由主张不承担责任的，人民法院不予支持。"第三款规定："侵权人不承担责任或者减轻责任的情形，适用海洋环境保护法、水污染防治法、大气污染防治法等环境保护单行法的规定；相关环境保护单行法没有规定的，适用民法典的规定。"

在本解释的制定过程中，对条文内容进行了较大修改，本条仅保留了 2020 年《环境侵权责任规定》第一条第一款的内容，将原条文第二款、第三款的内容删除，并加入了行为人以外的其他责任人过错责任的条款。主要原因是：

第一，2020 年《环境侵权责任规定》第一条第二款规定："侵权人以排污符合国家或者地方污染物排放标准为由主张不承担责任的，人民法院不予支持。"由于生态环境侵权实行无过错责任归责原则，侵权人不能以其排污符合国家或者地方污染物排放标准为由抗辩。易言之，侵权人不能因其排污符合国家或地方污染物排放标准而免责，是无过错责任原则的题中应有之意。本条第一款保留了"污染环境、破坏生态造成他人损害，行为人不论有无过错，都应当承担侵权责任"的规定。为了条文的简练，故将原司法解释该款内容予以删除。

第二，2020年《环境侵权责任规定》第一条第三款规定："侵权人不承担责任或者减轻责任的情形，适用海洋环境保护法、水污染防治法、大气污染防治法等环境保护单行法的规定；相关环境保护单行法没有规定的，适用民法典的规定。"本解释起草过程中将该款删除，主要考虑是：《民法典》侵权责任编第七章"环境污染和生态破坏责任"对于减免责事由并未作规定，侵权责任编第一章"一般规定"中第一千一百七十八条规定："本法和其他法律对不承担责任或者减轻责任的情形另有规定的，依照其规定。"根据《民法典》上述规定，关于生态环境侵权人减责、免责事由，依然遵守特别法优于一般法的法律适用原则；也就是说即使删除2020年《环境侵权责任规定》第一条第三款规定，也不影响法律的实际适用。同时，在生态环境法领域，一般法和特别法的关系存在多层次的现象，《环境保护法》相对于《民法典》，前者是特别法，后者是一般法；而《环境保护法》相对于《海洋环境保护法》等单行法，前者则是一般法，后者是特别法。虽然作为环境保护领域一般法的《环境保护法》未就侵权人减责、免责事由作出规定，仅在第六十四条规定"因污染环境和破坏生态造成损害的，应当依照《中华人民共和国侵权责任法》[①]的有关规定承担侵权责任"。但作为司法解释条文，2020年《环境侵权责任规定》第一条第三款规定未能周延地反映《民法典》《环境保护法》与环境保护单行法之间的关系，综合考虑，删除该款规定较好。

第三，本条还新增了行为人以外的其他责任人适用过错归责原则的内容。所谓行为人以外的其他责任人，包括本解释第十条、第十一条规定的帮助人、过失提供便利的人，第十三条规定的排污单

[①] 《民法典》生效后，该条中的"《中华人民共和国侵权责任法》"应当对应为《民法典》中的侵权责任编。

位，第十六条规定的违反安全保障义务的人，第十七条规定的违反风险管控修复义务的人，第十八条、第十九条、第二十条规定的第三人等。这些主体因不属危险行为的实施者、危险设施的控制人，没有开启危险，亦非危险行为的获益人，因而不应当承担无过错责任。而只有狭义的"环境污染者"和"生态破坏者"，才应当承担无过错责任。例如，根据《民法典》第一千二百三十三条的规定，因第三人的过错造成损害的，由侵权人和第三人承担责任。反而言之，第三人没有过错的，无须承担责任。除本条规定外，本解释第二十七条关于诉讼时效的规定亦明确以被侵权人知道或者应当知道权利受到损害以及侵权人、其他责任人之日起计算。基于解释体系协调的考量，该条也就侵权人、其他责任人予以了区分。

二、侵权人的无过错责任

（一）无过错责任概述

无过错责任是指不以行为人的过错为要件，只要其活动或者所管理的人、物损害了他人的民事权益，除非有法定的免责事由，否则行为人就要承担侵权责任。在法律规定适用无过错责任原则的案件中，法官判断被告应否承担侵权责任时，不考虑被告有无过错，不要求原告证明被告有过错，也不允许被告主张自己无过错而请求免责。只要审理查明，被告的行为与原告损害之间存在因果关系，即可判决被告承担侵权责任。由于这种责任的承担，并不考虑行为人的主观意识状态，而只考虑损害结果和免责事由，故又被称为客观责任；与过错责任原则相比，这种责任在承担条件和责任后果上更为严格，故也被称为严格责任。适用无过错责任原则的意义在于加重行为人责任，及时救济受害人，使其损害赔偿请求权更容易实现。

我国 1986 年颁布的《民法通则》第一百零六条[①]第三款确立了无过错责任原则。《侵权责任法》第七条[②]、《民法典》第一千一百六十六条[③]均规定了无过错责任。根据法律规定，无过错责任的构成要件有四个：一是行为；二是受害人的损害；三是行为与损害之间具有因果关系；四是法律规定应当承担侵权责任，即不存在法定的免责情形。理解和掌握无过错责任需要注意的是[④]：

一是设立无过错责任原则的主要目的，绝不是使"没有过错"的人承担侵权责任，而是免除受害人证明行为人过错的举证责任，使受害人易于获得损害赔偿，使行为人不能逃脱侵权责任。事实上，从审判实践的情况看，适用无过错责任原则的大多数案件中，行为人基本上都是有过错的。

二是无过错责任并不是绝对责任，在适用无过错责任原则的案件中，行为人可以向法官主张法定的不承担责任或者减轻责任的事由。法律根据行为的危险程度，对适用无过错责任原则的不同侵权类型规定了不同的不承担责任或者减轻责任的事由。例如，在产品责任案件中，产品制造者可以证明产品投入流通时，引起损害的缺陷尚不存在而免除自己的侵权责任；在高度危险物致损案件中，高度危险作业人可以证明受害人故意造成损害而免除自己的责任，等等。

[①] 《民法通则》第一百零六条第一款规定："公民、法人违反合同或者不履行其他义务的，应当承担民事责任。"第二款规定："公民、法人由于过错侵害国家的、集体的财产，侵害他人财产、人身的，应当承担民事责任。"第三款规定："没有过错，但法律规定应当承担民事责任的，应当承担民事责任。"

[②] 《侵权责任法》第七条规定："行为人损害他人民事权益，不论行为人有无过错，法律规定应当承担侵权责任的，依照其规定。"

[③] 《民法典》第一千一百六十六条规定："行为人造成他人民事权益损害，不论行为人有无过错，法律规定应当承担侵权责任的，依照其规定。"

[④] 参见石宏主编：《〈中华人民共和国民法典〉理解与适用·人格权编侵权责任编》，人民法院出版社 2020 年版，第 127 页。

三是在适用无过错责任原则的侵权案件中，只是不考虑行为人过错，并非不考虑受害人过错。如果受害人对损害的发生也有过错，在这种情况下可以减轻，甚至免除行为人的侵权责任。

四是法律关于无过错责任原则的规定，是为了在一些特定领域排除过错责任原则的适用。《民法典》第一千一百六十六条规定只是为了表明无过错责任原则在我国是与过错责任原则并列的归责原则，适用无过错责任原则的案件，所依据的是法律关于无过错责任的具体规定。法律未明确规定适用无过错责任原则的案件，均属于过错责任原则的适用范围。法官不能在法律没有明确规定适用无过错责任原则的情况下，擅自适用该原则。

（二）生态环境侵权人的无过错责任

关于环境侵权责任的法律规则，2020 年《环境侵权责任规定》第一条第一款规定："因污染环境、破坏生态造成他人损害，不论侵权人有无过错，侵权人应当承担侵权责任。"《民法典》第一千二百二十九条规定："因污染环境、破坏生态造成他人损害的，侵权人应当承担侵权责任。"虽然《侵权责任法》和《民法典》相关条文中均未出现"无过错责任"的表述，但根据文义解释，因在构成要件中未明确过错构成要件的，当属无过错责任。因 2020 年《环境侵权责任规定》第一条第一款就明确规定，因污染环境、破坏生态造成他人损害，不论侵权人有无过错，侵权人应当承担侵权责任，故本解释制定时，对该款内容继续保留。对生态环境侵权适用无过错责任原则，主要出于以下考虑：

第一，环境污染、生态破坏已经成为我国发展中的突出问题。我国目前面临的环境污染、生态破坏问题依然相当严重，人与自然和谐共生的中国式现代化建设任务还十分繁重。对生态环境侵权案件适用无过错责任原则有利于制裁和遏制污染环境、破坏生态的行为，并及时救济受害人，维护社会公共利益。

第二，《环境保护法》等法律已确定了环境污染责任的无过错归责原则。1989年《环境保护法》（已失效）第四十一条第一款曾规定："造成环境污染危害的，有责任排除危害，并对直接受到损害的单位或者个人赔偿损失。"其他环境保护单行法，如《海洋环境保护法》第九十条与第九十二条、《水污染防治法》第八十五条、《大气污染防治法》第六十二条、《放射性污染防治法》第五十九条以及我国加入的《1992年国际油污损害民事责任公约》第三条第一款、《2001年国际燃油污染损害民事责任公约》第三条第一款等，均明确规定了环境污染责任的无过错归责原则。我国环保法律就环境污染责任归责原则的规定已经形成统一、完整和逻辑严密的体系。

第三，采用无过错归责原则符合各国环境立法的通制。现代社会环境污染日趋严重，如环境污染责任采用传统侵权法的过错归责原则，污染受害者遭受的损害难以得到救济。各国从治理环境、保护无辜受害者角度，对过错责任归责原则进行修正，在环境污染责任中，受害者遭受损害是判定污染者承担责任的主要标准，而不考虑污染者主观上是否有过错。德国、日本均在环境保护法中确定了无过错的归责原则，而英美法律则在环境污染侵权案件中，确定了与德、日等国同样归责标准的严格责任。但需要指出的是，在比较法上，各国对环境侵权的无过错责任往往限定于某类具体的污染物或特定的行为。而我国则采用了对生态环境侵权适用无过错责任的概括性规定，这在世界各国的立法例中是较为少见的。

三、行为人以外的其他责任人的过错责任

本条第二款规定，在生态环境侵权中，对于行为人以外的其他

责任人，实行过错责任原则。根据《民法典》第一千一百六十六条的规定，生态环境侵权适用无过错责任原则。但这种无过错责任的适用仅限于直接实施加害行为的"污染环境者"和"生态破坏者"，对于行为人之外的其他责任主体，仍应适用过错责任原则，以避免无过错责任的无限扩大使民事主体动辄得咎。例如，依照《民法典》第一千二百三十三条规定，造成损害的第三人只有在有过错的情况下才承担责任。相较于《民法典》第一千二百三十三条规定，本条将适用过错责任的主体范围规定为"行为人以外的其他责任人"，而非仅限于"第三人"。这里的"行为人"，是指实际控制或运营污染设备的"污染环境者"和"生态破坏者"；"行为人以外的其他责任人"则包括造成损害的第三人，以及为行为人提供场地、运输等便利条件的主体等。因此，本条"行为人以外的其他责任人"是包括了《民法典》第一千二百三十三条规定的生态环境侵权的"第三人"，以及其他责任主体。

为了表述方便，我们也将本条中"行为人以外的其他责任人过错责任"分为"第三人过错责任""其他责任人过错责任"两部分内容加以阐述。

（一）第三人过错责任

《民法典》第一千一百七十五条规定："损害是因第三人造成的，第三人应当承担侵权责任。"这是《民法典》关于第三人侵权的一般规定。第三人过错造成侵权的，原告（受害人）起诉被告以后，被告提出该损害完全或者部分由于第三人的过错造成，从而提出免除或者减轻自己责任的抗辩事由。第三人的过错包括故意和过失，并且第三人与被告不存在诸如雇佣关系等任何隶属关系。一般而言，《民法典》上的第三人具有以下法律特征：（1）责任主体是一般侵权关系的侵权人和被侵权人之外的人，即第三人。（2）第三人的过错行为与侵权人的侵权行为不构成共同侵权。该第三人与侵权人之间没有意思联络，也没有与侵权人的行为直接结合造成损害后果的发生。如果第三人与被告之间基于共同的意思联络（如第三人为被告的唆使者）而致原告损害，将作为共同侵权行为人对受害人承担连带责任。（3）第三人过错引起的侵权责任属于自己责任的范畴。自己责任是近代大陆法系民法两项基本原则之一，其主张每个独立行为人只需对自己的行为负责。但随着现代化进程的不断发展，侵权行为日趋复杂化，使自己责任原则不断被突破。如果第三人无力承担侵权责任或者无法找到第三人时，为保障被侵权人权益，法律引入了补充责任、替代责任、不真正连带责任等来衡平被侵权人、侵权人与第三人的权利义务。（4）在责任后果上第三人过错是免除或者减轻加害人责任的依据。

根据生态环境侵权责任的特殊性，结合本解释第十八条至第二十条关于第三人侵权的规定，第三人过错导致生态环境破坏的侵权责任具有以下特征。

第一，第三人侵权责任是自己责任的表现形式，属于过错责任的范畴。第三人侵权责任需要满足一般侵权责任的构成要件，其主观上应当存在过错，即在主观上应当具有故意或者过失的心理状态。这是第三人与侵权人在对受害人承担责任方面的根本不同所在。

第二，该第三人实施了引起环境污染侵权责任的违法行为。违法行为是侵权责任构成要件之一。第三人基于过错的心理状态实施了造成环境污染或者破坏生态的行为，造成了相应的损害后果。该损害后果与第三人的过错行为具有因果关系。至于第三人的过错行为对损害结果是否具有全部还是部分原因力，则不影响其责任的构成，但在责任承担范围上应当是有影响的。

第三，第三人责任在责任形态上是不真正连带责任。根据《民法典》第一千二百三十三条规定，在环境侵权第三人责任中，第三人与侵权人一起承担不真正连带责任，被侵权人在受到损害后可以向侵权人主张责任，也可以向第三人主张责任，侵权人承担责任后可以向第三人追偿。

第四，侵权人和第三人基于独立的行为造成一个损害，两个行为都是损害发生的原因，而损害结果是同一个损害结果，并不是两个损害结果，这是环境侵权责任第三人过错的基本特点。如果侵权人和第三人的两个行为之间有意思联络，则构成共同侵权，而非第三人侵权；如果第三人行为单独导致了某一损害结果，那么第三人应该承担的是一个独立的侵权责任。

第五，第三人过错不是侵权人的免责事由。这在某种意义上体现了侵权人承担中间责任的强制性。对此问题，2015年《环境侵权责任规定》起草过程中有过讨论。《民法典》出台前，各环境保护单行法关于第三人过错污染环境的责任规定不一。为此，《民法典》第一千二百三十三条作出统一规定，即第三人过错不是污染者的免责事由。根据新法优于旧法的原则，此问题应统一适用《民法典》的规定。

(二) 其他责任人的过错责任

如前所述，"第三人"与"其他责任人"共同构成了本条规定的"行为人以外的其他责任人"。根据本解释有关条文的规定，"其他责任人"一般包括为行为人提供场地、运输、运营辅助等便利条件的主体等。如本解释第十一条规定了过失为侵权人提供便利条件的人，第十二条、第十三条规定了第三方治理侵权责任中排污单位和第三方治理机构，第十六条规定了负有安全保障义务的经营者、管理者、组织者，第十七条规定了违反法定管控和修复义务的责任人等。在这些特殊的生态环境侵权下，相关责任人承担过错责任。

应当说，其他责任人侵权与第三人侵权存在相同之处：一是均适用过错责任原则；二是均与侵权人无意思联络，否则将构成共同侵权，不适用过错责任。同时，也应当注意到，其他责任人侵权与第三人侵权也有明显的区别：

第一，在行为外在表现上。其他责任人的行为表现为给行为人提供某种辅助或便利条件，其他责任人的行为与行为人的生产经营存在某种关联关系，如过失为侵权人提供便利条件的人，排污单位和第三方治理机构，负有安全保障义务的经营者、管理者、组织者，违反法定管控和修复义务的责任人等，实际上都与行为人存在某种关联关系，即便这种关联关系在法律责任的视角下显得有些遥远，但并非毫无意义。而第三人的行为往往与侵权人行为是完全独立的，第三人原因的介入也具有偶然性，无前述这种特殊的关联关系。

第二，在责任承担上。第三人与行为人之间是不真正连带责任。而其他责任人与行为人之间，既可能是不真正连带责任，如本解释第十二条、第十三条规定的排污单位和第三方治理机构的责任形式；也可能是真正的连带责任，如第十一条第二款规定，为侵权人提供便利条件的人存在重大过失的，承担连带责任；还可能是补充责任，如第十六条规定了经营者、管理者、组织者未尽到安全保障义务致人损害的补充责任。

【审判实践中需要注意的问题】

适用无过错责任原则在赔偿数额上可能存在限制。许多适用无过错责任原则的活动是社会所需要的，法律允许这些活动的存在，但如果法律对这些领域发生的事故赔偿数额没有限制，就有可能过分加重行为人的负担，阻碍经济发展和企业壮大，且无过错责任原则往往与责任保险相连，责任保险可以确保无过错责任制度得以顺利实施，若赔偿额度过高，保险人的负担过于沉重，则可能放弃责任保险，不利于无过错责任制度的顺利实施。所以，在某些适用无过错责任原则的领域，对赔偿额度予以限制，是十分必要的。例如，根据《民法典》第一千二百四十四条的规定，承担高度危险责任，法律规定赔偿限额的，依照其规定，但是行为人有故意或者重大过失的除外。我国航空、海运等方面的特别法规，基于特定行业的风险性和保护该行业发展的需要，往往规定了最高赔偿数额。在生态环境侵权中，《国务院关于核事故损害赔偿责任问题的批复》第七条第一款就明确，核电站的营运者和乏燃料贮存、运输、后处理的营运者，对一次核事故所造成的核事故损害的最高赔偿额为 3 亿元人民币；其他营运者对一次核事故所造成的核事故损害的最高赔偿额为 1 亿元人民币。

【法条链接】

《中华人民共和国民法典》（2020 年 5 月 28 日）

第一千一百六十六条　行为人造成他人民事权益损害，不论行为人有无过错，法律规定应当承担侵权责任的，依照其规定。

第一千二百二十九条　因污染环境、破坏生态造成他人损害的，侵权人应当承担侵权责任。

第一千二百三十三条　因第三人的过错污染环境、破坏生态的，被侵权人可以向侵权人请求赔偿，也可以向第三人请求赔偿。侵权人赔偿后，有权向第三人追偿。

【典型案例】

聂胜等 149 户辛庄村村民与平顶山天安煤业股份有限公司五矿等水污染责任纠纷案[①]

（一）基本案情

自 2003 年 6 月起，聂胜等 149 户辛庄村村民因本村井水达不到饮用水的标准，而到附近村庄取水。聂胜等人以平顶山天安煤业股份有限公司五矿（以下简称五矿）、平顶山天安煤业股份有限公司六矿（以下简称六矿）、中平能化医疗集团总医院（以下简称总医院）排放的污水将地下水污染，造成井水不能饮用为由提起诉讼，请求判令三被告赔偿异地取水的误工损失等共计 212.4 万元。

（二）裁判结果

河南省平顶山市新华区人民法院一审认为，三被告排放生产、生活污水污染了辛庄村井水，导致聂胜等 149 户村民无法饮用而到别处取水，对此产生的误工损失，三被告应承担民事责任，判决三被告共同承担赔偿责任。双方不服上诉至平顶山市中级人民法院。二审庭审中，鉴定人员出庭接受质询，证明即便三被告排放的是达标污水，也肯定会含有一定的污染因子，五矿、六矿职工及家属排放的生活污水与五矿、六矿排放的生产污水只能按主次责任划分。二审法院依据鉴定报告及专家意见，结合二审查明的生产污水与生活污水对损害发生所起的主次作用以及五矿、六矿职工及其家属所排生活污水

[①] 参见《最高人民法院公报》2014 年第 11 期，《最高人民法院发布环境资源审判典型案例》之案例二。

约占致损生活污水总排量的60%等事实，认定三被告对因其排放生产污水造成的本案误工损失共同承担40%的赔偿责任；五矿、六矿就其职工及家属排放生活污水造成的其余60%误工损失共同承担赔偿责任。二审法院于2011年7月作出判决，判令五矿、六矿、总医院因排放生产污水共同赔偿聂胜等人误工费17.65万元，五矿、六矿因其职工及家属排放生活污水共同赔偿聂胜等人误工费15.89万元。

（三）典型意义

本案系多方排污导致地下水污染，危害饮用水水源，严重威胁聂胜等人的身心健康。被告的生产、生活污水排入地下，且不能举证证明其排污行为与聂胜等人的损害之间不存在因果关系，一、二审法院认定三被告污染环境，应当承担民事责任并无不当。根据《侵权责任法》第六十五条和第六十六条[①]的规定，污染者应对其污染行为造成的损害承担无过错责任，即使三被告排放的污染物达标，造成损害的，仍不能免除其民事责任。涉案地下水污染系多个责任主体、多个排污行为叠加所致，二审法院根据鉴定报告和专家意见，厘清了不同排污行为产生的主次责任以及被告承担责任的比例划分，进而作出了相应判决。

> **第五条　【数人侵权责任之一】** 两个以上侵权人分别污染环境、破坏生态造成同一损害，每一个侵权人的行为都足以造成全部损害，被侵权人根据民法典第一千一百七十一条的规定请求侵权人承担连带责任的，人民法院应予支持。

[①] 对应《民法典》第一千二百二十九条和第一千二百三十条之规定，条文内容有修改。

【条文主旨】

本条是关于生态环境无意思联络数人侵权中每一个侵权人的行为都足以造成全部损害责任的规定。

【条文理解】

本条的制定依据为《民法典》第一千一百七十一条,即本条是《民法典》第一千一百七十一条在生态环境侵权中的具体适用规则。

一、本条规定的侵权行为类型

本条规定的侵权行为类型在理论上被称为原因叠加的多数人侵权[1],属于无意思联络数人侵权的典型形式。

通常而言,无意思联络的数人侵权,是指二人以上没有意思联络,但其行为相互结合造成他人人身或者财产损害,且每个人的侵权行为都足以造成全部损害的侵权行为类型。理论上,通常依据主体有无意思联络而将多数人侵权区分为有意思联络的数人侵权和无意思联络的数人侵权,对其构成要件和责任承担作出区分。其基本的价值判断依据在于,现代侵权法遵循理性原则,要求侵权人的责任承担应当与其理性预期相一致。因此,有无合理的理性预期就成为有无意思联络的多数人侵权在责任承担方式上的分水岭。当然,还有其他的价值判断标准决定对多数人侵权的类型区分,例如,对被侵权人的充分救济与保护行为人的行为自由两者之间应当如何平衡,涉及立法上对多数人侵权时的风险分配问题。不同的价值取向决定了立法上对多数人侵权不同的分类标准。当然,立法上划分多

---

[1] 张新宝:《中国民法典释评·侵权责任编》,中国人民大学出版社2020年版,第31页。

数人侵权时，首要遵循的是行为人的理性预期与其责任承担相一致的基本价值判断标准。因此，有无意思联络就成为侵权法划分多数人侵权的基本类型。审判实务中对多数人侵权并不过分强调主观上有无意思联络，而更着重于对受害人的损害赔偿救济，同时也考虑连带责任承担方式的均衡扩张，因此将多数人侵权划分为共同侵权、准共同侵权和多因一果几种类型。[1]

多数人侵权中的原因叠加类型，又称为"充分原因偶然竞合"，是指两个或者两个以上相互独立的致害原因（侵权行为）对损害的发生都起到了作用；就单个侵权行为而言，足以导致损害发生；就全部侵权行为而言，它们之间相互独立，发生作用时互不依赖、互不关联；就损害而言，只是发生了一个损害，即"同一损害"。致害的多个原因导致同一损害发生，每个致害原因都足以造成全部损害的发生，致害原因在客观上具有独立性，致害人在主观上也具有独立性，即不存在共同的故意或者过失，谓之"原因叠加"。[2] 在实务上，本条规定的侵权行为最大特点在于数个行为人并没有主观上的意思联络，也不存在共同过失，而是分别按照各自意思实施了侵权行为，但造成了同一个损害，且每一个行为人的行为都足以造成全部损害。比如，甲、乙两个工厂在无意思联络的情况下，分别向同一河流排放污水，它们排放的污染物种类和浓度均足以造成丙养殖的水产品全部死亡，这种情形就构成本条规定的数人侵权情形，各行为人承担连带责任。

二、本条规定的侵权行为构成要件

根据本条规定，两个以上侵权人分别污染环境、破坏生态造成

---

[1] 最高人民法院侵权责任法研究小组编著：《〈中华人民共和国侵权责任法〉条文理解与适用》，人民法院出版社2010年版，第91页。

[2] 张新宝：《中国民法典释评·侵权责任编》，中国人民大学出版社2020年版，第32页。

同一损害,每一个侵权人的行为都足以造成全部损害,各侵权人应当承担连带责任。据此,本条规定的侵权行为构成要件如下:

(一) 侵权主体的复数性

如前所述,本条规定的侵权类型属于数人侵权之一种,因此行为主体的复数性是最基本的条件。主体的复数性,即侵权主体为两个以上,这与共同侵权行为、共同危险行为以及其他数人侵权类型的主体要件是一致的。除本条外,本解释第六条至第九条还规定了数人侵权的其他类型,其责任构成均须具备侵权主体的复数性。

(二) 侵权行为的分别性

所谓侵权行为的分别性,是指各侵权人在实施侵权行为时主观上不存在共同的故意或者过失,在客观上不存在"关联"或者"直接结合""间接结合",这与共同侵权行为具有本质区别。相较于共同侵权,本条要求数个侵权行为之间相互独立,本条中的"分别"是指实施侵权行为的数个行为人之间不具有主观上的关联性,各个侵权行为都是相互独立的。每个行为人在实施侵权行为之前以及实施侵权行为过程中,与其他行为人无意思联络,也没有认识到还有其他人在实施类似的侵权行为。[1] 如果行为人在主观上具有意思联络,存在共同故意或者行为客观关联,则应当适用共同侵权的规定,而不能适用本条。这里需要注意,本条关于侵权行为分别性的要求需要在主观和客观上同时满足,理解的难点在于客观方面。比如,甲、乙两家工厂在无意思联络的情况下,分别向同一河流排放废水。各家排放的废水均未达到致害程度,但两种废水中的物质相结合产

---

[1] 王胜明主编:《中华人民共和国侵权责任法释义》,法律出版社2010年版,第67页。

生了化学反应，形成了致害物，造成丙养殖的水产品全部死亡。这种情形就属于客观上具有"关联"或者"直接结合"，不属于本条的适用范围，而应当按照本解释第九条关于"两个以上侵权人分别排放的物质相互作用产生污染物造成他人损害，被侵权人请求侵权人承担连带责任的，人民法院应予支持"的规定处理。

（三）侵害结果的同一性

"同一损害"是指数个侵权行为所造成的损害的性质和内容是相同的，都是同一身体伤害或者同一财产损失，如果能够区分出各自造成的损害后果，就不是同一损害，而是不同损害，应当按照各自过错大小分别承担责任。相较于共同侵权行为而言，本条强调损害的同一性，而在共同侵权中，即便每个侵权行为所造成的损害后果不同，如甲的侵权行为造成了丙身体上的伤害，乙的侵权行为造成了丙的财产损失，但由于数个行为人之间主观上具有关联性，也应当构成共同侵权，行为人对受害人的全部损失承担连带责任。当然，在实务操作上，损害后果的同一性，应是既不限于分别实施侵权行为的数人给受害人造成一个损害结果的情形，也不要求造成同一性质的损害，通常是强调损害后果与侵权行为之间的不可分性。因为不少情形下某一行为或者数个行为造成的损害可能并不仅仅是腿部或者胳膊受伤，而是造成多个器官功能的损伤，这时认定"同一损害"就不宜过于片面和机械，特别是有关人身伤害的，应遵循专门的医学专业判断。

（四）原因的叠加性与因果关系的推定性

所谓原因的叠加性，是指每一个侵权行为人的行为都足以导致损害后果的发生，即其行为对损害的发生具有100%的原因力，数个侵权行为发生作用的原因力是足以导致全部损害后果发生所需原因力的200%以上。也就是说，本条中的"足以"并不是指每个侵权行为都实际上造成了全部损害，而是指即便没有其他侵权行为的共同作用，单个侵权行为也完全可以造成这一损害后果。这里的"足以"主要体现在因果关系的判断上，或者说是致害程度的判断上，在这种情况下，法律不再要求对每一个行为人的侵权行为所造成的实际损害进行深究，而是在立法上推定这些叠加的原因是损害发生的法律上的原因。[1] 此谓因果关系的推定性。在本条所隐含的因果关系推定下，本条的适用无须考虑"实际加害人不明"或者"加害份额不明"的问题，只要各侵权行为均足以造成全面损害，就推定受害人的损害是因全体行为人各自行为的分别作用而发生的，各行为人均系同一损害的真实原因、直接原因[2]。因此，每个行为人都应当承担全部侵权责任。但是，基于侵权责任法的损害填平原则，被侵权人的受偿范围应以侵权行为造成的全部损害为限[3]，故让各侵权人承担连带责任是最为妥当的立法选择。从实际情况观察，两个以上的侵权人分别实施侵权行为，已经确定其为各个独立的侵权行为，应当由侵权人各自承担侵权责任。但叠加的共同侵权行为中的每一个行为人对于损害的发生都具有全部的原因力，每个人都应当承担全部赔偿责任。[4] 为了防止滥科连带责任，必须从因果关系的角度加

---

[1] 张新宝：《中国民法典释评·侵权责任编》，中国人民大学出版社2020年版，第33页。

[2] 在这个层面上，本条规定的侵权类型与共同危险行为存在本质区别。在共同危险行为中，虽然实施危及他人人身、财产行为的是数人，但真正导致损害后果的只是其中一人或者部分人的行为，即每个行为都是损害的可能原因，行为与损害之间存在不确定因果关系。

[3] 损害填平原则，又称为补偿性赔偿原则，是指在确定损害赔偿时以受害人的实际损失为准，是侵权责任法的一项基本原则，而惩罚性赔偿制度属于特别规定，其适用应当遵循谦抑性，仅在法律明确规定的情形下适用。因此，本解释第七条第二款亦规定：被侵权人依照前款规定请求足以造成全部损害的侵权人与其他侵权人承担责任的，受偿范围应以侵权行为造成的全部损害为限。

[4] 杨立新：《侵权法论》，人民法院出版社2013年版，第925页。

以限制。否则，在各个侵权人没有意思联络的情况下，仅仅为了受害人的赔偿更有保障而使各侵权人承担连带责任，理由不充分。[1]

在无意思联络的数人侵权中，如果部分侵权人的行为只能造成部分损害，而其他侵权人的行为足以造成全部损害，虽然全部原因力相加足以造成全部损害，但不属于本条规定情形，而应当依照本解释第七条第一款关于"两个以上侵权人分别污染环境、破坏生态，部分侵权人的行为足以造成全部损害，部分侵权人的行为只造成部分损害，被侵权人请求足以造成全部损害的侵权人对全部损害承担责任，并与其他侵权人就共同造成的损害部分承担连带责任的，人民法院应予支持"的规定予以判断；如果各侵权人的行为均只能造成部分损害，但相结合的原因力足以造成全部损害的，也不属于本条规定情形，而应当结合案情进行具体分析，分别按照本解释第六条第一款关于"两个以上侵权人分别污染环境、破坏生态，每一个侵权人的行为都不足以造成全部损害，被侵权人根据民法典第一千一百七十二条的规定请求侵权人承担责任的，人民法院应予支持"的规定，或者按照本解释第九条等规定处理。

（五）各行为均构成生态环境侵权

前述四个要件，是无意思联络数人侵权中原因叠加致害行为的一般构成要件，具体到生态环境数人侵权，还需要一个特殊构成要件，即每一个侵权人的行为都构成生态环境侵权。一般侵权责任的构成要件包括侵权行为、损害后果、行为与损害之间的因果关系及行为人行为时有过错四个方面。关于生态环境私益侵权的归责原则，《民法典》第一千二百二十九条沿袭了《侵权责任法》第六十五条

---

[1] 程啸：《侵权责任法》，法律出版社2019年版，第383页。

的规定,明确污染环境、破坏生态造成损害之生态环境侵权行为,适用无过错责任的归责原则。无过错责任即意味着不以行为人的过错为要件,只要其活动或者所管理的人、物损害了他人的民事权益,除非有法定的免责事由,否则行为人都要承担侵权责任。无过错责任属于一种严格责任,只有在法律明确规定情形下才能予以适用。因此,《民法典》第一千一百六十六条明确,"行为人造成他人民事权益损害,不论行为人有无过错,法律规定应当承担侵权责任的,依照其规定"。由于环境私益侵权责任适用无过错责任原则,因此其构成要件仅包括环境污染、破坏生态行为,被侵权人的人身或者财产损害,行为与损害之间的因果关系这三个方面。

1. 污染环境、破坏生态行为。一般认为,环境污染是指被人们利用的物质或者能量直接或者间接进入环境,导致对自然的有害影响,以致危及人类健康、危害生命资源和生态系统,以及损害或者妨碍舒适和环境的其他合法用途的现象。而人类实施的那些导致"被人们利用的物质或者能量直接或者间接进入环境"的行为,包括向大气、土壤和海洋等环境介质排放废气、废水、废渣、粉尘、垃圾、放射性物质、恶臭等有毒有害物质、其他物质及能量的行为,就是污染环境行为。一般而言,生态破坏是指人类不合理的开发利用资源损坏了自然生态环境,使人类、动物、植物、微生物等的生存条件发生恶化的现象,如水土流失、土壤沙化、动植物资源和渔业资源枯竭、气候变化异常、生物多样性减少等。这些不合理地开发利用资源损坏自然生态环境的行为,即为破坏生态行为。比如,乱捕滥猎、过度采挖珍稀植物;乱砍滥伐、过度放牧;毁林造田、过度垦荒;围湖造田、填海造地;违规建设大坝导致流域生态系统破坏;开采矿产造成土地塌陷、水土流失;不合理地引进物种;破坏遗传信息(基因);等等。从行为结果上看,环境污染和生态破坏都是人类不合理开发利用自然资源的结果，两者相互重合，且时常互为因果。严重的环境污染可以导致生态破坏，生态破坏又会降低环境自净能力，进而加剧污染的程度。由此，污染环境和破坏生态在侵权法上就有了显著的共同之处，两者在侵权行为结果上均导致生态环境质量发生不利变化，同样具有致人损害上的间接性、连续性、广泛性、复杂性、潜伏性等特征，进而在法律上归属一体并形成了一个整体性的概念——生态环境侵权。

2. 被侵权人的人身、财产损害。损害是侵权责任必备的构成要件，无损害即无赔偿。任何人只有在因他人的行为受到实际损害之时才能获得法律上的救济，而行为人也只有在因自己的行为及自己所控制的物件致他人损害时，才有可能承担损害赔偿责任。《民法典》侵权责任编进一步完善了侵权责任规则，更加明确"损害"作为侵权责任的构成要件，强调无论适用何种归责原则，构成侵权责任都必须具备损害这一要件。生态环境侵权责任亦是如此。本解释所规定的生态环境侵权案件，仅指私益侵权，具体包括环境污染责任纠纷案件和生态破坏责任纠纷案件。在生态环境私益侵权中，损害后果是指被侵权人的人身、财产受到损害。

准确把握生态环境私益侵权责任构成要件的损害后果，需要注意两点：其一，这里的损害应做广义理解，不仅包括已经发生的现实损害，也包括在未发生现实损害的情况下，被侵权人有遭受损害的"危险"。这是现代侵权责任法之预防性原则的体现，也与《民法典》第一千一百六十七条规定的"消除危险"的侵权责任承担方式相对应。基于此，《生态环境侵权证据规定》第二条从举证责任的角度，规定环境污染责任纠纷案件、生态破坏责任纠纷案件的原告应当就其人身、财产受到损害或者有遭受损害的危险承担举证责任。其二，生态环境私益侵权造成损害的方式具有间接性。从致害过程来看,环境污染和生态破坏都体现为"损害行为—环境介质污染(生态系统破坏)—人身财产损害"的间接过程,而并非一般侵权行为之"损害行为—人身财产损害"的直接作用。比如,含重金属污染物经由地下水进入人体,粉尘经由空气被人吸入,在噪声、振动等能量污染中,此种情形更为典型。如果有毒有害物质直接作用于被侵害人,则不属于生态环境侵权的范畴。因此,本解释第二条第一款第一项明确规定,未经由大气、水、土壤等生态环境介质,直接造成损害的,不作为生态环境侵权案件处理。

3. 因果关系。因果关系是行为与损害之间引起和被引起的内在必然联系。从侵权法理论上讲,因果关系可以分为事实上的因果关系和法律上的因果关系。所谓事实上的因果关系,是指行为与损害之间在事实层面的因果连接,或者说行为对损害有事实上的作用力。但是事实上的因果链条绵延不绝,法律上应当切断于何处,需要价值判断的融入。而法律上的因果关系,是指在事实上的因果关系基础上依一定的价值取向对责任进行限制,即确定将事实上的因果关系切断于何处。影响法律上因果关系认定的具体价值判断可能包括:原因力大小、行为社会有用性、可预见程度、被侵害利益的重要性、过错程度等,[①] 个案中,法官会在综合考量基础上对因果关系作出判断。生态环境侵权责任作为侵权责任类型的一种,当然也要有因果关系这一构成要件,即环境污染、生态破坏行为与被侵权人人身、财产损害之间要有因果关系。但是基于生态环境侵权过程的间接性,其因果关系亦不具有直接性,而应当分解为两个阶段的因果关系:首先是损害行为造成环境介质污染(生态系统破坏),其次是环境介质污染(生态系统破坏)导致受害人人身、财产损失。如前所述,

---

① 邹海林、朱广新主编:《民法典评注·侵权责任编》,中国法制出版社2020年版,第13~14页。

如果是损害行为直接导致受害人人身、财产损失，则不属于生态环境侵权范畴。

上述法律上的因果关系，是在实体法层面而言的，相对应的还有程序法上的因果关系判断规则，即诉讼过程中决定某一行为是否需要承担责任的标准，具体表现为举证责任。《民法典》第一千二百三十条规定，行为人应当对其行为与损害之间不存在因果关系承担举证责任，将因果关系不存在的举证责任分配给了行为人。据此，《生态环境侵权证据规定》第六条第一款明确，被告应当就其行为与损害之间不存在因果关系承担举证责任。生态环境侵权往往具有长期性、潜伏性、持续性、广泛性的特点，造成损害的过程、因果关系链条比较复杂，判断因果关系是否成立是司法实践中的重点和难点问题。《生态环境侵权证据规定》第七条在充分总结司法实践经验基础上，对认定不存在因果关系的情形作出了规定："被告证明其排放的污染物、释放的生态因素、产生的生态影响未到达损害发生地，或者其行为在损害发生后才实施且未加重损害后果，或者存在其行为不可能导致损害发生的其他情形的，人民法院应当认定被告行为与损害之间不存在因果关系。"

三、阻却本条适用的事由

（一）一般情形

根据本条规定，一旦满足本条规定的构成要件，数个行为人必须对造成的损害承担连带责任。对于阻却本条适用的事由，除一般的侵权责任抗辩事由，比如不可抗力、受害人故意等情况外，基于本条规定的特殊性，也有相对特殊的阻却事由，这主要是数人之间免责或者减责的事由。但这些事由更多的是从阻却侵权行为构成要件的角度而言的，不能称为典型意义上的免责事由或者抗辩事由。在实体法上，阻却该侵权责任构成的事由主要包括三个方面：一是行为不构成生态环境侵权，比如行为与损害后果没有因果关系等；二是行为不"足以"造成该损害后果，这时应当按照《民法典》第一千一百七十二条、本解释第六条的规定承担按份责任；三是数个行为造成的损害后果是可分的，当然这时数个行为人承担的也应当是按份责任。下面着重探讨因果关系中断的情况。

（二）假设/超越因果关系

所谓假设因果关系，是指前一个行为已经直接造成某损害后果的发生，但事实上，即使没有前一个行为，后一个行为也会导致同一损害结果的发生。[①] 前一个行为被称为真实原因，后一个行为被称为假设原因。与此类因果关系较为类似的，是超越因果关系，即在前一个加害行为实施后，在受害人不可逆的损害结果实际出现前，后一个加害行为实施并即时导致受害人同一损害结果的发生。其特点是"致害进程快慢结合"，在先行为致害进程慢，而在后行为致害进程快，"后发而先致"。[②] 比如，甲、乙两家工厂在无意思联络的情况下分别向同一河流先后排污，甲排污在先，乙于次日排污，每家工厂排放的污染物均足以造成丙鱼塘的鱼全部死亡；如果甲排放污水后，当天即造成丙之鱼全部死亡，则甲、乙之行为与丙之损害之间构成假设因果关系，甲之行为为真实原因，乙之行为为假设原因；如果甲排放的污染物需要三天时间才能导致丙之鱼死亡，而乙于次日排放的污染物当天即造成丙之鱼全部死亡，则甲、乙之行为

[①] 王泽鉴：《侵权行为》，北京大学出版社2016年版，第239页。
[②] 邹海林、朱广新主编：《民法典评注·侵权责任编》，中国法制出版社2020年版，第74~75页。

与丙之损害之间构成超越因果关系，乙之行为"后发而先致"。德国法理论对假设因果关系和超越因果关系不作区别，将两者视为同一。[1] 因为在事实上的因果关系层面，两者都属于一个行为系真实致害原因，另一个行为系假设（潜在）致害原因，并无本质不同，其区别在于"真假原因"的先后次序不同。

在假设/超越因果关系情况下，应当由真实原因还是假设（潜在）原因承担责任，还是两个都需要承担责任？通说认为，虽然单个侵权行为都足以造成全部损害，但并不意味着每个侵权行为都实际造成了损害，在真实原因可以确定的情况下，假设原因与损害结果之间已无事实上的因果关系，或者说立法上关于因果关系的推定在假设原因方面已被推翻，因此假设原因不应当承担责任。[2] 然而，作为本条规定制定依据的《民法典》第一千一百七十一条，至少在形式上忽略了假设因果关系的存在。《民法典》第一千一百七十一条规定："二人以上分别实施侵权行为造成同一损害，每个人的侵权行为都足以造成全部损害的，行为人承担连带责任。"根据该条规定，在前述关于假设因果关系的例子中，即使乙排污时丙之鱼已经因甲所排放的污染物而全部死亡，乙仍然要与甲承担连带赔偿责任，其合理性不无疑问。反过来看，《民法典》第一千一百七十一条实际上隐含了这样的因果关系推定，即各致害行为同时发生，致害作用同时发生，损害同时发生，各行为人均系同一损害的真实原因、直接原因。既然是推定，当然允许行为人举证予以推翻：在先行为人可以举证证明其加害行为发生后，受害人并未出现终局性损害，受害人的终局性损害系由在后行为人造成，其行为与损害后果之间存在因果关系中断；在后行为人可以举证证明其加害行为发生前，受害

---

[1] 朱岩：《侵权责任法通论 总论（上册）》，法律出版社2011年版，第218页。
[2] 参见黄文煌：《论侵权法上的假设因果关系》，载《中外法学》2011年第3期。

人的终局性损害已经发生，受害人的终局性损害系由在先行为人造成，其行为与损害后果之间存在因果关系中断。① 基于上述分析，虽然本条系《民法典》第一千一百七十一条在生态环境侵权中的具体适用规则，但考虑到因果关系情况的复杂性，本解释第八条作出了以下规定，实际上是对《民法典》第一千一百七十一条在法律适用层面上的完善："两个以上侵权人分别污染环境、破坏生态，部分侵权人能够证明其他侵权人的侵权行为已先行造成全部或者部分损害，并请求在相应范围内不承担责任或者减轻责任的，人民法院应予支持。"需要注意的是，本解释第六条第二款及第八条也明确了主张因果关系中断者的举证责任。这两个条文关于相关举证责任的分配，既符合"谁主张，谁举证"的举证责任分配一般规则，也符合《民法典》第一千二百三十条关于举证责任分配的规定，殊值赞同。

【审判实践中需要注意的问题】

对于本条的适用，需要注意数人当中一人或者部分人承担了全部责任后对其他侵权人有无追偿权的问题。对此，实践中存有一定争议，《民法典》侵权责任编未作规定。《侵权责任法》第十四条规定："连带责任人根据各自责任大小确定相应的赔偿数额；难以确定责任大小的，平均承担赔偿责任。支付超出自己赔偿数额的连带责任人，有权向其他连带责任人追偿。"该规定内容已被《民法典》总则编吸收并在民事责任一章第一百七十八条第二款作了规定。我们认为，既然《民法典》总则编已经明确规定了有关连带责任承担后内部责任如何划分及追偿的规则，就应当适用这一规定，而不应区分是何种原因或者何种侵权行为类型导致连带责任的承担。换言

---

① 邹海林、朱广新主编：《民法典评注·侵权责任编》，中国法制出版社2020年版，第81页。

之，本条规定从外部责任上讲，当然具有充分救济受害人的价值导向和政策判断，但从内部责任上看，并不意味着其中一人或者部分侵权行为人承担了全部责任后，其他侵权行为人的责任即告消灭，他们仍应依照上述规定承担相应责任。

【法条链接】

《中华人民共和国民法典》（2020年5月28日）

第一千一百七十条　二人以上实施危及他人人身、财产安全的行为，其中一人或者数人的行为造成他人损害，能够确定具体侵权人的，由侵权人承担责任；不能确定具体侵权人的，行为人承担连带责任。

第一千一百七十一条　二人以上分别实施侵权行为造成同一损害，每个人的侵权行为都足以造成全部损害的，行为人承担连带责任。

第一千一百七十二条　二人以上分别实施侵权行为造成同一损害，能够确定责任大小的，各自承担相应的责任；难以确定责任大小的，平均承担责任。

第一千二百三十条　因污染环境、破坏生态发生纠纷，行为人应当就法律规定的不承担责任或者减轻责任的情形及其行为与损害之间不存在因果关系承担举证责任。

《最高人民法院关于生态环境侵权民事证据的若干规定》（2023年8月15日）

第二条　环境污染责任纠纷案件、生态破坏责任纠纷案件的原告应当就以下事实承担举证责任：

（一）被告实施了污染环境或者破坏生态的行为；

（二）原告人身、财产受到损害或者有遭受损害的危险；

第六条 被告应当就其行为与损害之间不存在因果关系承担举证责任。

被告主张不承担责任或者减轻责任的，应当就法律规定的不承担责任或者减轻责任的情形承担举证责任。

第七条 被告证明其排放的污染物、释放的生态因素、产生的生态影响未到达损害发生地，或者其行为在损害发生后才实施且未加重损害后果，或者存在其行为不可能导致损害发生的其他情形的，人民法院应当认定被告行为与损害之间不存在因果关系。

> **第六条 【数人侵权责任之二】** 两个以上侵权人分别污染环境、破坏生态，每一个侵权人的行为都不足以造成全部损害，被侵权人根据民法典第一千一百七十二条的规定请求侵权人承担责任的，人民法院应予支持。
>
> 侵权人主张其污染环境、破坏生态行为不足以造成全部损害的，应当承担相应举证责任。

【条文主旨】

本条是关于在数人生态环境侵权中，每一个侵权人的行为都不足以造成全部损害的责任形态以及相应举证责任分配的规定。

【条文理解】

一、竞合侵权的学理释解

本条规定的情形在民法理论上属于叠加的竞合侵权，也称部分的竞合侵权，与聚合的竞合侵权共同构成竞合侵权。

　　学理上，侵权行为形态可以分为单独侵权行为和数人侵权行为。前者是指侵权行为的行为人为一人的侵权行为，该人应当承担侵权责任，即单独责任；后者是指由数个行为人实施行为，对同一损害后果承担责任的侵权行为，其行为主体为二人或者二人以上，数人对同一损害后果承担侵权责任，数人承担侵权责任的方式即数个责任主体与被侵权人一方的请求权之间的联系具有多样性。数人侵权行为分为共同侵权行为、分别侵权行为、竞合侵权行为和第三人侵权行为。① 竞合侵权行为是数人侵权行为中的一种类型。

　　竞合侵权，是指二人以上分别实施行为造成同一损害的数人侵权，又称为多因一果的数人侵权。其主要法律特征为：

　　1. 实施侵权行为的主体具有复数性。即侵权行为人须为二人以上，既可以是两个以上的自然人，也可以是两个以上的法人，还可以是两个以上的自然人和法人。

　　2. 不同行为人实施侵权行为的性质具有差异性。即两个以上的行为主体对被侵权人实施的侵权行为性质并不相同，换言之，竞合侵权行为的两个以上行为人，有的实施直接侵权行为，有的是对直接侵权行为的实施提供了条件或者方便，但并不构成教唆、帮助行为的间接侵权行为。②

　　3. 不同行为人对侵权行为的实施具有独立性。即实施侵权行为的各行为人之间不具有主观上的关联性，每个行为人在实施侵权行

---

　　① 杨立新：《侵权法论》，人民法院出版社 2013 年版，第 979~980 页。当然，不同学者对数人侵权行为种类的划分并不相同。

　　② 这与共同侵权和分别侵权均不同。共同侵权行为的每一个行为人都是共同加害人，都是直接侵权人，即使教唆、帮助行为，也是对损害的发生起到了直接作用，具有直接的原因力。至于分别侵权行为，每一个行为人的行为均为损害发生的直接原因，不存在提供条件和创造机会的问题，不存在间接侵权行为。详情参见杨立新：《论竞合侵权行为》，载《清华法学》2013 年第 1 期。

为之前以及实施侵权行为过程中,与其他行为人没有意思联络,也没有意识到还有其他人在实施类似的侵权行为,各行为之间是相互独立的。

4. 不同行为人造成的损害具有同一性。即数个侵权行为所造成的损害性质是相同的,都是身体伤害或者财产损失,并且损害内容具有关联性。[1]

在竞合侵权中,对于各行为人之间应承担何种责任,系根据各个行为与损害之间的联系(即因果关系)来确定。根据各个原因与损害之间因果关系的不同,竞合侵权的主要类型,包括聚合的竞合侵权和叠加的竞合侵权两种。[2]根据我国《民法典》第一千一百七十一条[3]的规定,聚合的竞合侵权,是指数人分别实施行为,各个行为均足以造成全部损害后果的,各行为人对全部损害承担连带责任。在聚合的竞合侵权中,因果关系类型为聚合的因果关系(又称为累积的因果关系、并存的因果关系、共同的因果关系、等价的因果关系)。根据我国《民法典》第一千一百七十二条[4]规定,叠加的竞合侵权,是指数人分别实施行为,各个行为均不足以导致全部损害后果,但因为各个行为的偶然结合而造成了同一损害后果,对于其中能够确定行为人责任大小的,各自承担相应的责任,难以确定责任大小的,平均承担责任。在叠加的竞合侵权中,因果关系类型为叠加的因果关系(又称为部分的因果关系)。叠加的竞合侵权与聚合的

---

[1] 黄薇主编:《中华人民共和国民法典侵权责任编释义》,法律出版社2020年版,第26页。也有观点认为,"所谓造成同一损害是指数个行为仅仅造成一个损害结果,而不是造成数个独立的损害结果"。参见王利明等:《中国侵权责任法教程》,人民法院出版社2010年版,第397页。

[2] 梁展欣编著:《道路交通事故损害赔偿纠纷办案指南》,人民法院出版社2013年版,第29页。

[3] 《民法典》第一千一百七十一条规定,二人以上分别实施侵权行为造成同一损害,每个人的侵权行为都足以造成全部损害的,行为人承担连带责任。

[4] 《民法典》第一千一百七十二条规定,二人以上分别实施侵权行为造成同一损害,能够确定责任大小的,各自承担相应的责任;难以确定责任大小的,平均承担责任。

竞合侵权均需符合竞合侵权前述法律特征，二者的主要区别在于数个侵权行为是否足以导致全部损害结果不同，数个侵权行为人承担的侵权责任因此也存在不同。①

二、生态环境领域的竞合侵权

在生态环境侵权纠纷中，竞合侵权较为常见。数个污染行为人之间没有共同意思联络，包括既没有共同故意，也没有共同过失，不成立共同侵权，分别实施的污染行为造成同一环境污染或者生态破坏②的损害后果。司法实践中，就需要具体判断数个污染行为人的各自行为是否足以造成同一损害后果，并进而判断各自需要承担的侵权责任形式。

比如在水污染侵权纠纷中，数家排污企业排放的污水中均含有毒有害物质并流向共同的目标河流，但是在有的案件中，数家排污企业各自排放污水的毒性、浓度、数量等均足以导致下游养殖鱼类的死亡；而在有的案件中，数家排污企业各自排放污水的毒性、浓度、数量等均不能构成下游养殖鱼类死亡的全部原因力，但是汇集

---

① 《民法典》第一千一百七十一条和第一千一百七十二条规定的侵权行为究竟是竞合侵权行为，还是分别侵权行为，学界存在不同观点。持前论者，请参见杨立新：《侵权法论》，人民法院出版社2013年版，第979~980页；最高人民法院民法典贯彻实施工作领导小组编著：《中国民法典适用大全（侵权责任卷（一））》，人民法院出版社2022年版，第129页。持后论者，如陶盈：《环境分别侵权行为的法律适用》，载《国家检察官学院学报》2016年第5期；竺效：《论无过错联系之数人环境侵权行为的类型：兼论致害人不明数人环境侵权责任承担的司法审理》，载《中国法学》2011年第5期。

② 1989年《环境保护法》、2010年《侵权责任法》相关条文的表述仅限于"污染环境"行为，并未将生态破坏行为纳入。尽管污染环境也可能导致生态损害，但不能将环境污染行为与生态破坏行为等同混淆。无法通过扩大解释将《侵权责任法》第六十五条所规定的"因污染环境造成损害"的致害原因行为扩大适用于破坏生态致害责任纠纷案件。2014年修订的《环境保护法》将"生态破坏"与"环境污染"一起明确列为环境侵害行为。随后，2015年《环境侵权责任规定》第十八条规定，"本解释适用于审理因污染环境、破坏生态造成损害的民事案件"，"环境污染"和"生态破坏"并列为环境侵权的原因行为。本解释第一条第五项规定："侵权人因实施下列污染环境、破坏生态行为造成他人人身、财产损害，被侵权人请求侵权人承担生态环境侵权责任的，人民法院应予支持……（五）其他污染环境、破坏生态的行为。"

在一起后,在全部污水的共同作用下,由于原因力的叠加导致下游养殖鱼类死亡。在上述两种情形下,就需要考虑分别适用《民法典》第一千一百七十一条和第一千一百七十二条。

三、本解释第六条释义

(一) 本条第一款释义

第一,数个行为人分别实施侵权行为。行为主体的复数性仍然是最基本的条件,每个人的行为都必须是侵权行为。本条要求数个污染环境、破坏生态行为之间相互独立。本条中的"分别"是指实施污染环境、破坏生态行为的数个侵权行为人之间不具有主观上的关联性,各个污染环境、破坏生态行为之间都是相互独立的。每个行为人在实施污染环境、破坏生态行为之前以及实施过程中,没有与其他行为人有意思联络,也没有认识到还有其他人在实施类似的污染环境、破坏生态行为。

第二,给被侵权人造成了同一损害。所谓同一损害是指各个侵权人的行为给同一被侵权人造成了同一的或者性质相同的损害后果。例如,甲公司与乙公司分别向河中排放污水,结果导致丙公司养殖的水产品全部死亡。本条强调损害的同一性。如果损害后果并不相同,虽然受害人相同,也只是多个单独侵权责任的累积,各个加害人应当就自身行为的损害后果承担相应的赔偿责任,而不能责令其就全部损害承担连带赔偿责任。此外,如果各个行为人对受害人造成的损害是不同的,即便因为偶然原因而同时发生在一个人身上,行为人也应当就各自所致的损害承担赔偿责任。

第三,在因果关系上,每个侵权人的污染环境、破坏生态行为都不足以造成全部损害(即每个侵权行为均非全部损害的充分条件),只有数个行为结合才能够造成全部损害(即每个侵权行为均为全部损害的必要条件)。例如,甲、乙两厂分别按照排污标准向河中排放工业废水,甲厂或者乙厂排放的废水单独均不足以构成对下游丙养殖的水产品的任何伤害,但由于两种工业废水结合后发生化学反应产生某种有毒物质以致丙的水产品全部死亡。

第四,数个侵权人承担相应的责任。包括以下两种情形:一是能够确定责任大小的。虽然数个污染环境、破坏生态行为结合造成了同一损害,但是在大部分案件中,可以根据各个侵权行为对损害后果的可能性(盖然性)来确定责任份额。此种情形下,数个侵权人各自承担相应的责任。此处"相应的责任",一般包括按份责任和相应的补充责任两种情形,往往不是连带责任,但也不能简单等同于按份责任。① 判断这种可能性,可以结合原因力,即在构成损害结果的共同原因中,每一个原因对于损害结果发生或者扩大发挥的作用力。二是难以确定责任大小的。某些情形下,由于案情复杂,很难分清每个污染环境、破坏生态行为对损害后果的作用力到底有多大。这种情形下,很难根据原因力划分各个侵权人之间的责任。在此情况下可根据《民法典》第一千一百七十二条的规定,由各个行为人平均承担责任。

(二)本条第二款释义

本条第二款是关于应当由侵权人承担污染环境、破坏生态行为不足以造成全部损害的举证责任的规定。本解释起草过程中,对于应当由被侵权人还是侵权人承担举证责任,存在截然不同的两种观点。第一种观点认为,在法律未明确规定的情况下,为了防止不当

---

① 王利明:《侵权责任法研究》,中国人民大学出版社2010年版,第590~591页。

加重大企业的负担，防止打击排污多的小企业治理污染的积极性，应当根据"谁主张，谁举证"的原则，由被侵权人负举证责任。第二种观点认为，应当由侵权人承担举证责任。理由是侵权人与被侵权人往往信息不对称，对于污染者排放的种类、数量、浓度、危害性等，被侵权人很难提供证据加以证明，更难以证明每个侵权人的污染环境、破坏生态行为是否不足以造成全部损害。故应由侵权人承担举证责任。我们经研究认为，采用第二种观点更为妥当。理由在于，《民法典》第一千二百三十条确立了生态环境侵权因果关系推定原则。一般认为，因果关系可以区分为责任成立的因果关系和责任范围的因果关系。具体而言，行为人污染环境、破坏生态是否造成损害属于责任成立的因果关系，造成多大的损害则是责任范围的因果关系。因此，侵权行为是足以还是不足以造成全部损害亦属于因果关系的范畴，应当按照《民法典》第一千二百三十条的规定由侵权行为人承担举证责任。

【审判实践中需要注意的问题】

要准确理解和把握数个行为人的侵权行为是否应具有"违法性"的问题。我国《民法典》在制定过程中，曾就如下问题进行过认真讨论：没有违反法律规定的排污标准或者行政主管部门批准的排污标准造成他人损失，是否应当承担赔偿责任？亦即环境污染的损害赔偿责任是否以行为人有过错及行为具有违法性为要件？[①] 当时，环保业内主流观点认为，承担环境污染赔偿责任的法定条件，就是排污单位造成环境污染危害，并使其他单位或者个人遭受损失。至于

[①] 中国民法典立法研究课题组：《中国民法典草案建议稿附理由（侵权行为编·继承编）》，法律出版社2004年版，第91页。

国家或者地方规定的污染物排放标准，只是环保部门决定排污单位是否需要缴纳超标排污费和进行环境管理的依据，而不是确定排污单位是否承担赔偿责任的界限。[①] 司法实务界多数认为，《民法通则》第一百二十四条明确规定，违反国家保护环境防止污染的规定，污染环境造成他人损害的，应当依法承担民事责任。因此，承担污染环境民事责任的前提是行为人违反了国家保护环境防止污染的规定，如果行为人没有违反国家保护环境防止污染的规定，即可认定行为人没有过错，其行为亦不构成环境侵权行为，因而也无需承担污染环境的民事赔偿责任，即行为人承担过错责任。学术界的代表性观点认为，《民法通则》第一百二十四条与1989年《环境保护法》第四十一条第一款[②]的规定是矛盾的。根据《民法通则》第一百二十四条之规定，污染环境的行为应当是违反国家保护环境、防止污染的规定的行为，而1989年《环境保护法》第四十一条第一款之规定并无此要求。为了解决这一问题，应当树立这样一个观念：污染环境的行为，从侵权行为法的角度来考察，它是一种违法行为，这种违法行为可能直接违反环境保护方面的法律法规，也可能不违反环境保护方面的法律法规，但是该行为指向他人受到法律保护的生命健康权以及财产权，因此，即使加害人的排污行为没有违反环境保护方面的法律规定，但如果其排污行为污染环境造成他人损害的，也就是违反了保护他人生命健康权和财产权的法律规定，因而

[①] 中国民法典立法研究课题组：《中国民法典草案建议稿附理由（侵权行为编·继承编）》，法律出版社2004年版，第91页。

[②] 1989年《环境保护法》第四十一条：" 造成环境污染危害的，有责任排除危害，并对直接受到损害的单位或者个人赔偿损失。赔偿责任和赔偿金额的纠纷，可以根据当事人的请求，由环境保护行政主管部门或者其他依照法律规定行使环境监督管理权的部门处理；当事人对处理决定不服的，可以向人民法院起诉。当事人也可以直接向人民法院起诉。完全由于不可抗拒的自然灾害，并经及时采取合理措施，仍然不能避免造成环境污染损害的，免予承担责任。"

应当承担民事赔偿责任。①

我国《侵权责任法》出台后，第六十五条规定了"因污染环境造成损害的，污染者应当承担侵权责任"。《民法典》第一千二百二十九条基本沿袭了该条规定。有的学者认为，违法性是侵权责任构成的一般要件，环境污染行为具备违法性要件也是必然的，《侵权责任法》第六十五条的规定并不是否定违法性的要件。② 有的学者认为，环境污染侵权责任仍应具备违法性要件，但非以行为人符合环境保护法规作为违法性存否之基础，而是必须在纠正正义与功利主义之间寻求调和，将加害人不得严重侵害他人权益，而受害人亦有一定的容忍义务作为标准。③ 有的学者将环境侵权行为分为三种类型：一是合法行为且未对环境造成损害，二是合法行为但对环境造成损害，三是违法行为且对环境造成损害。对于前两种类型，由于仅在发生特殊的物理或化学反应时导致损害，在这种偶合环境侵害行为中，数个行为人实施的行为不应当认定具有违法性，因此不构成侵权行为。④

我们认为，根据本解释第一条的规定，生态环境侵权具有不同的行为方式。结合并尊重审判实践做法，对于构成本条规定的叠加的竞合侵权行为，是否需要每一个侵权行为均具有违法性的判断，应当坚持具体问题具体分析。一是对于排放废气、废水、废渣、医疗废物、粉尘、恶臭气体、放射性物质等污染环境的，是否超过国家标准并非法律确定污染行为的必要条件。主要理由在于：国家或者地方污染物排放标准，是环境保护主管部门进行环境管理的依据，

---

① 张新宝：《侵权责任法原理》，中国人民大学出版社 2005 年版，第 375~376 页。
② 陶盈：《环境分别侵权行为的法律适用》，载《国家检察官学院学报》2016 年第 5 期。
③ 陈聪富：《环境污染责任之违法性判断》，载《中国法学》2006 年第 5 期。
④ 参见唐永忠、邵培樟：《试论偶合环境侵权的民事责任》，载《科技进步与对策》2004 年第 6 期。

不是确定排污者是否承担侵权责任的界限。即使达标排放，只要造成了污染后果，也应承担侵权责任。二是对于排放噪声、振动、光辐射、电磁辐射等污染环境的，法律要求超过国家标准才构成污染行为。比如《噪声污染防治法》第二条第二款规定噪声污染"是指超过噪声排放标准或者未依法采取防控措施产生噪声，并干扰他人正常生活、工作和学习的现象"。《放射性污染防治法》第六十二条第一项规定放射性污染"是指由于人类活动造成物料、人体、场所、环境介质表面或者内部出现超过国家标准的放射性物质或者射线"。在实践中有诸多法定标准，比如《声环境质量标准》《社会生活环境噪声排放标准》《电磁环境控制限值》等，如果行为没有超出某领域所要求的标准，就不应当认为属于污染行为。主要理由在于：因为声、光、电磁等是人类生产生活的必需品，不可能在现代社会中被完全涤除，这些物质只有在超过人类感官或身体承受限度的情况下才会造成损害后果。①

【法条链接】

《中华人民共和国民法典》（2020 年 5 月 28 日）

第一千一百七十二条　二人以上分别实施侵权行为造成同一损害，能够确定责任大小的，各自承担相应的责任；难以确定责任大小的，平均承担责任。

---

① 详情参见窦海阳：《环境侵权类型的重构》，载《中国法学》2017 年第 4 期。另外，噪声、振动、光辐射、电磁辐射等能量的国家标准究竟是生态环境侵权的行为要件还是违法性要件问题，存在争议。如果将是否超出国家标准作为判断行为人过错或违法性的标准，则实际采用了违法性要件的立场。这样，能量污染就属于采用过错原则的特殊类型生态环境侵权。而如果将未达到国家标准的能量排放视为不属于污染行为本身，那么标准就应当归入行为要件。例如，未超出国家标准的噪声不构成造成污染。如造成损害的，应按照一般侵权处理。

《最高人民法院关于审理船舶油污损害赔偿纠纷案件若干问题的规定》（2020年12月29日）

第三条 两艘或者两艘以上船舶泄漏油类造成油污损害，受损害人请求各泄漏油船舶所有人承担赔偿责任，按照泄漏油数量及泄漏油类对环境的危害性等因素能够合理分开各自造成的损害，由各泄漏油船舶所有人分别承担责任；不能合理分开各自造成的损害，各泄漏油船舶所有人承担连带责任。但泄漏油船舶所有人依法免予承担责任的除外。

各泄漏油船舶所有人对受损害人承担连带责任的，相互之间根据各自责任大小确定相应的赔偿数额；难以确定责任大小的，平均承担赔偿责任。泄漏油船舶所有人支付超出自己应赔偿的数额，有权向其他泄漏油船舶所有人追偿。

《最高人民法院关于审理道路交通事故损害赔偿案件适用法律若干问题的解释》（2020年12月29日）

第十条 多辆机动车发生交通事故造成第三人损害，当事人请求多个侵权人承担赔偿责任的，人民法院应当区分不同情况，依照民法典第一千一百七十条、第一千一百七十一条、第一千一百七十二条的规定，确定侵权人承担连带责任或者按份责任。

《最高人民法院关于审理医疗损害责任纠纷案件适用法律若干问题的解释》（2020年12月29日）

第十九条 两个以上医疗机构的诊疗行为造成患者同一损害，患者请求医疗机构承担赔偿责任的，应当区分不同情况，依照民法典第一千一百六十八条、第一千一百七十一条或者第一千一百七十二条的规定，确定各医疗机构承担的赔偿责任。

> 第七条 【数人侵权责任之三】两个以上侵权人分别污染环境、破坏生态，部分侵权人的行为足以造成全部损害，部分侵权人的行为只造成部分损害，被侵权人请求足以造成全部损害的侵权人对全部损害承担责任，并与其他侵权人就共同造成的损害部分承担连带责任的，人民法院应予支持。
>
> 被侵权人依照前款规定请求足以造成全部损害的侵权人与其他侵权人承担责任的，受偿范围应以侵权行为造成的全部损害为限。

【条文主旨】

本条是关于数人侵权部分侵权人的行为足以造成全部损害，部分侵权人的行为只造成部分损害责任的规定。

【条文理解】

在本条规定的情形中，造成全部损害的侵权人既应当对全部损害承担责任，又应当对与其他侵权人共同造成的损害承担连带责任，即部分连带责任。

环境侵权行为，根据侵权人之间有无意思联络，可以分为有意思联络的数人环境侵权行为和无意思联络的数人环境侵权行为。有意思联络的数人环境侵权行为，属于共同侵权，即《民法典》第一千一百六十八条的调整范围，实施污染行为的数个侵权人对受害人承担连带责任。实践中有观点认为，共同侵权行为属于过错责任的范畴，行为人承担责任的基础在于其是否具有主观过错。因此，适用无过错责任归责原则的环境侵权不可能成立共同侵权。我们认为，无过错责任原则虽不以行为人的故意、过失为要件，但这不意味着行为人没有过错，行为人不仅可以因故意、过失致人损害，同样也可以事先通谋策划。因此，在适用无过错责任的环境侵权中，只要数个污染者之间存在共同故意或者共同过失，则构成共同侵权，应当承担连带责任。无意思联络的数人环境侵权行为，属于分别侵权行为。分别侵权行为可以分为三种：第一种是每个侵权行为都是损害结果发生的充分原因的类型，即《民法典》第一千一百七十一条的调整范围，此为本解释第五条的内容；第二种是单个侵权行为不足以导致损害结果发生，数个侵权行为结合后才导致损害结果发生的类型，即《民法典》第一千一百七十二条的调整范围，此为本解释第六条的内容；第三种是部分侵权人的污染环境、破坏生态行为足以造成全部损害，部分侵权人的污染环境、破坏生态行为只造成部分损害的，数个侵权人应当如何承担责任的问题，此为本条的内容。

一、两个以上侵权人分别污染环境、破坏生态

"两个以上侵权人分别污染环境、破坏生态"，其中"两个以上侵权人"应有之义是至少存在两个不同的侵权主体；其中的"分别"是指实施污染环境、破坏生态行为的数个侵权行为人之间不具有主观上的关联性，各个污染环境、破坏生态行为之间都是相互独立的。每个行为人在实施污染环境、破坏生态行为之前以及实施过程中，没有与其他行为人有意思联络，也没有认识到还有其他人在实施类似的污染环境、破坏生态行为。强调每个侵权人的行为都必须单独构成侵权行为，且独立实施、独立存在。如果行为人主观上具有关联性，存在共同故意或者共同过失，即便每个污染环境、破

坏生态行为所造成的损害后果不同，也同样构成共同侵权，由数个侵权人对被侵权人的全部损害承担连带责任，不属于本条调整规范的情形，应当适用《民法典》第一千一百六十八条的规定处理。此外，如果数个侵权人虽无意思联络而分别实施侵权行为，但只有其中一人或者数人的行为现实地造成他人损害，现无法查明具体的侵权人，这种情形属于共同危险行为，也不能适用本条规定，应依据《民法典》第一千一百七十条"二人以上实施危及他人人身、财产安全的行为，其中一人或者数人的行为造成他人损害……不能确定具体侵权人的，行为人承担连带责任"处理。

二、部分侵权人的行为足以造成全部损害，部分侵权人的行为只造成部分损害

本条文对部分侵权人的侵权行为足以造成全部损害、部分侵权人的侵权行为只造成部分损害时应当如何分配责任的问题进行明确。这种情形实际上是本解释第五条与第六条规定的分别侵权行为之间部分叠加的形态，现实中并不能排除此种特定情形的存在。此形态下侵权责任如何分配，审判实践中需要结合《民法典》第一千一百七十一条与第一千一百七十二条的规定，进行侵权类型划分，进而确定责任承担方式。本解释遵循《民法典》规定，并结合侵权法原理对这种部分叠加的分别侵权行为责任承担予以明确。首先，此情形要求各侵权人造成的损害具有同一性，也即这里的损害是指各个侵权人的行为给同一被侵权人造成了同一的或者性质相同的损害后果。其次，就各侵权人共同造成的损害部分，无证据证明各侵权人侵权行为造成损害结果的发生有时间先后，也即各分别侵权行为人无论是否同时实施侵权行为，侵害结果的发生都是同时的，或者侵权人没有证据证明其他侵权人的侵权行为已先行造成全部或部分损

害。反之，就应依据本解释第八条的规定进行处理。也就是说，当损害存在先后顺序时，在先行为人已经造成的损害，与后行为人的侵权行为没有因果关系，后行为人不应承担责任。例如，A 公司与 B 公司分别向河中排放污水，结果导致 C 公司养殖的水产品死亡。A 公司单独排放污水行为可以造成 C 公司水产品死亡，同样 B 公司单独排放污水行为也可以造成 C 公司水产品死亡；但 A 公司排放污水浓度高、污染量大，导致水产品死亡数量多，B 公司排放污水浓度低、污染量小，导致水产品死亡数量少。此时，对于 C 公司因水污染全部死亡的水产品而言，A 公司排放污水行为足以造成 C 公司全部损害，B 公司排放污水行为只造成 C 公司部分损害。A 公司和 B 公司排放污水行为都会造成 C 公司水产品死亡，造成了同一性质的损害后果。如果损害后果并不相同，虽然同时发生在相同的受害人身上，也只是属于多个单独侵权责任的累积，各个加害人应当就自身行为的损害后果承担相应的赔偿责任，就不存在"共同造成的损害部分"，因而也就不能责令其就全部或部分损害承担连带赔偿责任。如果各个行为人对受害人造成的损害是不同的，即便因为偶然原因而同时发生在一个人身上，行为人也应当就各自所致的损害承担赔偿责任。再者，如果 B 公司能够证明其排污时，A 公司排污行为已经先行造成 C 公司部分水产品死亡，那么 B 公司可以请求在 A 公司先行造成的 C 公司水产品死亡的部分不承担责任或者减轻责任。

三、足以造成全部损害的侵权人对全部损害承担责任，并与其他侵权人就共同造成的损害部分承担连带责任

作此规定，主要基于原因力比较。原因力是指在构成损害结果的多个原因中，每一个原因对于损害结果发生或者扩大所起的作用。所起作用较大的，应当承担较大的赔偿数额；所起作用较小的，可以分担较小的赔偿数额。因此，造成全部损害的侵权人要承担全部赔偿责任，造成部分损害的侵权人只承担部分责任。在本条规定情形中的分别侵权行为，其原因力表现为"全部+部分=全部"。由于损害的同一性，部分侵权人造成的全部损害与部分侵权人造成的部分损害会出现重叠，造成部分损害的侵权人应当对其造成的该部分损害承担责任，造成全部损害的侵权人既应当对全部损害承担责任，又应当对与其他侵权人共同造成的损害承担连带责任，即部分连带责任。

连带责任是一种重要的责任承担方式，是为了便利被侵权人求偿而设置的。就无意思联络的数人侵权行为而言，首先，损害结果同一与原因力不可分是使行为人承担连带责任的法理基础。原因力不可分，数人的行为在逻辑上可视为同一行为；损害结果不可分，即不能区分各行为人的加害部分，亦即"加害部分不明"。例如，A公司与B公司分别排放污水，结果导致C公司养殖的水产品死亡。假设A公司排污行为根据其排放污染物的危害性可造成C公司水产品全部死亡，B公司排污行为仅能造成C公司水产品部分死亡。对于C公司因水污染而死亡的水产品而言，无法分清哪部分是因A公司单独排污行为而死亡、哪部分是因B公司排污而死亡，即典型的损害结果不可分之情形。根据A公司和B公司排放污染物的危害性，因A公司排污可导致C公司水产品全部死亡，而B公司排污仅造成部分死亡，对于B公司排污导致死亡的这部分水产品，A公司与B公司原因力不可分、损害结果不可分，A公司与B公司承担连带责任具有法理基础。其次，将风险分配给侵权人而非被侵权人，是使侵权人承担连带责任的伦理基础。连带责任的意义在于增加责任主体的数量，加强对受损害人的保护，确保受损害人获得赔偿。连带责任在概念上是加重的责任承担，但此所谓加重，其实是一种风险的分配，要从对内、对外两种情形理解连带责任。对外，连带责任系各侵权人的外部责任，是一个整体的责任。连带责任中的每个人都需要对被侵权人承担全部责任。被请求承担全部责任的连带责任人，不得以自己的过错程度等为理由只承担自己的责任。被侵权人有权请求部分或者全部连带责任人承担责任。另外，连带责任是法定责任，连带责任人之间不能通过约定改变责任的性质，对于内部责任份额的约定对外不发生效力。对内，连带责任中每个人的内部责任仍是按份责任，连带责任人对外承担了赔偿责任后，需要在内部确定各自的责任。连带责任人的赔偿数额应当根据各自责任大小确定。责任的大小一般依据以下原则来确定：一是根据各自的过错；二是对原因力进行比较；三是过错和原因力都无法认定时，各侵权人平均分担赔偿数额。具体到生态环境侵权，判断侵权人之间的责任大小则可以依据本解释第二十五条第一款规定，根据污染环境、破坏生态行为有无许可，污染物的种类、浓度、排放量、危害性，破坏生态的方式、范围、程度，以及行为对损害后果所起的作用等因素确定。侵权人如果对外承担连带责任超过了自己应当承担的份额，有权向其他侵权人追偿。连带责任的设计只是有利于被侵权人的求偿，并未从根本上改变各侵权人的责任承担份额。但追偿权的行使，存在追偿不能的风险。立法将此风险分配给侵权人，是因为侵权行为是损害他人合法权益的行为，具有道德上的可非难性与可谴责性。而被侵权人即使存在一定过错，其违反的通常是非真正法律义务，通过过失相抵也自行承担了相应的损失。因此，与其通过按份责任将求偿不能的风险分配给被侵权人，毋宁通过连带责任将追偿不能的风险分配给侵权人，这也更符合正义原则。

四、被侵权人受偿应以侵权行为造成的全部损害为限

在民法上,被侵权人损害救济制度的功能在于补偿其因侵权行为造成的损害,填补性是其基本特征,被侵权人权利损失多少,侵权人就赔偿多少,被侵权人除损害填补外不能有获利,也即民事赔偿的填平原则。基于此,侵权人实施污染环境、破坏生态行为造成他人人身、财产损害的侵权救济,是使被侵权人的损害能获得实质、完整、迅速的填补,以恢复被侵害的权利或利益到如同没有被侵害时的状态,是从被侵权人应当得到救济的角度出发,使侵权人承担赔偿责任。因此,被侵权人的受偿一般应以损害填平为限。而被侵权人超过损害限度受偿的部分,除适用惩罚性赔偿的情形外,将构成不当得利。

在司法实践中,为了规避当事人恶意通过诉讼进行营利活动,对于损害赔偿原则上依据填平原则处理。根据本条第一款规定,足以造成全部损害的侵权人对全部损害承担责任,并与其他侵权人就共同造成的损害部分承担连带责任,被侵权人可以同时请求"足以造成全部损害"的侵权人与"只造成部分损害"的侵权人承担责任。此时,很可能会因重复受偿而导致其受偿金额超出损害限度。因此,为了避免上述情形的出现,本条第二款规定,被侵权人依照前款规定请求足以造成全部损害的侵权人与其他侵权人承担责任的,受偿应以侵权行为造成的全部损害为限。

前面提到,本条第二款的规定不适用于存在惩罚性赔偿的情形。惩罚性赔偿,是指行为人故意实施某种违法行为造成严重后果时,以对行为人实施惩罚和追求一般抑制效果为目的,法院在判令行为人支付通常赔偿金的同时,还可以判令行为人支付受害人高于实际损失的赔偿金。基于生态环境损害的累积性、潜伏性、缓发性、公

害性等特点,《民法典》通过第一千二百三十二条规定将惩罚性赔偿的适用对象由侵害知识产权、产品责任扩展至生态环境侵权领域,有利于充分救济受害人、惩罚恶意侵权人,同时进一步加大对生态环境的保护力度。当人民法院根据被侵权人的请求判令侵权人承担惩罚性赔偿时,被侵权人的受偿必然会超过其受到的全部损害。综上所述,本条第二款的规定是为了避免被侵权人在不同侵权人之间重复受偿,条文中之"受偿"应指一般赔偿,而不包括惩罚性赔偿。

五、部分叠加的分别侵权在实践中的探索

前述 A 公司与 B 公司分别排放污水导致 C 公司水产品死亡的案例,属于典型的部分叠加的分别侵权的情形。在实践中,数人侵权呈现多种形态,要辨明数个侵权人之间的关系,正确适用本解释。我们选编某合作社诉某公司、李某等人土壤污染责任纠纷一案[1]中部分案情来作进一步探讨。

此案受诉法院查明,某合作社于 2014 年 4 月 30 日与案外人胡某签订承包合同,将其所属的一块土地租赁给胡某用于挖泥运输复耕及山地租赁承包经营。2014 年 7 月 20 日,胡某又与李某签订协议,约定原由胡某承包的复耕工程及山地、鱼塘等转包给李某经营。李某承租上述场地后,在明知该场地不具备生活垃圾处置功能,且他人没有取得生活垃圾处置资质和运载生活垃圾资格的情况下,任由黎某、梅某、林某等人运载生活垃圾到上述场地倾倒、填埋。另查明,2017 年 1 月初,某环卫处与某公司协商处理某镇生活垃圾事宜,与其签订《临时生活垃圾清运处理协议书》,该协议约定某环卫处将其部分城市生活垃圾委托给某公司清运处理。2017 年 2 月 2 日,

---

[1] 参见广东省江门市中级人民法院(2020)粤 07 民终 2377 号民事判决书,载中国裁判文书网。

某公司明知黎某无生活垃圾清运资质，仍与黎某签订《某镇垃圾中转站生活垃圾清运合同》，合同约定某公司委托黎某负责清理某镇垃圾中转站生活垃圾，合同对垃圾清运价格、结算方式、清运时间、清运地点以及双方权利义务均作出约定。同月14日，黎某经李某同意从上述垃圾中转站运输4车约100吨垃圾到涉案场地倾倒、填埋。同月25日，梅某、林某在取得李某的同意后，由梅某安排车辆装载垃圾运到李某承包的案涉山头进行非法倾倒、填埋，由林某与李某结算支付费用。此后，梅某、林某经李某同意，又装载垃圾运到涉案山头进行非法倾倒、填埋。经查，梅某、林某共运输8车，共150吨垃圾到涉案场地倾倒、填埋。再查明，经某市主管机关测绘队对垃圾堆放土方测量，认定了填埋的垃圾总体积。经评估，确认了上述倾倒固体废物事件环境污染损害数额。某合作社提供证据证明被告黎某、梅某、林某向案涉土地倾倒、填埋垃圾，造成某合作社土壤受到污染，某合作社对加害的污染行为和自身受到损害已完成举证责任。五被告李某、黎某、梅某、林某及某公司未能提供案涉土地不存在环境污染事实的证据，也没有提供案涉土地受到污染与其不存在因果关系的证据，故受诉法院对某合作社主张案涉土地受到污染，且五被告的污染行为造成某合作社损害的事实予以确认。

关于各被告在本案中的侵权行为和责任认定问题：

李某的侵权行为和责任。李某明知该场地不具备生活垃圾处置功能，仍为案涉垃圾处置提供场地，是造成案涉土壤污染的直接责任人，应对某合作社土壤污染造成的损害承担全部责任。

黎某、梅某、林某的侵权行为和责任。黎某与梅某、林某属于分别侵权，为本解释第六条规定调整的情形。黎某参与非法倾倒、填埋垃圾，应承担与其侵权行为（按照100吨计算）相适应的责任。梅某、林某共同参与非法倾倒、填埋垃圾，根据《民法典》第一千一百六十八条的规定，对外二者应对共同造成的损害（按照150吨计算）承担连带责任；对内二者根据《民法典》第一百七十八条第二款的规定确定各自责任。

某公司的侵权行为和责任。某公司在承接某环卫处清运生活垃圾业务后，明知黎某无生活垃圾清运资质，且案涉场地不具备生活垃圾处置功能，其没有尽到谨慎审查注意义务，放任黎某将生活垃圾运送至涉案场地倾倒、填埋，造成了某合作社土壤受到污染。其行为对黎某造成的垃圾污染存在一定的原因力和过错，属于本条"部分侵权人的行为只造成部分损害"的情形。将黎某的侵权行为造成的损害作为全部损害，某公司的行为造成部分损害，可以参照适用本条规定，由某公司对黎某造成的损害承担与其原因力（通常由法院根据具体情况酌定）相适应的连带责任。

实务中，对于李某的责任认定有不同观点。有观点认为，本案中李某参与了垃圾倾倒、填埋的全过程，其侵权行为属于"足以造成全部损害"的情形。根据本条规定，李某应该对全部损害承担责任，并与梅某、林某就共同造成的损害部分承担连带责任，与黎某就共同造成的损害部分承担连带责任。也有观点认为，李某的行为属于为侵权人污染环境、破坏生态提供场地，根据本解释第十条的规定，应分别与梅某和林某造成的损害部分、与黎某造成的损害部分承担连带责任。

审判实践中，有法院在审理银行违规操作将被侵权人资金汇入侵权人账户的案件中，根据类推适用规则，参照本条规定进行侵权人、银行责任的认定和划分，对部分叠加的分别侵权行为责任认定规则作出有益探索。

【审判实践中需要注意的问题】

1. 每个侵权主体的行为都必须单独构成侵权。本条适用的情形为，无论是足以造成全部损害的部分侵权人，还是只造成部分损害的部分侵权人，其每个独立主体的独立行为与损害事实之间都确定存在因果关系，都单独符合侵权的完整构成要件。换言之，每个侵权主体的行为是否构成侵权，与其他侵权主体及其行为无关，即每个侵权主体的行为都必须单独构成侵权。

2. 本条第二款规定不适用于存在惩罚性赔偿的情形，其"受偿"应指一般赔偿，而不包括惩罚性赔偿。

3. 举证责任分配问题。本条情形同样适用本解释第六条第二款的规定，由侵权人承担其污染环境、破坏生态行为不足以造成全部损害的举证责任。

4. 追偿权问题。实践中侵权形态多种多样，足以造成全部损害的侵权人可能是一个或多个，只造成部分损害的侵权人亦然；共同侵权和分别侵权可能会交织出现，要准确理解适用《民法典》和本解释相关规定，厘清各侵权人之间关系和责任承担方式。以两个侵权人的分别侵权为例，侵权人共同造成的损害部分，对内应当按照每个侵权人污染环境破坏生态行为有无许可，污染物的种类、浓度、排放量、危害性，破坏生态的方式、范围、程度，以及行为对损害后果所起的作用等因素进行责任份额划分；难以确定责任大小的，应平均承担责任。当足以造成全部损害的侵权人对外就全部损害承担责任后，有权就超过其责任份额的部分向其他侵权人追偿，其他侵权人仅需承担与其份额相适应的责任。

【法条链接】

《中华人民共和国民法典》（2020 年 5 月 28 日）

第一千一百六十八条　二人以上共同实施侵权行为，造成他人损害的，应当承担连带责任。

第一千一百七十一条　二人以上分别实施侵权行为造成同一损害，每个人的侵权行为都足以造成全部损害的，行为人承担连带责任。

第一千一百七十二条　二人以上分别实施侵权行为造成同一损害，能够确定责任大小的，各自承担相应的责任；难以确定责任大小的，平均承担责任。

第八条　【数人侵权责任之四】两个以上侵权人分别污染环境、破坏生态，部分侵权人能够证明其他侵权人的侵权行为已先行造成全部或者部分损害，并请求在相应范围内不承担责任或者减轻责任的，人民法院应予支持。

【条文主旨】

本条是关于生态环境侵权数人侵权责任中存在先后顺序时，责任承担的规定。

【条文理解】

《民法典》第一千一百七十一条规定："二人以上分别实施侵权

行为造成同一损害，每个人的侵权行为都足以造成全部损害的，行为人承担连带责任。"第一千一百七十二条规定："二人以上分别实施侵权行为造成同一损害，能够确定责任大小的，各自承担相应的责任；难以确定责任大小的，平均承担责任。"上述关于数人侵权足以造成全部损害承担连带责任，以及不足以造成全部损害承担按份责任的规定，在逻辑上隐含着数个侵权行为同时造成损害的推定，并以数个侵权行为造成的损害后果紧密结合、具有同一性（或合一性）为要件。而在生态环境侵权实践中，数人侵权行为造成的损害往往并非同时，而是存在先后顺序；损害后果亦并非同一，而是可分的。此种情形下数个侵权人之间应如何承担侵权责任，颇值研究。本条即是对生态环境侵权数人侵权责任中存在先后顺序时责任承担的规定。

一、适用本条的构成要件

1. 侵权主体的复数性。此为数人侵权的一般特征，在此不作赘述。

2. 分别实施生态环境侵权行为。所谓"分别"，是指实施生态环境侵权的各个行为人之间不具有主观上的意思联络，各个污染环境、破坏生态行为之间是相互独立的。各个行为人之间不仅在过错——如果有的话——上是可分的，在行为上也是可分的，既没有共同故意，也没有共同过失，每个行为人在实施侵权行为之前以及实施侵权行为的过程中，没有与其他人有意思联络，也没有认识到还有其他人在实施类似的侵权行为，从而区别于以共同过错（共同加害行为）、共同行为（共同危险行为）为特征的共同侵权。

3. 数人生态环境侵权造成的损害具有先后顺序。与《民法典》第一千一百七十一条、第一千一百七十二条要求造成"同一损害"，以及本解释第五条、第六条蕴含数个侵权行为同时造成损害的规范意旨不同，本条的适用以数个侵权人造成的损害后果可分，并具有先后顺序为条件。

本条是对《民法典》第一千一百七十一条、第一千一百七十二条关于数人分别侵权规定的补充，也是对上述条文仅注意到数人侵权同时造成损害而未能虑及损害后果具有先后顺序的矫正。正确理解"同一损害"有助于更好地适用本条关于"其他侵权人的侵权行为已先行造成全部或部分损害"的规定。《民法典》中关于"同一损害"的表述有三处，分别出现在第一千一百七十一条、第一千一百七十二条和第一千一百七十三条。从条文沿革看，第一千一百七十一条、第一千一百七十二条的"同一损害"系对《侵权责任法》第十一条、第十二条的沿用，均为对无意思联络数人侵权的相关规定；第一千一百七十三条则系源于《侵权责任法》第二十六条关于与有过错的规定，但将原有的"被侵权人对损害的发生也有过错的，可以减轻侵权人的责任"表述修改为"被侵权人对同一损害的发生或者扩大有过错的，可以减轻侵权人的责任"，对损害做了限定，要求是同一损害。对"同一损害"的理解，在同一部法律中是一脉相承的，即数个侵权行为所造成的损害的性质是相同的，都是身体伤害或者财产损失，并且损害内容具有密不可分的关联性。需要强调的是，相较于一般侵权而言，生态环境侵权本身更具有特殊性，其损害伴随有较为复杂的物理、化学甚至生物等方面的反应。在数人分别侵权中，数人的生态环境侵权行为虽然没有意思联络，但其排放的污染物结合在一起，从最终结果上看造成了同一损害。对于同一损害的认识，在本质上，应当界定为此损害后果具有不可分割性，但从表现样态上看，则对于通过现有的科技水平都无法查明数个生态环境侵权人之间造成的具体损害份额或者比例的情况，均应当认定为属于同一损害的范畴。[①]

与之不同，本条强调，数人分别侵权的损害后果是可分的，并具有先后顺序，在后的侵权行为发生时全部或者部分损害已经由在先的侵权行为造成。

二、适用本条的法律后果

（一）法律后果

在法律后果上，本条数个行为人的责任与《民法典》第一千一百七十一条、第一千一百七十二条以及本解释第五条、第六条、第七条关于数人侵权的其他情形在法律后果上有本质区别，既不是连带责任，也不是按份责任或者部分连带责任，具有先后顺序的数个侵权人之间在责任上具有明显的划分，在后的侵权人不应对其他侵权人的侵权行为已先行造成的全部或部分损害承担责任，亦即后侵权人的责任应在相应范围内予以减轻或免除。

（二）举证责任分配

在本条规定的数人分别侵权中，如果在后侵权行为发生时，损害已经由在先侵权行为造成的，则后侵权人不应对此前造成的损害承担责任。此种减轻或免除责任的举证责任，同样属于因果关系的举证范畴，根据《民法典》第一千二百三十条关于"因污染环境、破坏生态发生纠纷，行为人应当就法律规定的不承担责任或者减轻责任的情形及其行为与损害之间不存在因果关系承担举证责任"的规定，应由提出该主张的侵权人承担。

[①] 参见最高人民法院研究室、最高人民法院环境资源审判庭编著：《最高人民法院环境侵权责任纠纷司法解释理解与适用》，人民法院出版社2016年版，第43~44页。

值得注意的是，2015年《环境侵权责任规定》第七条规定："侵权人举证证明下列情形之一的，人民法院应当认定其污染环境、破坏生态行为与损害之间不存在因果关系：（一）排放污染物、破坏生态的行为没有造成该损害可能的；（二）排放的可造成该损害的污染物未到达该损害发生地的；（三）该损害于排放污染物、破坏生态行为实施之前已发生的；（四）其他可以认定污染环境、破坏生态行为与损害之间不存在因果关系的情形。"其中第三项关于该损害于排放污染物之前已发生的规定，与本条关于"其他侵权人的侵权行为已先行造成全部或者部分损害"的规定具有类似旨趣。略有不同的是，本条系针对数人分别侵权的适用作出特别强调，其法律后果是在相应的范围内减轻或者免除后侵权人的责任；而前述第七条第三项的规定未明确区分一人侵权或者数人分别侵权，其法律后果是可以认定污染行为与损害之间不存在因果关系。

三、作为责任限制工具的因果关系

侵权秩序背后的基本问题是权益保护与行为自由之间的紧张关系。如果仅就事实层面而言，一个行为可以影响的结果绵延不尽，但就法律层面或者技术层面而言，涉及的权益是否一概都需要保护、行为人的责任应该止于何处、应该在什么样的基础上构建责任限制、在此过程中是否以及如何实现价值判断，都是需要面对和解决的问题。

（一）作为侵权要件的因果关系与责任限制

侵权要件的功能，即在于勾勒行为自由与权益保障之间的弹性边界。① 与违法性要件确定法律保护的利益范围,过错要件要求自我控制、自负其责、有过错才有责任一样,因果关系是责任限制的另一个工具。有观点认为,因果关系不仅是矫正正义的基本要素,甚至几乎是其全部。对所导致的损害承担责任,是一个直接诉诸一般道德感的原则。亦即,作为侵权构成要件的因果关系是一个符合自然理性的要求——一个人对非因其自己的行为导致的结果当然不应当由其承担责任。

如何理解"所导致的损害",涉及事实上的因果关系与法律上的因果关系的区分。英美侵权法上区分事实上的因果关系和法律上的因果关系,前者关注的是,作为事实,被告过失是不是原告损失的原因;后者关注的是,作为法律,被告是否应对其事实上造成的损害承担责任。大陆法系中虽未采用相同的表述,但亦有两者之间的分野,如德国法中的必要条件,均系对事实上因果关系的考察,而因果关系相当性的判断,则系法律上因果关系的判断。实际上,法律上因果关系的实质,便是在事实上因果关系的基础上依一定价值取向对责任进行限制。② 在侵权法意义上,因果关系是在事实性基础之上的法律判断,"有因果关系才有责任"本身就是一项法律上的价值判断。只不过是,事实上因果关系的要求,形成的是一种硬约束,在可以确定事实上因果联结不存在时,责任就应当被排除,而法律上因果关系因涉及价值判断而存有弹性,在实践中具有缓和余地。③

就本条规定而言,按照因果关系的链条和逻辑顺序,原因在前,结果在后。在时间顺序上,只有侵权人排放污染物在前,造成受害人损害在后,才有可能建立侵权人与受害人损害之间的因果关系。

---

① 参见叶金强:《相当因果关系理论的展开》,载《中国法学》2008年第1期。
② 参见胡学军:《环境侵权中的因果关系及其证明问题评析》,载《中国法学》2013年第5期。
③ 参见叶金强:《相当因果关系理论的展开》,载《中国法学》2008年第1期。

如果侵权人能够举证证明受害人的损害在其排放污染物之前已经发生，或者在损害地域广泛、污染源与损害结果地距离很远的情况下，其排放污染物行为虽发生在前但到达在后，受害人的损害在其排放污染物到达之前已经发生，足以说明侵权人排放污染物的行为与受害人的损害之间不具有因果关系。受害人的损害不是该侵权人排放污染物的行为所导致，而是其他侵权人的侵权行为造成。而且，此种基于"原因在后、结果在前"而产生的因果关系不存在的判断，显然是按照自然科学方法就可以加以考察的事实上的因果关系的不存在，足以产生排除责任的硬性约束，具有限制责任的法律效果。

（二）作为价值判断的因果关系与责任限制

行为不是结果的事实上原因，可以确定地使责任不发生。但行为是结果的事实上原因，尚不能确定地使责任发生，法律还将根据一定的价值判断对责任进行进一步限制。法律上因果关系判断的具体因素，在我国侵权法上亦有体现，涉及法律理念、基本原则、法益位阶等更为抽象的价值判断层面，甚至有时并不完全准确地指向因果关系，存在与过错程度、原因力程度的判断相交叉重叠的情形。比如，作为构成要件的过错无法容纳对过错程度的精细评价，在无过错归责原则之下甚至无从影响侵权的构成，但因果关系判断可以提供空间。对此，《民法典》第一千二百三十一条以及本解释第二十五条关于数个侵权人责任份额的确定标准的相关规定中，即有体现。再如，受侵害价值位阶对因果关系判断的影响，在实证法的具体案例中已有体现。英美法中的"蛋壳脑袋"（eggskull）规则明确，行为人不能以受害人的特殊体质否定因果关系的存在。我国最高人民法院发布的 24 号指导案例的裁判要点中明确，交通事故中的受害人自身体质状况不属于减轻侵权人责任的法定情形。

四、假设因果关系

本条规定的理解还涉及假设因果关系问题。

所谓假设因果关系,又称为修补因果关系,在英美法上与之对应的是超越因果关系,是指侵害人的行为导致损害的发生,受害人因此受有损害,然而即使没有此侵害行为,同样的损害也会因为其他独立于该侵害行为的事由发生。① 在涉及假设因果关系的案件中存在两个原因事实,其中一个原因事实对损害的发生具有事实上的原因力,此即加害人的加害行为,被称为真正原因;另一个原因事实对损害的发生并无事实上的原因力,因此被称为假设原因,但如果不存在真正原因,则该假设原因亦将导致同样的损害。应予注意的是,假设原因只是相对于损害结果而言没有事实上的原因力,其本身并非假设的或想象的事实或状态。② 罗马法时期即出现了关于假设因果关系的讨论,优士丁尼《学说汇纂》D. 9. 2. 11. 3. 片段中记载,如果给一个奴隶造成致命伤害,另一个人随后又将其杀死,那么前者不负杀害责任但负伤害责任,因为该奴隶乃死于另一伤害,后者负杀害责任。根据《阿奎利亚法》规定,杀害他人的奴隶和伤害他人的奴隶导致产生不同的赔偿责任。但在另一个片段里,尤里安却认为直接杀死某人和对某人实施了致命的伤害,均属于杀害行为,因此前后两个加害人都应承担杀害责任。③ 我国学者虽对该"颇有趣但极为棘

---

① 参见廖焕国:《假设因果关系与损害赔偿》,载《法学研究》2010 年第 1 期。
② 参见黄文煌:《论侵权法上的假设因果关系》,载《中外法学》2011 年第 3 期。
③ 参见 [意] 桑德罗·斯奇巴尼选编:《债·私犯之债·阿奎利亚法》,米健译,中国政法大学出版社 1992 年版,第 13 页。

手"的主题初有关注，但研究者尚不多见，亦未形成共识。①

生态环境侵权中亦可能产生假设因果关系的适用。如甲的排污行为产生的污染物具有急性致死作用，乙的排污行为产生的污染物具有慢性致死作用，丙因急性致死，此时甲、乙应如何承担责任？又如，甲喷洒农药时，药水飘到隔壁乙的鱼塘，导致鱼塘里的鱼大部分受损，此后一场洪水将乙的鱼塘冲垮，鱼被冲得无影无踪，此时甲应当如何承担责任？再如，甲的排污行为的污染源距离较远，乙的排污行为的污染源距离较近，虽然甲、乙的排污行为都足以造成全部损害，但在甲排放的污染物到达被污染地之前，乙排放的污染物已经造成了20%的损害，此时甲、乙应当如何承担责任？上述情形，多为数人侵权，均涉及假设因果关系的适用，颇为复杂，尤其还要关注与其他数人侵权中的因果关系的比较分析。

1. 假设因果关系与累积因果关系。累积因果关系又称为聚合因果关系或者竞合因果关系、等价因果关系，是指两个或者两个以上的原因事实同时导致产生一个损害后果，且其中任何一个原因事实都足以单独引发整个损害。比如，甲、乙分别开枪，同时命中丙头部，两弹均为致命伤。甲、乙开枪射杀丙的行为事先并无共谋，彼此也不知道对方的存在，仅偶然同时实施侵害行为，造成丙死亡。此情形中，任何一个原因都足以单独导致整个损害，在这一特征上，累积因果关系与假设因果关系相同。假设因果关系与累积因果关系的区别在于，在前者，真正原因和假设原因具体可相互区分，如"奴隶案"中，甲的行为导致奴隶受伤，乙的行为加速并直接导致奴

---

① 现有文献中检索到的相关主题文章有廖焕国：《假设因果关系与损害赔偿》，载《法学研究》2010年第1期；黄文煌：《论侵权法上的假设因果关系》，载《中外法学》2011年第3期；李媜：《论阿奎利亚法与假设因果关系》，载《黑龙江政法管理干部学院学报》2013年第3期；程啸：《受害人特殊体质与损害赔偿责任的减轻》，载《法学研究》2018年第1期。

隶死亡；在后者，各原因事实导致的损害无法相互区分。就条文规范而言，《民法典》第一千一百七十一条以及本解释第五条规定的数人分别侵权承担连带责任的情形，对应的即为累积因果关系。

2. 假设因果关系与替代因果关系。替代因果关系，又称为择一因果关系或者潜在因果关系，此种因果关系亦涉及两个或者两个以上的原因事实，其中每一个原因事实都可以单独造成损害，但无法查清是哪一个原因事实引起了损害。比如，甲行走在楼下，被楼上掉落的坠物砸伤，坠物不止一个，其中一个坠物归结于乙的过失行为，另一个坠物归结于丙的过失行为，但无法确定究竟是哪一个坠物导致了甲的损害。此情形中，乙、丙的行为都是潜在的致害原因，但无法证实具体何者是损害的真正原因，即在替代因果关系中损害的真正原因是不明确的。此点与假设因果关系不同，在假设因果关系中，真正原因是明确的，不明确的是能否因假设原因的存在而使实施真正致害原因的行为人的责任得以减免。假设因果关系与替代因果关系的区别为，在前者，致害原因是明确的，不明确的是责任承担或者损害赔偿的范围；在后者，致害原因是不明确的，恰是因为此种不明确性，为减轻受害人的举证责任，通常数个行为人承担连带责任。在条文规范上，《民法典》第一千一百七十条规定的共同危险行为，对应的即为替代因果关系。

事实上，假设因果关系问题不属于因果关系层面的问题。假设因果关系问题是在损害层面展开的，它要解决的是已成立的损害赔偿责任可否由于假设原因也必将导致同样的损害而获得减免，这是一个关于损害本质和损害范围计算的问题。[①] 假设因果关系对侵权责

[①] 参见廖焕国：《假设因果关系与损害赔偿》，载《法学研究》2010年第1期；黄文煌：《论侵权法上的假设因果关系》，载《中外法学》2011年第3期；李媚：《论阿奎利亚法与假设因果关系》，载《黑龙江政法管理干部学院学报》2013年第3期。论者均持此种观点。

任大小的影响,在具体案例的适用中,可能会受到损害是直接损害还是间接损害,损害计算的时间是行为发生时、结果发生时还是提起诉讼时,损害是终局性损害还是持续性损害等诸多因素的影响,尚无法在某一个或者几个条文中给予事无巨细的周全规定,亦难以给出一个确定无疑的答案,其合理路径是根据具体个案情形予以具体分析。故借助假设因果关系来帮助理解本条的规定时,需要注意,在前述所举甲的排污行为的污染源距离较远,乙的排污行为的污染源距离较近,虽然甲、乙的排污行为都足以造成全部损害,但在甲排放的污染物到达被污染地之前,乙排放的污染物已经造成了20%损害的情形下,因乙排放污染物造成的20%的损害系在甲排放污染物到达之前即已经发生,故甲得以主张不具有因果关系而排除或者限制此20%部分的责任承担,并非依据假设因果关系而主张排除此部分责任。

【审判实践中需要注意的问题】

实践中,要注意本条规定与共同侵权制度的区别。在共同侵权制度中,二人以上共同实施侵权行为造成他人损害的,即使每个侵权行为造成的损害后果不同或者有先后顺序,如甲的侵权行为在先造成了丙身体上的伤害,乙的侵权行为在后造成了丙的财产损失,只要数个行为人主观上具有关联性,也同样构成共同侵权,由数个行为人对全部损害结果承担连带责任。[1] 而本条以数人分别侵权为要件。

此外,还要注重区分数人侵权同时造成损害,与生态环境侵权

---

[1] 参见黄薇主编:《中华人民共和国民法典侵权责任编解读》,中国法制出版社2020年版,第33页。

损害后果的时滞性问题。生态环境侵权造成损害后果的过程具有复杂性,往往是污染物与各环境要素之间发生物理、化学、生物的反应,经过迁移、扩散、转化、代谢等一系列中间环节后才起作用,甚至有时候,污染物本身并不致害,但和其他因素相结合就产生了损害,一因多果、多因一果或者多因多果的现象多发,因果关系表现得十分隐蔽,认定比较困难。但仅仅是损害发生的时滞性问题不能成为否定"同一损害"的理由。

【法条链接】

《中华人民共和国民法典》(2020年5月28日)

第一千一百七十一条 二人以上分别实施侵权行为造成同一损害,每个人的侵权行为都足以造成全部损害的,行为人承担连带责任。

第一千一百七十二条 二人以上分别实施侵权行为造成同一损害,能够确定责任大小的,各自承担相应的责任;难以确定责任大小的,平均承担责任。

第一千二百三十条 因污染环境、破坏生态发生纠纷,行为人应当就法律规定的不承担责任或者减轻责任的情形及其行为与损害之间不存在因果关系承担举证责任。

第九条 【数人侵权责任之五】两个以上侵权人分别排放的物质相互作用产生污染物造成他人损害,被侵权人请求侵权人承担连带责任的,人民法院应予支持。

【条文主旨】

本条是关于数个侵权人排放污染物相结合产生次生污染造成他人损害责任的规定。

【条文理解】

在本条规定的情形中，致害污染物是由各侵权人排放污染物结合所致，数侵权人的行为构成了一个共同的原因，两者具有整体性和不可分割性，应适用连带责任。

数人环境侵权，是指数人在同一相对集中的时间、同一相对集中的地域共同或分别排放污染物、破坏生态，造成生态环境损害的行为。

一、数人共同侵权的概述

数人共同侵权，是指数人共同不法侵害他人权益造成损害的行为。[1] 广义的共同侵权是指多数人侵权，即两个或者两个以上加害人实施的导致同一损害结果的行为。包括主观的共同侵权（共同故意或共同过失）、拟制的共同侵权（教唆、帮助行为）、准共同侵权（共同危险行为）、客观的共同侵权（行为关联共同）四种类型。理论上将主观的共同侵权和客观的共同侵权并称为"共同加害行为"，构成狭义的共同侵权。[2] 我国法律原则上系采狭义的共同侵权，但其范围在实践中存在争议。主要原因在于对共同侵权的"共同"要件

---

[1] 石宏主编：《〈中华人民共和国民法典〉解释与适用·人格权编侵权责任编》，人民法院出版社2020年版，第126页。
[2] 陈现杰主编：《中华人民共和国侵权责任法条文精义与案例解析》，中国法制出版社2010年版，第26页。

在立法上如何认定的问题，就转化为立法者倾向于扩大或者缩小连带责任适用范围的价值判断问题。理论和实务上对此见解分歧，基本上可以分为四种观点：一是主观说，共同侵权以侵权人有共同的意思联络为必要，即各加害人间不仅须有行为之分担，且须有意思之联络（即共同意思），至少限度亦须有共同之认识始可，才能作为共同侵权承担连带责任，否则若偶然的数人行为相竞合时，即难认定其为共同侵权行为。[1] 二是客观说，各加害人间不需有意思联络，只要数人之行为客观上发生同一结果，即应成立共同侵权行为，其主观上有无意思联络，在所不问。三是折中说，判断数个加害人的侵害行为是否具有共同性或是否构成共同侵权行为，应从主观和客观两个方面来分析。从主观方面而言：（1）各加害人均有过错，或为故意或为过失，考虑数个加害人主观方面的因素，但是不要求共同的故意或者意思联络。（2）过错的内容应当是相同或相似的。过错的内容是指加害人具体的心理状态，如对他人之生命健康权试图进行加害，或者对他人之生命健康权疏于应有之注意。从客观方面而言，数个加害人的行为应当结合为不可分割的一个统一的整体，并共同构成导致损害发生的原因。折中说强调加害人与受害人之间的利益平衡，基于侵权法的主要功能之一就是平衡社会利益的考虑，强调应该从加害行为的主观和客观方面来分析数人侵权是否构成共同侵权。[2] 四是兼指说，或称意思关联共同与行为关联共同兼指说。关于共同侵权行为，无论采取主观说还是客观说，对被害人利益的保护均利弊兼具。数行为人具有意思联络者，就行为分担所生不同之损害，故构成共同侵权行为，其虽无意思联络，但数人之行为客

---

[1] 郑玉波：《民法债权编总论》（修订第二版），陈荣隆修订，中国政法大学出版社2004年版，第142页。
[2] 张新宝：《中国侵权行为法》，中国社会科学出版社1998年版，第167~168页。

观上造成同一损害结果者亦同。①

其中，兼指说采取对共同侵权进行类型化的方法分别其不同的构成要件，在大陆法系各国为审判实践所普遍采用。有学者认为，共同过错或统一的因果关系主宰着共同侵权责任。这两个因素是使连带责任正当化的重要依据：第一，意思联络使各主体间的意志融合为一，并将各主体的行为引向一个共同的目标，合力通谋、相互作用，以致尽管各行为人的分工不同，但由于该共同的目标，使他们的活动结合起来成为一个具有内在联系的共同的侵权行为。② 此种意思共同的情形，系加害人之间存在强的关联共同，即使个别的不存在直接因果关系，也要承担连带责任。第二，在行为竞合即客观关联共同（或称弱的关联共同）的情况下，竞合加害人被认定对造成的全部损害独立承担个人责任，这在欧洲现在是普遍的情况。因为"在原因链都被同等对待且通常不区分过错类型（故意、严重过失、一般过失、轻微过失）之情形，任何其他解决方案尤其是分担赔偿份额的方法在这一法律领域是不适用的。事实上如果一个人被判决承担较低程度的责任仅因为另一个人也实施了错误行为，这样的判例势必是荒唐的。另外，为了避免不当得利，受害人只能就其受到的损害得到一次赔偿。让全部加害人承担连带责任似乎是一个明确的解决方案"。③ 尽管现代法律强调"罪责自负"或"自己责任"，每个人应当就其过错，在理性能够预期的范围内承担责任，但为他人行为负责的连带责任仍大量存在，并有进一步扩张的趋势。因为连带责任具有担保的价值（增加责任主体从而增加责任财产的

---

① 王泽鉴：《民法学说与判例研究》，中国政法大学出版社1998年版，第13页。
② 程啸：《论意思联络作为共同侵权行为构成要件的意义》，载《法学家》2003年第4期。
③ ［德］克里斯蒂安·冯·巴尔：《欧洲比较侵权行为法》，焦美华译，法律出版社2001年版，第73~74页。

数量，担保债的实现）以及诉讼程序上的价值（债权人可以选择向一个或者数个或者全体债务人请求），都有利于加强对受害人的保护。

我国审判实务中的共同侵权兼采行为共同与意思共同两种类型，分为三种形式：（1）共同故意致人损害。此属典型的共同侵权，共同的意思联络是其基本特征，意思共同将行为分担结合为一个整体，从而免除了受害人对每一侵权行为人的个别侵权行为与损害后果之间是否存在个别因果关系的举证责任。（2）共同过失致人损害。共同过失指对损害发生的可能性有共同的认识，但均有回避损害的自信。早期的主观说以必要的共谋为要件，不认可共同过失致人损害构成共同侵权。但目前持主观说的学者一般认为共同侵权包括共同故意和共同过失。（3）行为竞合致人损害。二人以上虽无共同故意、共同过失，但加害行为直接结合发生同一损害后果的，亦构成共同侵权。

根据《民法典》第一千一百六十八条、第一千一百七十一条及第一千一百七十二条的规定，可以认为我国立法在构成要件上兼采主观关联共同与有限的客观关联共同说。即构成共同侵权需要满足以下要件。

一是侵权主体的复数性。即侵权主体为二人或者二人以上。主体的范围包括自然人、法人和非法人组织。各行为主体应当具有民事行为能力。因此，教唆、帮助无民事行为能力人和限制民事行为能力人实施侵权行为的，依法不承担连带责任（《民法典》侵权责任编第一千一百六十九条"拟制共同侵权"的规定）。

二是共同实施侵权行为。包括以下三种情形：第一，共同故意实施侵权行为。其意义在于将共同侵权中的帮助、准备、分工合作等行为结合为一个整体，每一个意思共同人都对共同意思射程内的损害结果负责，承担连带责任。这在很大程度上缓和了被侵权人对每一侵权人的行为与损害结果的因果关系所负担的举证责任。第二，共同过失实施侵权行为。"共同过失"亦要求双方有意思联络，该意思联络最低限度表现为双方对对方主体的介入和加害行为的一体化有符合社会生活经验法则的认知；双方对此种共同介入的行为可能发生损害结果依法律法规等相关规范或者社会生活经验法则应当预见、能够预见、因疏忽大意未能预见或者轻信能够避免。第三，故意行为和过失行为相结合造成损害。故意行为与过失行为的结合通常不具有主观的意思联络，因为故意系对损害结果的追求与放任，过失则并不希望损害结果的发生，故两者在逻辑上和事实上都难以发生意思联络。但此结合系双方行为客观的关联共同，而不具有主观的意思联络。据此，故意行为与过失行为的结合发生同一损害结果，应属行为关联共同的客观共同侵权。对此作逻辑引申，可以认为，我国《民法典》对共同侵权的构成要件认可主观关联共同与客观关联共同相结合的兼指说即二元说，但属于有限的客观关联共同说，即对其中多因一果部分（责任可分部分）适用按份责任（第一千一百七十二条）。

　　三是损害结果同一不可分。在主观共同侵权的情形，损害结果同一不可分主要强调观念上或逻辑上不可分，即须损害结果在共同意思的统一意志支配之下；超出共同意思范围的损害，属于行为人的单独侵权，不具同一性。在客观共同侵权的情形，损害结果同一不可分首先须在物理上不可分。如死亡结果即不具物理可分性，而伤害则否。其次也包含逻辑上不可分，要求每一侵权行为与损害结果均具有直接的因果关系，且各自构成损害结果发生的充分条件及该充分条件的必要因素。例如，系间接因果关系的情形，应依《民法典》第一千一百七十二条规定，按照多因一果的多数人侵权承担按份责任，非属共同侵权。

四是因果关系同一不可分。在主观共同侵权的情形，因果关系同一是指在统一意志支配之下的行为与损害结果的因果关系同一，但不要求每一行为与损害结果具有直接的因果关系。在客观共同侵权的情形，则是指每一侵权人的行为作为加害原因与损害结果的发生具有不可分割性（时空统一性），系各方原因力的直接结合。若各原因力仅系间接结合的情形，属于多因一果，各原因行为人应承担按份责任。

二、数人共同侵权与连带责任

连带责任是一种加重的责任承担，即行为人须超出自己应当承担的责任份额对共同侵权造成的全部损害或者部分损害承担赔偿责任，其表现形式是共同侵权的行为人之间对于受害人负损害赔偿的连带债务，而受害人对全体共同侵权人中的一人或数人享有请求给付部分或者全部损害赔偿金的请求权。

数人共同侵权行为人承担连带责任的正当性依据：

就主观的共同侵权而言，首先，共同过错是使行为人承担连带责任的法理基础。在共同故意的情形，损害的发生是共同行为人意旨的体现。即使在共同过失的场合，参与共同行为的人都应该能够预见到共同行为所可能产生的损害后果。意志或者认识的统一性，决定了各加害人对受害人责任承担范围的统一性。故民事责任统一于主观过错，责任的范围应当与过错的范围相一致。其次，共同过错是使行为人承担连带责任的伦理基础。数人有意思联络地侵害他人的合法权益，其社会危害性更大，行为的协同比起单独个人的力量也会形成累积的放大，所造成的损失也可能更大。加重的责任承担所加重的虽然只是加害人内部求偿不能的风险，但其仍具一定的惩罚性，有利于抑制共同侵权行为的发生，也符合正义原则。

就客观的共同侵权而言，首先，损害结果同一与原因力不可分是使行为人承担连带责任的法理基础。原因力不可分，数人的行为在逻辑上可视为同一行为；损害结果不可分，即不能区分各行为人的加害部分，即"加害部分不明"。其次，将风险分配给侵权人而非被侵权人，是使侵权人承担连带责任的伦理基础。连带责任在概念上是加重的责任承担，但此所谓加重，其实是一种风险的分配。因为连带责任系各侵权人的外部责任，内部责任仍是按份责任。侵权人如果对外承担连带责任超过了自己应当承担的份额，有权向其他侵权人追偿。连带责任的设计只是有利于被侵权人的求偿，并未从根本上改变各侵权人的责任承担份额。但追偿权的行使，存在追偿不能的风险。立法将此风险分配给侵权人，是因为侵权行为是损害他人合法权益的行为，具有道德上的可非难性与可谴责性。而被侵权人即使存在一定过错，其违反的通常是非真正法律义务，通过过失相抵也自行承担了相应的损失。因此，与其通过按份责任将求偿不能的风险分配给被侵权人，毋宁通过连带责任将追偿不能的风险分配给侵权人更符合正义原则。

三、数人生态环境侵权概述

数人生态环境侵权，是指数人在同一相对集中的时间、同一相对集中的地域共同或分别排放污染物、破坏生态，造成生态环境损害的行为。主要包括如下情形。

1. 共同环境侵权行为的责任承担，即两个以上侵权人共同实施污染环境、破坏生态行为造成损害的，因存在共同意思联络，为共同加害行为，应当适用《民法典》第一千一百六十八条关于"二人以上共同实施侵权行为，造成他人损害的，应当承担连带责任"的规定。各共同侵权人对被害人承担连带责任后，按照本条规定确定各侵权人之间的责任份额。

实践中有观点认为，共同侵权行为属于过错责任的范畴，行为人承担责任的基础在于其是否具有主观过错，适用无过错责任归责原则的生态环境侵权不可能成立共同侵权。无过错责任原则虽不以行为人的故意、过失为要件，但并不意味着行为人没有过错。行为人不仅可以因故意、过失致人损害，同样也可以事先通谋策划。因此，在适用无过错责任的生态环境侵权中，只要数个环境污染、生态破坏者之间存在共同故意或者共同过失，则构成共同侵权，应当承担连带责任。这种情形下，判断行为人承担连带责任的基础在于他们主观上的意思联络。对于此种类型的环境共同侵权行为的认定，应当遵循共同侵权的一般规则。

2. 无意思联络数人环境侵权的责任承担，又可分为以下三种情形。

（1）两个以上侵权人分别实施污染环境、破坏生态行为造成同一损害的，因不存在共同意思联络，仅在损害后果上具备同一性，构成无意思联络数人环境侵权，应当适用《民法典》第一千一百七十二条关于"二人以上分别实施侵权行为造成同一损害，能够确定责任大小的，各自承担相应的责任；难以确定责任大小的，平均承担责任"的规定，由各侵权人承担按份责任，直接适用本条规定确定各自的责任份额。

《民法典》第一千一百七十二条所规定的"能够确定责任大小的"，"每一个侵权人的污染环境、破坏生态行为都不足以造成全部损害"，又包括"部分侵权人的污染环境、破坏生态行为足以造成全部损害，部分侵权人的污染环境、破坏生态行为只造成部分损害"。后者情形下，虽然足以造成全部损害的部分侵权人对全部损害承担责任，但仍然是与其过错相当的"损害担责"原则的体现。换言之，在后者情形下，被侵权人可以对只造成部分损害的行为人主张部分损害，同时对足以造成全部损害的行为人主张全部损害；也可以仅对足以造成全部损害的行为人主张全部损害。

在造成部分损害的行为人不具备执行能力或未被起诉时，足以造成全部损害的行为人需要对全部损害承担责任，随后可行使追偿权。

（2）两个以上侵权人分别实施污染环境、破坏生态行为造成同一损害的，虽不具备共同意思联络，但每一个侵权人的侵权行为都足以造成全部损害的，应当适用《民法典》第一千一百七十一条关于"二人以上分别实施侵权行为造成同一损害，每个人的侵权行为都足以造成全部损害的，行为人承担连带责任"的规定。

所谓"足以"并不是指每个环境侵权行为都实际上造成了全部损害，而是指即便没有其他侵权人的共同作用，独立的单个污染环境、破坏生态行为也有可能造成全部损害。是故，各行为人对被害人承担连带责任后，按照本条规定确定各自的责任份额。

（3）两个以上侵权人分别实施污染环境、破坏生态行为危及他人人身、财产安全，其中一人或者数人的行为造成他人损害的，应当适用《民法典》第一千一百七十条关于"二人以上实施危及他人人身、财产安全的行为，其中一人或者数人的行为造成他人损害，能够确定具体侵权人的，由侵权人承担责任；不能确定具体侵权人的，行为人承担连带责任"的规定。

在此种情形下，各个污染环境、破坏生态的行为人构成共同危险行为。能够确定具体侵权人且具体侵权人为两人以上的，分别按照以上第一种和第二种两种情形，由各侵权人承担相应的按份责任或连带责任。确定未造成他人损害的行为人不承担侵权责任。不能确定造成他人损害之具体侵权人的，由各个污染环境、破坏生态的行为人承担连带责任。各行为人在对被害人承担连带责任的基础上，能够确定责任大小的，按照本条规定确定各自应当承担的责任份额；难以确定责任大小的，平均承担责任。①

四、本条规定数人共同侵权情形属于环境侵权中的特殊情形

本条不同于上述规定的数人环境侵权的情形，而是对司法实践中新出现情形的总结提炼。在被告人董某桥等 19 人污染环境案中②，被告人董某桥等挖设隐蔽排污管道，将废碱液排放至城市下水管网，被告人娄某等利用同一暗道排放废盐酸，废碱液与废盐酸结合会产生硫化氢，并以气体形式逸出，造成李某死亡的特别严重后果。针对李某的死亡后果，硫化氢是唯一的原因，但是该原因是董某桥和娄某两个不同排污行为直接结合产生，属于拟制的数人共同侵权，在产生损害结果的认定上具有不可分性、致害结果具有同一性，因此应当承担连带责任。

数个侵权人具有共同故意或者共同过失或者虽无共同故意、共同过失，但其侵害行为直接结合而具有关联共同性。

所谓直接结合，是指数个行为结合程度非常紧密，对加害后果而言，各自的原因力和加害部分无法区分。虽然这种结合具有偶然因素，但其紧密程度使数个行为凝结为一个共同的加害行为共同对受害人产生了损害。须指出的是，此处"一个共同的加害行为"的认定是基于两点考虑：一是数个行为的结合方式与程度。二是各行为后果在受害人的损害后果中是无法区分的。这种无法区分可能存

---

① 最高人民法院民法典贯彻实施工作领导小组编著：《中国民法典适用大全·生态环境卷（一）》，人民法院出版社 2022 年版，第 43 页。

② 参见《被告人董某桥等 19 人污染环境案》，载最高人民法院网站，https://www.china-court.org/article/detail/2019/03/id/3743504.shtml，2023 年 9 月 9 日访问。

在于裁判上,更主要的是从保护受害人角度,不应对其科以过于严厉的证明责任。同样,这种不可分性也是认定共同侵权成立并适用连带责任的基础。数个侵害行为的结合对受害人的损害而言是必然的。

所谓致害结果的同一性,是指共同侵权行为所导致的损害后果是一个统一的不可分割的整体。它包括两个方面的含义:其一,损害后果构成一个整体。考察损害后果是否构成一个整体,应分析受害人是否为同一主体,受侵害的民事权利是否为相同或相近的民事权利;损害后果的某一部分是否具有事实上或法律意义上的独立性。其二,共同侵权行为与作为整体损害后果之间的因果关系,即"各人之加害行为与损害之发生,具有相当因果关系"。用"必要条件规则"的检验方式可以排除不属于共同侵权行为的其他行为,因为即使没有这种行为存在,损害后果仍然出现。[1]

【审判实践中需要注意的问题】

一、关于本条与第六条规定的区别

在司法解释的起草过程中,有一种意见认为,本条规定属于"两个以上侵权人分别污染环境、破坏生态,每一个侵权人的行为都不足以造成全部损害"的特殊情形,应当适用第六条的规定由各侵权人各自承担责任。笔者认为,在第六条规定的数人侵权中,每一个侵权人的行为都不是全部损害发生的原因,而是各自对应一部分损害。也就是说,每一个侵权人的加害部分是明确的。而在本条规定的情形中,由于致害物是数侵权人排放的不同物质结合产生,因

---

[1] 张新宝:《中国侵权行为法》,中国社会科学出版社1998年版,第169页。

而每一个侵权人的行为都是全部损害发生的原因,但对应的损害是不明确的。当"加害部分不明"时,可以比照"加害人不明"的共同危险行为的归责,适用连带责任。

二、关于内部责任的划分

对于本条的适用,还需要注意的是数人当中一人或者部分人承担了全部责任后对其他侵权人有无追偿权的问题。对此,实践中存有不同观点,侵权责任编对此也没有规定。《侵权责任法》第十四条规定:"连带责任人根据各自责任大小确定相应的赔偿数额;难以确定责任大小的,平均承担赔偿责任。支付超出自己赔偿数额的连带责任人,有权向其他连带责任人追偿。"此规定内容被《民法典》总则编吸收并在民事责任一章第一百七十八条作了规定。笔者认为,既然法律已经明确规定了有关连带责任承担后内部责任如何划分及追偿的规则,就应当适用这一规定,不必再区分是何种原因或者何种侵权行为类型导致承担的连带责任。换言之,本条规定从外部责任上讲,当然具有充分救济受害人的价值导向和政策判断,但从内部责任上看,并不意味着其中一人或者部分侵权行为人承担了全部责任后,其他侵权行为人的责任即告消灭,他们仍应依照上述规定承担相应责任。关于内部责任的分配,可以按照《民法典》第一千二百三十一条本解释第二十五条的规定,按照各行为人的过错、原因力等要件妥当分配。

【法条链接】

《中华人民共和国民法典》(2020年5月28日)

第一千一百六十八条 二人以上共同实施侵权行为,造成他人损害的,应当承担连带责任。

第一千一百七十一条 二人以上分别实施侵权行为造成同一损害,每个人的侵权行为都足以造成全部损害的,行为人承担连带责任。

第一千二百三十一条 两个以上侵权人污染环境、破坏生态的,承担责任的大小,根据污染物的种类、浓度、排放量,破坏生态的方式、范围、程度,以及行为对损害后果所起的作用等因素确定。

> **第十条 【帮助侵权责任】**为侵权人污染环境、破坏生态提供场地或者储存、运输等帮助,被侵权人根据民法典第一千一百六十九条的规定请求行为人与侵权人承担连带责任的,人民法院应予支持。

【条文主旨】

本条是关于生态环境帮助侵权的责任承担的规定。

【条文理解】

一、帮助侵权行为概述

帮助侵权是侵权行为的一种特殊形态,也是多数人侵权的典型形式之一。按照侵权法理论,多数人侵权与一人侵权或单独侵权相对应。在一人实施侵权行为的场合,因实施侵权行为造成损害的侵权行为人为一人,也就仅会出现由该侵权行为人或者对该侵权行为人具有法定义务的人,如监护人,承担侵权责任的情形。而多数人侵权则是由数个行为人实施侵权行为,造成同一损害后果,各个侵权行为人应当对损害后果承担不同形式和范围的侵权责任的情形。一般情况下，根据我国法律的规定，这种责任可能是连带责任、按份责任。

作为多数人侵权的常见情形，许多国家和地区的立法例中将教唆侵权行为和帮助侵权行为一并加以规定的。例如，《德国民法典》第八百三十条规定了共同侵权行为，《德国民法典》第八百三十条第二款规定，教唆人和帮助人视为共同行为人。《日本民法典》第七百一十九条第二款规定，教唆行为人者及帮助行为人者看作共同行为人，适用前款规定。《瑞士债务法》第五十条规定，如果数人共同造成损害，则不管是教唆者、主要侵权行为人或者辅助侵权行为人，均应当对受害人承担连带责任和单独责任。法院有权自由裁决责任人是否以及在多大程度上分担责任。教唆者的责任限于其获得的利益和由于其帮助造成的损失的范围。《韩国民法典》第七百六十条第三款规定，教唆人或帮助人视为共同行为人。在美国侵权法中，则是将教唆、帮助侵权问题纳入连带责任体系问题中探讨。

在我国，原《民法通则》仅规定了共同侵权制度，并没有具体规定教唆侵权和帮助侵权的责任承担问题。原《民法通则意见》对此进行了补充，原《民法通则意见》第一百四十八条规定："教唆、帮助他人实施侵权行为的人，为共同侵权人，应当承担连带民事责任。教唆、帮助无民事行为能力人实施侵权行为的人，为侵权人，应当承担民事责任。教唆、帮助限制民事行为能力人实施侵权行为的人，为共同侵权人，应当承担主要民事责任。"原《侵权责任法》对司法解释的规定进行了吸收和完善，其第九条规定，"教唆、帮助他人实施侵权行为的，应当与行为人承担连带责任。教唆、帮助无民事行为能力人、限制民事行为能力人实施侵权行为的，应当承担侵权责任；该无民事行为能力人、限制民事行为能力人的监护人未尽到监护责任的，应当承担相应的责任"。《民法典》对于《侵权责任法》规定的教唆和帮助侵权责任基本予以保留并进行了修改，《民法典》第一千一百六十九条规定："教唆、帮助他人实施侵权行为的，应当与行为人承担连带责任。教唆、帮助无民事行为能力人、限制民事行为能力人实施侵权行为的，应当承担侵权责任；该无民事行为能力人、限制民事行为能力人的监护人未尽到监护职责的，应当承担相应的责任。"同时将《侵权责任法》第九条第二款"未尽到监护责任"修改为"未尽到监护职责"。

随着经济社会的发展，生态环境侵权行为也不仅限于单纯的由单一侵权行为人实施侵权行为而是有时呈现出多环节、出现分工协作表现的复杂样态。甚至在一些生态环境侵权案件中，"从特定个体和团伙演变为具有高度分工协作体系和下游产业的链条""不仅是犯罪手段的链条化，生态破坏共同侵权行为亦会链接广大的下游产业和次生地下行为"。[1]故而本解释在制定过程中，在《民法典》第一千一百六十九条对于帮助侵权行为的责任承担予以规定的情况下，专门规定本条内容，对帮助侵权人污染环境、破坏生态的行为人的责任承担进行规定。

帮助侵权中的帮助是指通过提供工具、指示目标或以言语激励等方式，从物质上和精神上帮助实施加害行为。[2]帮助行为的构成要件通常包括：一是帮助人实施了帮助行为，帮助行为通常是积极的作为，这种帮助可以是物质上的，也可以是精神上的。有时具有特定义务的人故意不作为也可以成立帮助侵权行为。与教唆行为导致

---

[1] 江苏高院环境资源裁判规则研究课题组：《论全链条追究生态破坏共同侵权责任规则的构建与适用——以"特大非法捕捞长江鳗鱼苗公益诉讼案"为切入点》，载《法律适用》2022年第11期。

[2] 参见王利明、周友军、高圣平：《中国侵权责任法教程》，人民法院出版社2010年版，第372页。

行为人产生侵权意图不同，帮助行为更多的是起到促进和推动作用。二是帮助侵权人具有帮助的主观意图。一般来说，帮助侵权行为的成立需要帮助人有帮助的主观意图，即帮助人能够意识到其作为或者不作为对于侵权行为和损害结果起到推动或者促进作用。在共同侵权中，即便侵权行为人不知道帮助人实施了帮助行为，也不影响帮助侵权行为的成立。三是侵权行为人实施了相应的侵权行为，即侵权人的侵权行为与帮助人的帮助行为之间具有关联，且帮助行为、侵权行为与损害后果之间具有因果关系。帮助行为与损害结果之间的因果关系比较复杂，一般认为帮助行为与损害结果之间是间接因果关系，因为直接造成损害结果的是侵权人的侵权行为，但在一些情况下帮助行为是损害结果发生的必要条件之一。例如，帮助人提供了出租场地供生产污染物质的行为人非法倾倒污染物的，又如，帮助人明知行为人违反规定未经批准擅自"放生"外来物种仍积极提供帮助和场地的，此时帮助人提供场所等行为促成了污染环境、破坏生态损害后果发生，成为损害后果发生的必不可少的条件。而有些场合下，帮助人的行为则会进一步扩大损害范围，导致损害后果程度上的恶化。如果帮助行为和侵权行为之间没有关系，如侵权人实施的是与帮助行为无关的其他侵权行为，则此时不应要求帮助人承担侵权责任。如前例帮助人非法出租场地供生产污染物质的行为人非法倾倒污染物，但最终行为人并未在该场地倾倒污染物质，而是在其他场所倾倒污染物质，此时则不能要求帮助人承担生态环境侵权连带责任。此外，作为应当承担连带责任的行为，帮助行为与侵权行为所导致的损害结果应具有同一性。由于帮助行为与侵权实行行为在造成生态环境侵权损害结果上具有共同过错，使其行为成为整体，对应同一损害后果。故而要求帮助人承担侵权连带责任，需要帮助行为造成的损害后果与侵权行为造成的损害结果是不可分的。损害结果的不可分,通常包括法律上的不可分和事实上的不可分,需要结合案件事实加以具体判断。如果存在数个帮助人为生态环境侵权人提供帮助,但各帮助人的帮助行为与侵权行为结合后造成的损害后果是可分的。则各帮助人应就其各自实施帮助行为与侵权实行行为造成损害结果在其应负责任范围内承担连带责任。例如,侵权行为人在多地实施排放废渣污染环境行为,过程中在多地均有帮助人提供场地、运输、存储便利。此时如果侵权人多地排放废渣造成污染后果之间无关联,则其中一地的被侵权人仅能就该地污染后果,请求为侵权行为人在该地排放废渣提供帮助的帮助人与侵权人承担连带责任。而不能请求为侵权人在其他地点排放废渣提供帮助的帮助人一并承担连带责任。

二、帮助侵权的责任承担

关于帮助人应承担的责任是共同侵权责任还是视为共同侵权责任,学理上存在不同的认识。如前所述,《德国民法典》第八百三十条、《日本民法典》第七百一十九条均采用了视为共同侵权的规定。对此有观点认为,共同侵权行为的主体是共同加害人,共同加害人按其行为的特点,可以分为实行行为人、教唆行为人和帮助行为人,因而教唆行为和帮助行为都是共同侵权行为人实行的行为,都是典型的共同侵权行为。也有观点认为,如果某人教唆或者帮助他人从事侵权行为,由于各行为人具有共同故意,其行为异于其他共同侵权行为人的行为构成一个共同的、不可分割的整体,因此都是共同行为人。有学者认为,教唆或者帮助他人实施侵权行为的人并未直接从事加害行为,原则上不应承担侵权责任,但如此必将大大违背社会正义观念,而且也不利于遏制此等教唆行为或帮助行为之发生。因此,应在侵权责任编中将这两类人与直接从事侵权行为的人同样对待，视其为共同侵权行为人。① 也有学者认为，从原《侵权责任法》第九条的规定看，《侵权责任法》对于帮助行为的责任性质采纳了共同侵权说。从文义解释角度看"应当与行为人承担连带责任"就表明其是共同侵权行为。由于共同过错的存在，帮助人和直接行为人的行为构成了整个共同侵权行为中不可分割的一部分。即使帮助人没有直接实施侵权行为，但从责任和后果上看，也要承担连带责任。②《民法典》第一千一百六十九条在综合有关侵权法理论和审判实务的基础上，采取了将帮助行为作为一类独立侵权类型予以规定的做法。③

对于共同侵权行为人的责任承担问题，批评连带责任的学者认为，规定连带责任将会使那些有经济赔偿能力的人而不是过错程度较重的人承担更重的责任。也有学者认为连带责任虽然对受害人有利，但可能会使某个过错程度较轻的人对损害后果负全部赔偿责任，如此会产生共同侵权行为人之间的利益失衡。④ 对于帮助侵权人来说同样存在这个问题，由于帮助人的过错程度可能低于直接侵权行为人，要求帮助人承担全部责任可能会存在利益失衡的问题。但包括我国《民法典》在内的多个国家和地区的立法例仍然规定了帮助人应负连带责任。如前所述，由于帮助行为与侵权行为形成了一个整体，被侵权人因而得以请求帮助人与侵权人承担连带责任。在帮助人故意为侵权人污染环境、破坏生态提供场地或者储存、运输等帮

---

① 黄薇主编：《中华人民共和国民法典释义》（下），法律出版社 2020 年版，第 2246~2247 页。

② 王利明、周友军、高圣平：《中国侵权责任法教程》，人民法院出版社 2010 年版，第 372 页。

③ 最高人民法院民法典贯彻实施工作领导小组主编：《中华人民共和国民法典侵权责任编理解与适用》，人民法院出版社 2020 年版，第 62 页。

④ 张铁薇：《共同侵权行为人对受害人的连带赔偿责任》，载《郑州大学学报（哲学社会科学版）》2006 年第 3 期。

助，尤其从中非法获利时，其对于自己提供的帮助行为与侵权人污染环境、破坏生态行为结合可能导致的生态环境损害亦应有所预见，这种整体性的责任途径使被侵权人可以请求帮助人承担连带责任。而且，从救济被侵权人的角度来说，不可否认的是，在存在数人侵权和教唆、帮助侵权的情况下，各责任人的责任能力是不同的。此时如果要求各责任人按照过错程度承担按份责任，则意味着可能会由于判令承担部分责任的人不具有承担责任的能力，而导致被侵权人不能获得完全赔偿。而帮助人与行为人之间承担连带责任，则不必考虑各个帮助人、行为人的责任承担能力问题，被侵权人可以选择一个或数个最有能力承担责任的人对自己的全部损害主张权利，从而实现对被侵权人最大程度上的救济。另外，如果规定帮助人与侵权人之间按照过错程度承担按份责任，则被侵权人将会陷入另一种困境，即被侵权人需要准确发现每一个应当对损害后果承担责任的人并对他们全部提起诉讼，才可能实现损失得到全部赔偿。而要求被侵权人发现所有应当承担责任的行为人是困难的，而且由被侵权人寻找所有应当承担责任的行为人，也会增加被侵权人寻求救济的成本。而规定帮助人与行为人之间承担连带责任，显然也降低了被侵权人的诉讼成本。当然，对于帮助侵权人来说，其与侵权人承担连带责任。这里的责任是对被侵权人的外部责任。在内部责任的分担上，由于帮助行为可能仅对侵权行为产生帮助、促进或扩大损害后果，可能不会对侵权行为产生决定性作用，因而帮助人的过错承担可能低于侵权行为人。在内部关系中，确认帮助人的责任要从过错程度、行为的原因力等方面予以考量。适用《民法典》第一百七十八条第二款的规定，"连带责任人的责任份额根据各自责任大小确定；难以确定责任大小的，平均承担责任。实际承担责任超过自己责任份额的连带责任人，有权向其他连带责任人追偿"。

【审判实践中需要注意的问题】

关于存在数个帮助人情形下的侵权责任承担问题。由于生态环境侵权行为的实施往往存在多环节的情形。对于存在数个帮助人的情形，如甲企业产生污染物意欲非法倾倒，乙为其提供车辆，丙为其提供非法倾倒场地，丁为污染物提供存储设备。此时各行为人之间的责任问题应当分情况区别对待，如果甲乙丙丁之间形成了意思联络，甚至形成了非法倾倒污染物的利益链条，则甲乙丙丁之间应当承担连带责任。如果乙丙丁均仅与甲之间存在意思联络，则构成帮助侵权的构成要件，但乙丙丁之间不存在意思联络。此时乙丙丁均与甲承担连带责任，但出现了乙丙丁之间不承担连带责任的问题。从责任最终承担的角度讲，他们之间有些类似于不真正连带责任。[①]此时乙丙丁的责任可以根据本条规定承担后，向其他责任人追偿。

【法条链接】

《中华人民共和国民法典》（2020年5月28日）

第一百七十八条 二人以上依法承担连带责任的，权利人有权请求部分或者全部连带责任人承担责任。

连带责任人的责任份额根据各自责任大小确定；难以确定责任大小的，平均承担责任。实际承担责任超过自己责任份额的连带责任人，有权向其他连带责任人追偿。

连带责任，由法律规定或者当事人约定。

第一千一百六十九条 教唆、帮助他人实施侵权行为的，应当

---

① 最高人民法院民法典贯彻实施工作领导小组主编：《中华人民共和国民法典侵权责任编理解与适用》，人民法院出版社2020年版，第68页。

与行为人承担连带责任。

教唆、帮助无民事行为能力人、限制民事行为能力人实施侵权行为的，应当承担侵权责任；该无民事行为能力人、限制民事行为能力人的监护人未尽到监护职责的，应当承担相应的责任。

【典型案例】

围垦公司诉苏某新等5人、农业公司土壤污染责任纠纷案[①]

【基本案情】

围垦公司系案涉地块土地使用权人。2015年3月，围垦公司将案涉地块租赁给农业公司经营使用。2016年6月，农业公司擅自将上述地块转租给苏某新填土。2016年8月，经万某均介绍，胡某勇分两次将李某祥经营的洗水场内的废弃物运输至苏某新处用于上述填土工程。胡某栋亦参与了上述运输行为。2017年7月，中山市环境科学学会针对上述污染行为提起环境公益诉讼。广东省广州市中级人民法院2018年9月作出生效民事判决，判令李某祥等5人、农业公司共同赔偿生态环境受到损害至恢复原状期间服务功能损失费用205.21万元，修复案涉地块（原为水塘）水质至地表水第Ⅲ类标准、土壤第Ⅲ类标准。围垦公司于本案诉至法院，请求苏某新等5人、农业公司连带清偿因委托第三方清运、处理案涉违法倾倒固体废物以及打井钻探取样、检测支付的费用共计102.87万元，并恢复案涉污染土地原状、实施案涉土地的土壤修复、周边生态环境修复和周边水体的净化处理。

---

① 《2019年度人民法院环境资源典型案例》，载最高人民法院网站，https://www.court.gov.cn/zixun/xiangqing/228361.html，2023年9月8日访问。

【裁判结果】

广东省中山市第一人民法院一审认为，围垦公司作为案涉土地使用权人，可就案涉土地污染受到的人身、财产损害提起民事诉讼并就其实际损害获得赔偿。但围垦公司关于委托第三方清运、处理案涉违法倾倒固体废物以及打井钻探取样、检测支付费用等诉讼请求，证据不足，不予支持；关于案涉污染土地恢复原状、土壤及周边环境修复的诉讼请求，已包含在另案环境公益诉讼判决范围内。一审判决驳回围垦公司的诉讼请求。广东省中山市中级人民法院二审维持原判。

【典型意义】

本案系土壤（水）污染责任纠纷案件。其典型性在于，针对同一污染行为，环境公益诉讼和私益诉讼之间应如何衔接。《最高人民法院关于适用〈中华人民共和国民事诉讼法〉的解释》第二百八十八条规定："人民法院受理公益诉讼案件，不影响同一侵权行为的受害人根据民事诉讼法第一百一十九条规定提起诉讼。"本案中，围垦公司作为案涉地块的土地使用权人，有权就其因案涉地块污染受到的人身、财产损害提起诉讼。但应就其主张负有举证证明责任，举证不能的，应承担不利法律后果。同时，受害人在私益诉讼中亦可就与其人身、财产合法权益保护密切相关的生态环境修复提出主张。本案系因公益诉讼另案生效判决在先，该案已委托专业机构对环境损害进行鉴定评估，确定了生态环境损害费用和污染治理的可行性修复方案，受害人亦应受该案生效判决既判力约束，故对其已在公益诉讼生效判决范围之内的诉讼请求，不再重复支持。本案的正确审理，对厘清环境公益诉讼和私益诉讼之间的关系，引导当事人进行合理化诉讼安排，具有示范意义。

> 第十一条 【过失为侵权行为提供便利的责任】过失为侵权人污染环境、破坏生态提供场地或者储存、运输等便利条件，被侵权人请求行为人承担与过错相适应责任的，人民法院应予支持。
>
> 前款规定的行为人存在重大过失的，依照本解释第十条的规定处理。

【条文主旨】

本条是关于过失为侵权行为提供便利应当承担侵权责任的规定。过失为污染环境、破坏生态提供场地或者储存、运输等便利条件的，行为人应当根据自己责任原则，承担与其过失相适应的责任。根据民法理论和《民法典》相关条文的规定，重大过失与故意具有相近之法律效果。因此，本条第二款规定在行为人存在重大过失的情况下，应依照本解释第十条的规定，由行为人与侵权人承担连带责任。

【条文理解】

一、帮助侵权责任的归责原则

归责的含义，是指在行为人因其行为和物件致他人损害的事实发生以后，应以何种根据使之负责，此种根据体现了法律的价值判断，即法律应以行为人的过错还是应以已发生的损害结果为价值判断标准，抑或以公平等作为价值判断标准，而使行为人承担侵权责任。① 归责原则是确定行为人承担侵权责任的依据与基础，不同的归责原则确定了不同的责任承担依据，如过错责任原则强调责任自负，而无过错责任原则强调风险控制与风险分担。

尽管学理上对于归责原则体系存在不同观点，但一般认为原《侵权责任法》第六条"行为人因过错侵害他人民事权益，应当承担侵权责任"和"根据法律规定推定行为人有过错，行为人不能证明自己没有过错的，应当承担侵权责任"是关于过错责任和过错推定责任的一般规定。《侵权责任法》第七条"行为人损害他人民事权益，不论行为人有无过错，法律规定应当承担侵权责任的，依照其规定"是关于无过错责任的规定。《民法典》基本沿用了《侵权责任法》的规定。《民法典》第一千一百六十五条规定了过错责任和过错推定责任，第一千一百六十六条规定了无过错责任。

在民事领域讨论过错责任的过错时，常与刑法关于故意犯罪和过失犯罪的规定相比较。《刑法》第十四条规定："明知自己的行为会发生危害社会的结果，并且希望或者放任这种结果发生，因而构成犯罪的，是故意犯罪。故意犯罪，应当负刑事责任。"第十五条规定："应当预见自己的行为可能发生危害社会的结果，因为疏忽大意而没有预见，或者已经预见而轻信能够避免，以致发生这种结果的，是过失犯罪。过失犯罪，法律有规定的才负刑事责任。"按照侵权法理论，过错责任中的过错，是指侵权人在实施侵权行为时对于损害后果的主观心理状态，包括故意和过失。故意，分为直接故意和间接故意，是侵权人预见自己行为的损害结果，仍然希望或者放任这一后果发生的主观心理状态。过失，包括疏忽和懈怠。其中疏忽是

---

① 王利明、周友军、高圣平：《中国侵权责任法教程》，人民法院出版社 2010 年版，第 121 页。

侵权人对行为损害后果应当预见或能够预见由于疏忽大意没有预见；懈怠是指侵权人对行为损害后果虽然预见到但过于自信认为可以避免，最终没有避免损害后果发生。①

帮助侵权是侵权行为的一种特殊形态，故而帮助侵权行为人的责任承担亦由归责原则作为基础。《民法典》第一千二百二十九条规定了环境污染和生态破坏责任。本解释第四条强调了生态环境侵权适用无过错原则，同时明确无过错责任原则的适用仅限于生态环境侵权行为人，对于帮助侵权人而言，仍应适用过错原则，以避免无过错责任原则的不当扩大适用。故而，本条承接第十条规定，进一步阐述了帮助侵权人承担侵权责任的规则原则为过错原则。如前所述，帮助行为构成要件之一为帮助人为污染环境、破坏生态行为人提供了场地、储存、运输便利等帮助。与教唆行为不同，帮助行为是对侵权行为具有帮助作用。所以帮助人在提供帮助行为时，除主观上存在为生态环境侵权人提供场地或者储存、运输等便利，积极追求或放任环境污染、生态破坏的损害后果发生的心态外。除此之外，帮助人提供帮助行为还可能是基于过失的心态。当帮助人系基于过失的主观心态为生态环境侵权人提供了场地或者储存、运输等便利条件时，虽然其行为客观上促成了环境污染、生态破坏损害结果的出现或者可能扩大了损害范围，但由于帮助行为人并不具有追求或者放任损害结果发生的心态，此时帮助人缺乏帮助故意。对于过失帮助行为，不知他人的行为为侵权行为而提供帮助，若客观上对加害行为起到了辅助作用，主观上存在过错，也同样承担相应责任。因为帮助人具有过错，故本条规定对过失为生态环境侵权提供帮助的行为人应承担的责任进行了具体区分，帮助人出于过失为生

---

① 参见最高人民法院民法典贯彻实施工作领导小组主编：《中华人民共和国民法典侵权责任编理解与适用》，人民法院出版社2020年版，第27页。

态环境侵权行为提供场地或者储存、运输等便利条件的，应当承担与过失相适应的责任。但如果此时帮助行为人存在重大过失的，则依照本解释第十条的规定处理，即与生态环境侵权人承担连带责任。换言之，帮助行为人出于过失为侵权人污染环境、破坏生态提供场地或者储存、运输等便利条件时，其主观心态的不同可能导致承担不同的责任，需要在审判实践中结合具体情况加以判断。

二、重大过失的性质与认定

在过失程度的区分上，各国法院和学者的观点不尽相同。一些大陆法国家将过失形式进一步区分为重大过失和轻微过失，但是，多数国家都采纳了"重大过失等同于故意"的原则，将重大过失视为"准故意"。以德国民法为代表的大陆法国家，将轻过失又区分为两种，即抽象轻过失和具体轻过失。[①] 从原《侵权责任法》和《民法典》规定看，我国侵权责任的相关法律规定中区分了一般过失和重大过失，并将重大过失情况下行为人的责任规定了与故意相近的法律效果。例如，《侵权责任法》第七十二条规定："占有或者使用易燃、易爆、剧毒、放射性等高度危险物造成他人损害的，占有人或者使用人应当承担侵权责任，但能够证明损害是因受害人故意或者不可抗力造成的，不承担责任。被侵权人对损害的发生有重大过失的，可以减轻占有人或者使用人的责任。"第七十八条规定："饲养的动物造成他人损害的，动物饲养人或者管理人应当承担侵权责任，但能够证明损害是因被侵权人故意或者重大过失造成的，可以不承担或者减轻责任。"《民法典》第五百零六条规定："合同中的下列免责条款无效：（一）造成对方人身损害的；（二）因故意或者

[①] 王利明、周友军、高圣平：《中国侵权责任法教程》，人民法院出版社 2010 年版，第 121 页。

重大过失造成对方财产损失的。"第一千二百三十九条规定："占有或者使用易燃、易爆、剧毒、高放射性、强腐蚀性、高致病性等高度危险物造成他人损害的，占有人或者使用人应当承担侵权责任；但是，能够证明损害是因受害人故意或者不可抗力造成的，不承担责任。被侵权人对损害的发生有重大过失的，可以减轻占有人或者使用人的责任。"第一千二百四十五条规定："饲养的动物造成他人损害的，动物饲养人或者管理人应当承担侵权责任；但是，能够证明损害是因被侵权人故意或者重大过失造成的，可以不承担或者减轻责任。"

从前述法律规定内容看，《民法典》在部分情况下，将重大过失与一般过失区分开，过失程度的轻重对行为人的抗辩事由、行为人的责任范围产生了明确的影响。当法律要求负有较高的注意标准时，该行为人非但没有遵守这种较高的注意标准，而且连较低的注意标准也未尽到，即为重大过失。例如，行为人应负与处理自己事务为同一注意时，非但未尽此注意，反而连普通人的注意义务也未尽到，则为重大过失。同理，应负善良管理人的注意义务，不仅未尽此注意，且连与处理自己事务为同一注意或普通人的注意义务也未尽到，亦为重大过失。违反普通人的注意义务，均为重大过失。[①] 关于重大过失的性质一直存在不同的观点。主观说认为，应以行为人的主观预见程度来划分重大过失和轻微过失。重大过失的性质：主观性、可避免性、道德可责性。重大过失作为一种行为人内心对其行为性质及其所含风险、损害后果有所认识的过失，体现了鲜明的主观色彩。正是在行为人主观上"有认识"这一点上，重大过失与故意同属于主观过错，从而与日益客观化的、不探求行为人内心心态的普

[①] 杨立新：《杨立新民法讲义·侵权法总则》，人民法院出版社2009年版，第368页。

通过失区别开来。换言之，若想要认定行为人存在重大过错，就必须对行为人的主观心态作出认定，而不能单单从行为人的外部行为表现出发得出肯定的结论。① 客观说认为，重大过失不是一种主观状态上的对行为后果能否预见和预见范围的问题，而是指行为人的行为表现出重大过失。过失程度取决于行为人的外部行为，以客观化标准来衡量行为人的行为，进而判断行为人是否具有过失。预见能力在很大程度上取决于影响行为人的实际预见能力的各种因素。把重大过失视为行为人的预见程度问题，可能导致对损害后果极不负责任的行为不能被认定为重大过失行为。② 申言之，即刑法在于行使公权力，对犯罪者加以处罚，从而关于过失的认定，应采主观说（或折中说）；民法（尤其是侵权行为法）则在合理分配损害，过失的认定应采客观说的标准。准以此言，在刑法上因无过失（主观）而不成立犯罪的，在民法上得因过失（客观）而构成侵权行为。③

《刑法》第十五条对过失犯罪的概念进行了界定，一般认为《刑法》第十五条中"应当预见"是指行为人对其行为结果具有认识的能力。对于"应当预见"的理解，需要根据行为人的具体情况，如行为人的年龄、责任能力、文化程度、知识的广度和深度、职业专长、工作经验、社会经验等，要求行为人对自己的行为可能发生危害社会的结果能够作出正确的判断。行为人的具体情况不同，对其行为可能发生危害结果的认识能力也不同。而有民法学者认为，根据客观标准来判断重大过失，主要是根据社会一般人的注意义务标准来判断，而并非根据合理的、谨慎的人的标准来判断。具有重

---

① 叶名怡：《重大过失理论的构建》，载《法学研究》2009 年第 6 期。
② 王利明、周友军、高圣平：《中国侵权责任法教程》，人民法院出版社 2010 年版，第 221～222 页。
③ 王泽鉴：《王泽鉴法学全集·第十四卷》，中国政法大学出版社 2003 年版，第 324～325 页。

大过失的人不可能达到合理的、谨慎的人的标准。因为他没有达到社会一般人的注意义务标准。只要行为人不仅未能按照合理的、谨慎的人的标准行为,甚至连一般的普通人都能尽到的注意都没有尽到,即为重大过失。此种行为表明行为人对其行为结果毫不顾忌、对他人的利益极不尊重、对其负有的法定义务处于漠视状态。[①] 侵权责任更多地关注行为人违反对他人的注意义务并造成对他人的损害以及对损害的补偿。如果要求针对行为人的具体情况和案件事实对行为人的主观心态进行认定,会增加举证的困难和过错认定的复杂性。采用客观的标准以一般人的行为进行衡量,则会使前述过程的复杂性得到简化,可能使其更易于统一标准和可操作。

然而不可否认的是,对于行为人重大过失的认定需要结合具体案件情况中行为人对注意义务的违反,即便是采取客观的判断标准,也不能完全忽略行为人自身的具体情况。在重大过失的判断标准上,有学者提出重大过失的构成包含两个层面内容:主观上对行为性质及损害后果有认识、客观上制造了一种巨大危险。构成重大过失的"知道"包括确知与有理由知道。确知是指根据相关直接证据和证言,能够清楚证明行为人的确知道;有理由知道是指在没有直接证据的情形下,结合各方面证据司法完全能够推断出行为人知道。在判断"客观上行为人的危险性巨大与否"时,除了要对危险转化为损害的可能性、损害现实化后的严重性给予评估外,也要对行为人采取预防措施的成本予以估算,以便准确认定行为人是否有重大过失。就我国现行法律的规定来说,重大过失与故意经常并列出现,这意味着重大过失与故意原则上"同其价值"。[②] 现实生活的复杂性

[①] 王利明、周友军、高圣平:《中国侵权责任法教程》,人民法院出版社 2010 年版,第 222 页。

[②] 叶名怡:《重大过失理论的构建》,载《法学研究》2009 年第 6 期。

和个案的不同，导致重大过失在某些场合下难以认定，其与故意特别是间接故意之间的界限也可能表现得很模糊。对于为生态环境侵权人提供场地或者储存、运输等便利条件的帮助行为人来说，其提供帮助行为的主观心态，需要结合具体案情进行判断。如果帮助人以极其不合理的程度违反了通过一般日常生活即能判断的注意义务，以至于事实上为污染环境、破坏生态行为造成他人人身、财产损害提供帮助，则可以认定帮助人存在重大过失。而如果帮助人提供的帮助行为是必须具有相应资格才能从事相应活动时，由于此时帮助人具有专业知识、技能和资质等，如从事贮存危险废物的危险废物经营单位等，从事其专业领域内的活动应当承担更高程度的注意义务，法律法规等通常也会设置更高的行为标准。此时如果帮助人没有保持起码的职业谨慎、明显没有遵守职业规范，则可以认为帮助人过错程度高。

【审判实践中需要注意的问题】

刑法在讨论帮助犯的构成时会涉及中立帮助行为是否构成帮助犯的问题。即外观无害的日常行为或职业行为，客观上对他人的犯罪产生了促进作用，协力者主观上对此存在明知时，能否以相关犯罪的帮助犯追究协力者的刑事责任。中立帮助不仅可能表现为日常生活行为，也可能是市场交易行为。[①] 在为侵权人污染环境、破坏生态提供场地或者储存、运输等便利条件场合下，也可能涉及这个问题。例如，为污染环境提供运输便利的物流公司、运输公司在何种情况下应当承担生态环境侵权责任和责任范围等。对此问题，可以结合帮助人的注意义务、具体行为及造成的损害后果作出判断。根

---

① 张伟：《帮助行为的不法判断与中立帮助的处罚边界》，载《东岳论丛》2023年第4期。

据本解释第四条、第十条和本条的规定，构成帮助侵权并承担责任要求帮助人在主观上存在过错，如果帮助人在主观上缺乏相应的认识因素和意志因素，其作出行为合法，亦无法认定帮助人主观上具有过错，则不在本条讨论范围内。

【法条链接】

《**中华人民共和国民法典**》（2020 年 5 月 28 日）

第一千一百六十五条　行为人因过错侵害他人民事权益造成损害的，应当承担侵权责任。

依照法律规定推定行为人有过错，其不能证明自己没有过错的，应当承担侵权责任。

第一千一百六十六条　行为人造成他人民事权益损害，不论行为人有无过错，法律规定应当承担侵权责任的，依照其规定。

第一千二百三十九条　占有或者使用易燃、易爆、剧毒、高放射性、强腐蚀性、高致病性等高度危险物造成他人损害的，占有人或者使用人应当承担侵权责任；但是，能够证明损害是因受害人故意或者不可抗力造成的，不承担责任。被侵权人对损害的发生有重大过失的，可以减轻占有人或者使用人的责任。

第一千二百四十五条　饲养的动物造成他人损害的，动物饲养人或者管理人应当承担侵权责任；但是，能够证明损害是因被侵权人故意或者重大过失造成的，可以不承担或者减轻责任。

【典型案例】

广西壮族自治区来宾市人民检察院诉石油公司等 72 名被告环境污染民事公益诉讼案[①]

【基本案情】

石油公司于 2016 年 4 月成立，原法定代表人黄某昌。同年 10 月变更为黄某顺，2019 年 5 月又变更为黄某昌。自 2016 年起，经刘某义主动联系，石油公司等四家企业明知其无危险废物经营许可证，仍分别将废酸油渣交由其处置。刘某义安排柯某水、韦某文将危险废物运输至广西境内某县交由韦某榜非法贮存、处置。运输事宜系卓某祥等 39 名司机（所驾驶车辆分别挂靠在汽车运输公司等 18 家运输公司、物流公司）自"货车帮"平台获悉。梁某邦、韦某模为他人非法处置危险废物提供场地。上述人员因犯污染环境罪已被另案追究刑事责任。经鉴定，某县共有五个堆放点受到污染，废酸油渣重量 5681.18 吨，污染土壤重量 917.68 吨，共造成生态环境损害 1941.56 万元、鉴定评估费 252.10 万元。广西壮族自治区来宾市人民检察院提起民事公益诉讼，请求石油公司等 72 名被告承担环境污染侵权责任。

【裁判结果】

广西壮族自治区来宾市中级人民法院一审认为，石油公司等四家企业明知无危险废物处置资质仍将废酸油渣交由刘某义等处置，

[①] 《2020 年度人民法院环境资源典型案例》，载最高人民法院网站，https://www.court.gov.cn/zixun/xiangqing/307371.html，2023 年 9 月 8 日访问。

造成环境污染，应承担侵权责任。卓某祥等39名司机及其挂靠的18家运输公司、物流公司对所运输物质不知情，不构成侵权。一审判决相关主体对某县五个堆放点的损失承担连带赔偿责任，并明确了每一堆放点的具体数额。一审判决后，石油公司、黄某昌、黄某顺不服，提起上诉。广西壮族自治区高级人民法院二审认为，4家企业虽均有非法处置废酸油渣的行为，但相互之间并无共同意思联络，不能简单以共同侵权而全案适用连带责任。二审改判石油公司等按照其侵权事实对各个堆放点的损失按份平担责任，刘某义等承担连带责任。

【典型意义】

本案系跨省区倾倒固体危险废物污染环境所引发的环境损害民事公益诉讼。本案涉及72名被告，包括4家废酸油渣生产企业、5名企业投资管理人员，4名废酸油渣收集、贮存、利用和处置者，2名提供场所便利者，39名运输司机及挂靠的18家运输公司、物流公司，具有污染事件参与者众多、污染地点分散、环境污染损失重大等显著特点。人民法院深入剖析危险废物的生产者、提供者与危险废物的收集、贮存、利用、处置者以及堆放场地提供者的行为不同程度地交叉、结合，依法正确处理了数人环境侵权下的责任承担，对类似案件的处理具有较好的示范作用。本案二审由广西壮族自治区高级人民法院院长亲自担任审判长，新闻媒体高度关注，本案的审理起到了很好的法治宣传效果。

> **第十二条** 【"第三方治理"责任之一】排污单位将所属的环保设施委托第三方治理机构运营，第三方治理机构在合同履行过程中污染环境造成他人损害，被侵权人请求排污单位承担侵权责任的，人民法院应予支持。
>
> 排污单位依照前款规定承担责任后向有过错的第三方治理机构追偿的，人民法院应予支持。

【条文主旨】

本条是关于环境污染第三方治理中，委托运营模式下生态环境侵权责任的规定。

【条文理解】

一、第三方治理的内涵及其对实践的影响

2013年11月，党的十八届三中全会通过的《中共中央关于全面深化改革若干重大问题的决定》中，明确提出"建立吸引社会资本投入生态环境保护的市场化机制，推行环境污染第三方治理"。2014年，国务院办公厅发布了《关于推行环境污染第三方治理的意见》，对环境污染第三方治理的指导思想、基本原则和主要目标，以及环境公用设施的市场化投资运营、企业第三方治理机制的创新、第三方治理市场的健全、政策与组织实施的强化与完善，作出了较为全面系统的规划。其后，各省、自治区、直辖市在该意见的基础上相继发布了规范性文件，对意见的内容进行贯彻落实。2015年9

月中共中央、国务院印发的《生态文明体制改革总体方案》中，提出要培育环境治理和生态保护市场主体，吸引社会资本参与环境治理和生态保护事务建设和运营，通过政府购买服务等方式，加大对环境污染第三方治理的支持力度。生态环境部在 2016 年也发布了《关于积极发挥环境保护作用促进供给侧结构性改革的指导意见》，对环境污染第三方治理从四个方面提出要求，即鼓励工业污染源治理第三方运营，鼓励有条件的工业园区聘请第三方专业环保服务公司作为环保管家，开展环境监测服务社会化试点，在多重领域鼓励发展集投资融资、系统设计、设备成套、工业施工、调试运行、维护管理等一体化的环保服务总承包和环境治理特许经营模式。这些举措有效地促进了环境污染第三方治理在实践中的应用和第三方治理产业的发展，使第三方治理在实践中逐步成为比较普遍的环境污染治理模式。

环境污染第三方治理的引入体现了我国环境污染治理模式的转变。传统的环境污染治理模式遵循"谁污染，谁治理"原则，即将曾经由国家和社会负担的一部分环境污染治理责任转移给污染者，由污染者补偿因其行为导致的环境损害和资源浪费。我国也根据这一原则，经由《环境保护法》的规定，由行政机关通过设置环境标准、实施环境行政许可等措施监管排污企业及其他污染主体承担环境污染治理责任，建立了以政府管制为主导的环境行政模式。这种一元化、单向性的模式尽管在短期内能够取得比较明显的污染治理效果，但一方面，由于这种模式高度依赖政府对环境污染治理的认识和财政能力、治污决心，难以做到长期、持续、稳定发挥作用；另一方面，排污企业负担较重而治理效率较低，不利于发挥排污企业治理污染的积极性。因此，各国环境污染治理模式逐渐向政府与社会资本合作模式转变，在政府管制之中引入社会的市场的因素，由企业、专业化机构等非政府主体参与到环境污染治理之中，通过排污者缴纳或者按照合同约定支付费用，由专业化的环境服务机构进行环境污染治理，使政府和排污企业在社会资本和市场因素参与环境治理的过程中，都能够超越自身能力的不足，保证污染治理效果。① 相对于传统污染治理模式主要以环保部门和排污者为中心的二元主体结构，二者之外因环境污染涉及的环境利益相关人属于传统污染治理模式的第三方。在政府与社会资本合作的"公私合作"模式下，这种第三方是指狭义的第三方，即对污染治理起到实质性作用或者承担主要工作的第三方，其以环境保护为目的、以专业化服务为实现路径、以企业为存在形态。② 环境污染第三方治理的引入，使传统的"污染者负担"的环境污染治理模式之中引入了专业环境服务公司这一第三方主体，"通过排污企业与环境服务公司签订的委托合同，由当事人双方自主进行污染治理交易服务，将产污与治污主体分离"使我国环境污染治理模式从"谁污染，谁治理"转变为"谁污染、谁付费、第三方治理"。③ 与传统的政府管制为主导、排污单位承担污染治理责任的治污模式相比，环境污染第三方治理体现了"污染者付费、专业化治理"的特点，通过引入社会资本参与环境治理，有效解决了污染治理资金投入受限、治理效率低下的问题；通过发挥治污企业专业技术优势，有利于降低污染治理成本，提高污染治理效果；通过产污企业与治污企业合同关系的相互制约监督，有利于降低行政监管成本，提高监管效率；通过市场化机制的作用，也有利于环保产业的发展和污染治理技术的创新。

---

① 任卓冉：《环境污染第三方治理的困境及法制完善》，载《中州学刊》2016年第12期。
② 张林鸿：《生态文明视野下环境污染第三方治理法治化》，载《社会科学家》2018年第12期。
③ 周珂、史一舒：《环境污染第三方治理法律责任的制度构建》，载《河南财经政法大学学报》2015年第6期。

从法律关系角度观察，由于环境污染第三方治理是排污者通过缴纳或按合同约定支付费用、委托环境服务公司进行污染治理的新模式，与传统模式相比，在第三方治理模式在两个层面产生法律关系的变化。第一，行政法律关系。传统的环境行政法律关系体现为作为管理方的环境行政机关与作为行政相对人的被管理方的排污企业之间的一种不平等的权利、义务的单项对抗模式。而第三方治理模式则极大地缓和了行政管理者与被管理者的对抗性，使传统的二元主体结构转向三元主体结构。由于专业第三方治理机构的介入，第三方治理机构实质上一定程度分担了政府的环境管理职责和排污企业的治污义务，环境污染治理模式也由单项管制模式向多元合作模式转变。政府也从过去单一的行政管制者向监督引导者转变，不仅作为行政管理者有权对排污企业和第三方治理机构的违规行为进行处罚，而且其作为环境公共利益的代表通过行使环境管理权对排污企业与第三方治理机构的履约情况、所能达到的经济社会效益进行实时评估，从而发挥行政监督作用。第二，民事法律关系。第三方治理模式在民事法律关系方面的影响，主要体现在生态环境侵权的责任认定方面，增加了复杂性。环境污染第三方治理使排污者将直接治理污染的义务通过合同方式从自身分离，交由专业的第三方治污企业承担，从而将其直接治理责任转化为间接的经济责任。这种排污与治污相分离的模式，在发生生态环境侵权事件时，无疑增加了侵权责任判断中的复杂性。特别是对于排污企业和第三方治理机构之间是否存在责任划分、如何分担责任等问题，理论界和审判实践中存在一定分歧。概括起来主要有如下几种观点：其一，主要由排污企业承担责任。由于第三方治理只是从技术层面实现了治污工作的转移，而并非治污法律责任的转移，排污企业的法律责任不能因此免除，在经由第三方治理后仍然未实现达标排放的，相应的法律责任应当由污染企业承担。如果因企业发生生产事故而致污染物大量泄漏或者污染物的种类数量变化，由排污企业和第三方治理机构共同承担责任。其二，主要由第三方治理机构承担责任。环境污染第三方治理是将企业污染治理的直接责任通过经济支付的方式转移给第三方，第三方是法律意义上的排污者，故应当由第三方治理机构承担侵权责任，排污企业承担补充责任。其三，按照合同约定承担责任。即如果由于污染物的产生量超标或者排污企业违反合同条款而导致污染物最终排放不达标，治污企业严格履行合同的，则由排污企业承担责任；排污企业严格遵守合同，如果污染物不能达标排放，则由治污企业承担责任。其四，根据环境污染第三方治理的不同运营模式确定责任的承担。在"委托治理服务"模式下，由排污企业承担主要责任，第三方治理机构承担次要责任；在"托管运营服务"模式下，由第三方治理机构承担主要责任，排污企业承担次要责任。另有将环境污染第三方治理模式划分为独立型和嵌入型的观点，主张根据在不同模式下排污企业与第三方治理机构的过错程度确定双方的责任。

二、对本条规定的理解

在环境污染第三方治理模式之下，确定生态环境侵权责任的承担，应当针对第三方治理的不同类型，遵循侵权法的基本理论和《民法典》的相关规定进行判断。2016年，国家发改委、财政部、环境保护部、住房城乡建设部发布了《环境污染第三方治理合同（示范文本）》（以下简称《示范文本》），将环境污染第三方治理分为建设运营模式和委托运营模式。根据《示范文本》的内容，建设运营模式是排污企业委托第三方企业对环保设施进行融资建设、运营管理和维护，第三方企业拥有治污设备所有权并收取服务费用。

委托运营模式是由排污企业提供污染治理设施，专业化的环境服务企业承担设施的运行、维护及日常管理，并从排污企业收取报酬。[①]尽管《示范文本》所列的这两种模式是环境污染第三方治理的典型情形，但并不能涵盖全部情形。《示范文本》本身没有强制性，排污企业与第三方治理机构完全可以通过合同约定，设定双方之间权利义务的方式，约定不同于《示范文本》的合作模式。事实上，在生态环境侵权责任承担的判断上，对于环境污染、生态破坏危险的实际控制是更为重要的考量因素。这种对于环境污染、生态破坏危险的实际控制与污染物的生产者、治污设施的所有权和控制权、污染物的排放途径等因素密切相关，需要结合环境污染第三方治理在实践中的形态作具体的判断。本解释正是基于上述考虑，没有简单按照《示范文本》所列的第三方治理模式的逻辑设计司法解释的内容，而是根据排污单位、第三方治理机构对污染危险的控制程度进行分别规定，更符合侵权法的逻辑，也能更好地适应审判实践的需要。

环境侵权责任属于危险责任范畴。在侵权法上，危险责任是与过错责任相对应的责任形态。有观点认为，损害赔偿责任，依其是否以加害人有过错（过失）为要件，主要可区分为有过错之加害行为及无过错之加害行为。因其间在事实特征上存在有过错及无过错之区别，其规范需要因此可能不同，因而在规范划分上必须区分为二个类型：将有过错之加害行为规定为侵权责任；将无过错之加害行为规定为危险责任。危险责任是近代工业化的产物，是侵权法律制度为应对工业化时代的现实问题而作出的调整和创新。侵权法以平衡侵权人的行为自由与受害人利益的保护为路径，调整侵权行为人与被侵权人之间的关系。传统上侵权法以过错责任为唯一归责原

---

① 任卓冉：《企业环境污染第三方治理法律责任界分的困境与变革》，载《南通大学学报（社会科学版）》2021年第4期。

则，侧重于对行为人行为自由的维护。在过错责任原则下，一方面，无过错即无责任，行为人只要没有过错，其行为即不具有道德上的可谴责性，其行为是自由的，也不应对行为造成的损害承担责任；另一方面，受害人主张行为人承担责任的，应当证明行为人有过错，不能证明行为人对损害发生有过错的，不能追究行为人的责任，这在事实上增加了受害人追究行为人责任的难度。传统民法通过过错责任制度，最大限度地维护行为人的行为自由，使其不必担心因没有过错的行为造成损害后果被追究责任，从而最大限度地调动人们进行社会活动、经济活动的积极性。过错责任的哲学基础在于矫正的正义。亚里士多德将正义分为普遍的正义和个别的正义。其中，个别的正义又分为矫正的正义和分配的正义。司法上涉及处理侵害事故的公平观念属于矫正的正义范畴，通过侵权责任的承担，使因行为人的不法行为给受害人造成损害所导致的不平等状态得以恢复和矫正，从而实现纠正和抑制不法行为的目的。这种过错责任的理论基础、内容和制度逻辑无疑与传统社会高度契合。然而从19世纪开始，随着工业化的进步和社会化大生产的发展，传统的过错责任已经无法适应各种危险活动所带来的风险和事故。"在企业产品责任、劳动意外伤害事故、道路交通事故、环境污染等领域，损害决定责任逐渐代替了过错决定责任，传统的过错责难和损害填补也随之过渡到风险归责和损害分担。"[①] 从19世纪中期开始，危险责任作为一项新的侵权责任制度陆续出现在德国、英国等工业化国家，并逐渐被大多数国家所接受。与过错责任不同，危险责任并非建立在人的不法行为基础之上。工业社会所产生的危险行为是法律所允许的具有社会有用性和价值正当性的行为，但其本身又具有造成损害

---

① 方明：《论危险责任及其立法模式》，载《清华大学学报（哲学社会科学版）》2010年第6期。

的危险性。"危险工业活动本身是一种创造过程",从危险活动中获益的不仅是活动实施者,整个社会都从这种危险工业活动中获益,而风险和事故与利益相伴而生,危险是工业活动的必要成本,也是社会进步所需要承受的必要代价,是人类社会追求利益最大化的需要。故危险责任所对应的损害并不是不法行为的结果,而是不幸的结果,危险责任理论以不幸事故的解决为目标,性质上属于不当损害的合理分配。[①] 与过错责任不同,由于危险责任形态下,双方当事人在损害发生之前事实上处于不平等状态,制造危险和损害的一方与遭受损害的一方在对损害的控制上并不具有同等的能力和地位,因此危险责任的哲学基础并不是矫正的正义,而是通过对不可避免的风险进行公平分配来实现公平正义,即分配的正义。危险责任不以过错为归责原则和责任要件,以经济理性的法理基础取代了责任人侵权中的伦理基础,受害人基于无过错责任归责原则,摆脱了举证责任承担所面临的困境。同时,危险责任也使企业在追逐利润和市场竞争的压力下,使用成本内化或者外化的方式将风险赔偿转移到生产成本之中,以达到损害预知和风险防范的目的。[②] 从过错责任到危险责任,是民法理念发展的结果,体现了民法对社会关系的调整自近代民法的个人本位发展到现代的社会本位。[③]

所谓危险责任是以特定危险为归责理由,即持有或经营某特定具有危险的物品、设施或活动之人,于该物品、设施或活动所具危险的实现,致侵害他人权益时,应就所生损害负赔偿责任,赔偿义

[①] 薛童:《危险责任的正当性分析》,载《西华师范大学学报(哲学社会科学版)》2007年第5期。
[②] 方明:《论危险责任及其立法模式》,载《清华大学学报(哲学社会科学版)》2010年第6期。
[③] 郭明瑞:《危险责任对侵权责任法发展的影响》,载《烟台大学学报(哲学社会科学版)》2016年第1期。

务人对该事故的发生是否具有故意或过失，在所不问。[1] 这些具有危险的物品、设施、活动等，属于危险源，控制危险源的人对于危险源造成的损害承担赔偿责任，而不考虑其主观的故意或者过失，是危险责任的核心内容。因此，危险责任也被称为无过错（无过失）责任、严格责任。"无过失责任的用语消极地指明无过失亦应负责的原则，危险责任的概念较能积极地凸显无过失责任的归责原因"[2]，在生态环境侵权领域，使用危险责任的表述更有现实意义。由于危险责任是建立在分配的正义哲学观念基础上对于不当损害的合理分配，其确立的依据：其一，在于具有特定危险的物品、设施的所有人、持有人或者危险活动的实施者制造了危险来源；其二，上述这些主体在某种程度上能够控制此类危险；其三，上述主体从这些危险物品或者活动中获得了利益，从而应当负担危险责任。此外，基于危险责任所产生的损害赔偿，可以通过企业成本内化、外化的方式以及保险制度进行分散。

在环境污染第三方治理模式下，基于危险责任的逻辑判断侵权责任的主体，具有十分积极的意义。在本条规定的委托运营模式之中，典型形态是排污企业将自有的污染治理设施通过服务合同的方式，委托专业的环保企业运营，由专业机构利用其专业经验、技能和技术对污染进行治理。由于排污企业既是污染物的初始来源，也是环保设施、治污设备的所有人；同时作为服务合同的相对方，排污企业对于第三方治理机构履行合同的行为也能够通过选择适当的合同相对方、约定特定的合同内容等方式进行有效的监督和约束。第三方治理机构的治理污染行为实质上是排污企业生产经营行为的

---

[1] 王泽鉴：《侵权行为法》，北京大学出版社2016年版，第15页。
[2] 王泽鉴：《侵权行为法》，北京大学出版社2016年版，第15页。

组成部分。在发生环境污染的情况下，由于排污企业对于污染物、环保设施和第三方治理机构的行为均能够进行有效的控制，由排污企业作为责任主体承担生态环境侵权责任符合《民法典》第一千二百二十九条的规定。在排污企业承担生态环境侵权责任后，其与第三方治理机构之间的责任划分，则根据双方之间的合同约定进行判断，第三方治理机构在履行合同过程中有过错的，应当承担与其过错程度相适应的责任。排污企业可以就第三方治理机构应当承担的责任部分，向其追偿。

【审判实践中需要注意的问题】

审判实践中应当注意，其一，本条是针对第三方治理模式中委托运营类型的典型情形所作的规定，即第三方治理机构基于服务合同的约定，运营排污企业所有的环保设施的情形。实践中，可能存在第三方治理机构与排污企业通过合同约定其他合作方式的情形，如第三方治理机构自行投资建设环保设施作为排污企业的组成部分，并负责运营环保设施，即所谓嵌入式的建设运营模式。对于这些非典型的介于委托运营和独立运营之间的第三方治理模式，应当根据各方主体对环境污染危险的控制程度进行判断。在嵌入式的建设运营模式中，第三方治理机构的环保设施与排污企业的生产设施构成一个整体，经过治理的污染物仍然从排污企业排出，第三方治理机构的治污行为从外观上是排污企业生产经营行为的组成部分，排污企业对于污染的危险仍然有充分的控制能力。因此，排污企业应当作为生态环境侵权责任的主体。其二，本条规定针对的是排污企业与第三方治理机构正常经营的情形。所谓正常经营，包括排污企业有排污许可证，其环保设施运行正常不存在明显瑕疵，第三方治理机构在履行合同中并无接受排污企业违法、违规指示排放的行为等。

如果排污企业和第三方治理机构存在非正常经营的行为，导致生态环境侵权的，应当根据本解释第十四条的规定，判断其是否构成共同侵权、承担相应的责任。

> **第十三条　【"第三方治理"责任之二】** 排污单位将污染物交由第三方治理机构集中处置，第三方治理机构在合同履行过程中污染环境造成他人损害，被侵权人请求第三方治理机构承担侵权责任的，人民法院应予支持。
>
> 排污单位在选任、指示第三方治理机构中有过错，被侵权人请求排污单位承担相应责任的，人民法院应予支持。

【条文主旨】

本条是关于建设运营模式中生态环境侵权责任承担的规定。

【条文理解】

污染者自己责任是环境污染治理的一项重要原则，其正当依据在于环境污染和生态破坏是污染者在追求利润的生产经营活动中产生的副产品。[①] 污染者自己责任的核心功能是分配环境成本，即环境成本内部化。作为一项经济原则，污染者自己责任要求污染者负担污染治理的成本；而作为一项法律原则，污染者自己责任则要求污染者负担污染治理义务，即事实污染治理行为确保达标排放并负担成本。

---

① 柯坚：《论污染者负担原则的嬗变》，载《法学评论》2010 年第 6 期。

1979年《环境保护法》规定了"谁污染，谁治理"，通过立法确立了污染者自己责任。当时，由于处在计划经济时期，不存在环境服务市场，客观上产生的污染物的主体一般是自行处理并排放污染物，此时污染者就是排污单位。在此基础上，立法还为排污单位设定了监测义务、保存记录义务和信息公开义务等附随义务。随着经济发展，以环境服务市场的活跃为标志，法律上的污染者和治理者开始逐步发生分离。自20世纪90年代以来，我国市场经济体制改革不断深入，环境服务市场日益活跃。在环境服务业收入总额中，提供污染治理即环境保护设施运营服务的环境污染第三方治理市场占到近一半比重。[①] 在市场化的治理中，产污企业通过付费方式委托环境服务机构治理污染。2014年，国务院办公厅发布的《关于推行环境污染第三方治理的意见》首次就第三方治理作出了专门规定。2016年，国家发改委、财政部等单位共同发布的《示范文本》，明确了委托运营和建设运营模式下第三方治理的合同文本。由此带来的法律问题是，由于在排污单位外又出现了第三方治理机构，"谁污染，谁治理"应当如何适用？对于在治理中造成的损害应当由谁承担？本条规定的即在排污单位将污染物交由第三方治理机构集中处置的情况下，侵权责任的承担主体问题。

一、本条适用的情形

本条适用于建设运营模式中生态环境侵权责任主体的认定。所谓建设运营模式，是指第三方治理企业负责建设并运营与产污企业主营业务相配套的污染防治设施项目，在合同期内第三方治理机构取得污染防治设施的所有权，合同期满后，污染防治设施移交给产

[①] 王社坤：《第三方治理背景下污染治理义务分配模式的变革》，载《吉林大学社会科学学报》2020年第60期。

污企业或由治污企业拆除。根据第三方机构是否同时以同一治污设施为多家排污企业提供治污服务为标准，建设运营模式又可以细分为集中治理服务模式与分散治理服务模式。根据相关单位发布的合同示范文本，建设运营模式中第三方治理机构有权投资、设计、建设、运营、维护、管理环保设施。

相较于委托运营模式，排污单位对污染设施和污染物处理的控制极度弱化。一是排污单位对治污设施的选择权极度弱化。建设运营模式中治污设施的所有权一般归于第三方机构，特别是集中治理的排污企业对于治污设施基本没有选择权。二是排污单位对处理方案的选择权逐渐弱化。建设运营模式下排污单位一般仅能从第三方治理机构提供的有限治污方案中选择。三是建设运营模式下排污单位虽然享有监督、检查环保设施的建设、运营、维护和管理的权利，但是限于督促第三方机构全面履行义务并完成污染物控制任务的目的，对于具体的技术方案、人员选择、日常工作等日常治污过程缺乏有效的管理。特别是采用集中治理服务的，排污单位的选择权主要体现在筛选第三方机构企业等事前程序，缺乏对治污过程等事中程序的监管能力和动力。

二、本条适用的法律效果

在建设运营合同履行过程中，发生生态环境侵权的，首先应当由第三方治理机构承担责任。需要指出的是，这里的第三方治理机构是作为对污染设施有实际控制力的"污染者"，依据《民法典》第一千二百二十九条的规定承担无过错责任。而排污单位则是作为本解释第四条中的"其他责任人"，承担的是过错责任。

根据本条的规定，排污单位的过错主要体现为指示或者选任。指示和选任的表述，直接来源于《民法典》第一千一百九十三条定作人责任的规定,并可以追溯至 2003 年《人身损害赔偿司法解释》第十条的规定。根据上述规定,承揽人在完成工作过程中造成第三人或者自己损害的,定作人不承担侵权责任。但是定作人对定作、指示或者选任有过错的,应当承担相应责任。在具体法律效果上,可以分为以下几种情形:第一,排污单位指示、选任无过错,而第三方治理机构有过错的,由第三方治理机构承担侵权责任;第二,排污单位指示、选任无过错,第三方治理机构也无过错的,由第三方治理机构承担无过错责任;第三,排污单位指示、选任有过错,第三方治理机构也有过错的,按照数人侵权承担过错责任;第四,排污单位指示、选任有过错,第三方治理机构无过错。理论上,此时第三方治理机构似应不承担责任。但实践中,在排污单位存在过错的情况下,第三方治理机构作为专门从事污染治理服务的企业几乎不可能没有过错。

三、本条适用的理论基础

(一) 建设运营模式可以类比承揽关系

有观点认为,《民法典》第一千一百九十三条的"承揽关系"并不限于《民法典》合同编中的承揽合同关系,而是广义的承揽关系。[①] 而建设运营模式则可以归属于此种广义的承揽关系。首先,排污单位对于第三方治理机构之间不存在直接的控制、支配和从属关系。如一些产业园区的企业共同确定一家第三方治理机构集中处置污染物的,各企业对第三方治理机构几乎没有实际的控制力。第三方治理机构具有极大的自主权。其次,区别于委托运营,建设运营

---

① 邹海林、朱广新主编:《民法典评注·侵权责任编》(1),中国法制出版社 2020 年版,第 318 页。

模式中第三方治理机构的工作并不属于排污单位经营活动的组成部分，而是具有独立性的业务和经营活动。因此，建设运营模式中的责任承担，可以比照《民法典》第一千一百九十三条的规定予以明确。

在承揽关系中，之所以定作人仅就其过错承担责任，理由主要在于"一方面，独立承揽人是依据其独立意志从事一定的工作，在很大程度上不会遭到他人的影响和控制，因此，其在工作中造成的损害，应该自己承担责任。另一方面，独立承揽人与委托人之间的合同以交付特定的工作成果为内容，独立承揽人只要交付了工作成果就属于履行了合同，至于如何完成其工作成果，是其自主决定的"[1]，所以，"承揽人因执行承揽事项，对第三人造成损害的，原则上应该由承揽人自己负责，定作人不承担责任"。[2]

这一观点亦可在比较法中获得支持：德国1976年的一起案件中，一家石油化工企业委托一家独立的水土保持企业处理原有加工废弃物，但由于处理过程不合规范，造成水源污染，而给城市自来水厂造成了损失。法院认为，化工企业应承担一个普遍的交往安全义务，以保证自己的工业废料不给他人造成损失。毫无疑问，企业也可以雇请第三人来完成这一工作。但是仅通过合同将义务转嫁给他人，还不能免除排污单位的责任。侵权的免责只能依据侵权行为法的标准。这就是说，当发生了因过错而违反了交往安全义务的情况时，只有在原交往安全义务人缔约对方时尽到了足够的注意，并在对方完成工作时进行了必要的监督，在这种情况下，前者才可能不承担责任；如果对对方能否无误完成工作有疑问，则应当在必要

---

[1] 王利明：《侵权责任法研究》（下），中国人民大学出版社2011年版，第110页。
[2] 王利明：《侵权责任法研究》（下），中国人民大学出版社2011年版，第110页。

时予以干预。①

进一步追问，如果第三方治理机构在污染治理的过程中因工作不规范造成排污单位的损害，此时是否应当承担责任？本条规定并未排除此种情形，这表明第三方治理机构仍然应当承担责任。这是因为，承担了污染治理责任的第三方治理机构，实际上接受了防治污染的任务，排污单位据此无须采取防治措施。也就是说，第三方治理机构的义务并不是由污染企业所派生，而是由于合同的签订而使其对责任的承担在法律上具有了独立性。自此，防治污染是第三方治理机构的责任。当发生污染时，第三方治理机构成为"治污型污染者"。与此同时，原本作为"排污型污染者"的排污单位，由于已经将义务转移给第三方治理机构，而成为污染中的受害人，从而有权请求第三方治理机构承担责任。

(二) 危险责任主体的认定

生态环境侵权属于无过错责任，但归责的基础并非行为无过错，而是源于自身的危险性。因此，生态环境侵权本质上是一种危险责任。危险责任制度的特点在于，责任人的责任仅取决于，在造成损害的事件中由责任人掌控的危险是否变成了现实。这样的责任人应当具备如下特征。第一，责任人在自己的领域内创设了一个独立的危险范围，而其中的风险必须由其自己承担。责任人运营某套设备、使用某物或从事某一活动，而这些设备、物或活动本身即包含巨大的危险，所以，责任的行为就创设了一个特别的危险。当这种危险变成现实时，行为人就应当承担责任。第二，责任人有避免损害发

---

① [德] 马克西米利安·福克斯：《侵权行为法》，齐晓琨译，法律出版社 2004 年版，第 109 页。

生的能力。第三，责任人从伴随着危险的行为人中获得了利益，因而要承担由此产生的风险。根据风险开启、风险控制和报偿理论，在建设运营模式下，第三方治理机构作为污染防治设施的所有者和控制人，以及污染设施运营的收益人，理应承担侵权责任。

四、排污单位的选任、指示义务

根据本条的规定，排污单位在选任、指示第三方治理机构中存在过错的，应当承担责任。排污单位选任、指示第三方治理机构的过错，主要存在以下几种情形：第一，选任不具有相应能力的第三方治理机构的。2011年，原环境保护部发布《环境污染治理设施运营资质许可管理办法》，明确环境污染治理设施运营资质实行分类、分级管理。环境污染治理设施运营资质分为生活污水、工业废水、除尘脱硫脱硝、工业废气、工业固体废物、有机废物、生活垃圾、自动连续监测等专业类别，并分为甲级资质、乙级资质和临时资质三个级别。但在2014年，原环境保护部废止了该许可管理办法。因此，在行政管理的层面，似已没有对第三方治理机构资质的硬性标准。但是，这并不代表排污单位可以随意选任第三方治理机构。首先，虽然在行政管理的层面已经没有相应资质标准，但仍有内部约束。排污单位可以参考行业协会组织内部的相应规范，如选任明显与规范不符的，即可以认定存在过错。其次，排污单位还应当结合自身的生产经营情况选择规模、能力相适应的第三方治理机构。如选任明显不能适应需求的第三方治理机构的，亦应认定为有过错。最后，一些地方在第三方治理中探索建立企业诚信档案制度，黑名单制度等，亦应作为排污单位是否构成选任过错的依据。第二，排污单位没有履行预处理义务的。《水污染防治法》第四十五条第三款规定，向污水集中处理设施排放工业废水的，应当按照国家有关规定进行预处理，达到集中处理设施处理工艺要求后方可排放。第八十三条规定："违反本法规定，有下列行为之一……（四）未按照规定进行预处理，向污水集中处理设施排放不符合处理工艺要求的工业废水的。"根据上述规定，排污单位负有预处理义务。如未履行预处理义务最终造成损害的，排污单位应当承担侵权责任。第三，排污单位向第三方治理机构提供的数据、信息错误，缺乏日常检查监督等。

总而言之，在认定排污单位是否违反选任、指示义务时，应当采用较为严格的标准。这是因为，生态环境侵权属于危险责任。在比较法上，有观点认为，如定作人是高度危险活动营业人，当其将部分工作交给承揽人完成，而承揽人在工作时造成第三人损害的，定作人应承担责任。[①]《民法典》第一千二百四十一条亦规定，所有人将高度危险物交由他人管理的，由管理人承担侵权责任；所有人有过错的，与管理人承担连带责任。虽然在建设运营模式中排污单位不属于"污染者"，但对污染治理的过程亦具有一定程度的介入性，而非完全失去控制力。因此，采用严格标准认定选任、指示义务，有利于督促排污单位更加审慎地选任第三方治理机构，强化日常监督检查，最大限度防范损害后果的发生，更好实现权益救济。

【审判实践中需要注意的问题】

本条在理解和适用时需要与《民法典》第一千二百三十三条和本解释关于第三人侵权责任的规定相区分。本条与第三人侵权责任的相同之处在于，都存在一个"污染者"和其他责任人。只不过本

[①] [美] 爱伦·M. 芭波里克选编：《侵权法重述纲要》（第三版），许传玺、石宏、董春华等译，法律出版社 2016 年版，第 326~336 页。

条规定的"污染者"并非"排污型污染者"的排污单位,而是"治污型污染者"的第三方治理机构,而排污单位则是其他责任人。那么,如果是因排污单位(全部或部分)过错造成损害的,是否应当适用第三人责任的规定呢？

笔者认为,首先,《民法典》第一千二百三十三条规定的第三人责任不包括侵权人与第三人之间存在某种法律关系的情形。否则,在雇佣法律关系中,雇主责任也应按照第三人责任处理,显然是不妥当的。其次,在第三人责任的场景中,不论第三人是全部过错还是部分过错,其对损害的原因力都体现为一种"介入"性。如正常驾驶的油罐车遭到后车碰撞、埋在地下海底的管道被钻孔漏油等。这种"介入"原因将部分或全部替代侵权人的行为而成为损害发生的真正原因。而第三方治理模式中,排污单位选任和指示的过错则并不体现这种"介入"性,而只是简单地相互结合造成了损害后果。因此,本条规定的建设运营中的侵权责任不能适用生态环境侵权第三人责任的相关规定。

【法条链接】

《中华人民共和国民法典》(2020年5月28日)

第一千一百九十三条 承揽人在完成工作过程中造成第三人损害或者自己损害的,定作人不承担侵权责任。但是,定作人对定作、指示或者选任有过错的,应当承担相应的责任。

第十四条 【"第三方治理"责任之三】存在下列情形之一的，排污单位与第三方治理机构应当根据民法典第一千一百六十八条的规定承担连带责任：

（一）第三方治理机构按照排污单位的指示，违反污染防治相关规定排放污染物的；

（二）排污单位将明显存在缺陷的环保设施交由第三方治理机构运营，第三方治理机构利用该设施违反污染防治相关规定排放污染物的；

（三）排污单位以明显不合理的价格将污染物交由第三方治理机构处置，第三方治理机构违反污染防治相关规定排放污染物的；

（四）其他应当承担连带责任的情形。

【条文主旨】

本条是关于排污单位与第三方治理机构承担连带责任的规定。

【条文理解】

《民法典》第一千一百六十八条有关共同侵权的规定明确，"二人以上共同实施侵权行为，造成他人损害的，应当承担连带责任"。第一千二百二十九条有关污染环境、破坏生态致损侵权责任的规定明确，"因污染环境、破坏生态造成他人损害的，侵权人应当承担侵权责任"。排污者通过缴纳或按合同约定支付费用，委托第三方环境服务公司进行污染治理时，如果排污单位与第三方治理机构对违反污染防治相关规定排放污染物的行为构成共同侵权,则应当对所造成的他人损害承担连带责任。本条列举了排污单位与第三方治理机构共同故意侵权的几种情形,其中第一项情形为典型的共同故意,第二项、第三项情形为推定的共同故意。

一、指示排污中的连带责任

两个以上侵权人共同实施污染环境、破坏生态行为造成他人损害,根据《民法典》第一千一百六十八条的规定,侵权人应当承担连带责任。共同侵权,是指数人共同不法侵害他人权益造成损害的行为。对共同侵权行为,有的学者称为"共同致人损害",有的学者称为"共同过错",还有的学者称为"共同不法行为"。[①] 共同侵权制度中,如何理解"共同"的含义至关重要,存在意思联络说、共同过错说、关联共同说、折中说等不同观点。

确定生态环境共同侵权人承担连带责任,是在综合考察其他国家和地区的立法例以及司法实务演变,并具体结合我国实际情况的基础上作出的。一旦成立生态环境共同侵权行为,那么,数个行为人对外应当承担连带责任,被侵权人有权请求部分或者全部行为人承担全部责任。根据全国人大常委会法工委的释义,共同侵权行为需要满足四个要件:(1)侵权主体的复数性,共同侵权行为的主体必须是两个以上的自然人、法人或者非法人组织。[②](2)共同实施侵权行为。此处的"共同"包括三种形态:其一,共同故意,数个行为人基于共同故意侵害他人合法权益。其二,共同过失,主要是数个行为人共同从事某种行为,基于共同的疏忽大意,造成他人损

[①] 王胜明主编:《〈中华人民共和国侵权责任法〉条文解释与立法背景》,人民法院出版社2010年版,第42页。

[②] 黄薇主编:《中华人民共和国民法典释义》,法律出版社2021年版,第2243页。

害。其三，故意行为与过失行为相结合。(3) 侵权行为与损害后果之间具有因果关系，这一因果关系应为法律上的因果关系。(4) 受害人具有损害，这是受害人请求共同侵权人承担连带责任的基本要件。无损害，则无救济。[1] 当然，对于共同危险行为，受害人可以依据《民法典》第一千一百七十条的规定主张权利。

其中，基于共同故意侵害他人合法权益的，属于典型的共同侵权行为。一般而言，过错是指侵权人在实施侵权行为时对于损害后果的主观心理状态，分为故意和过失两种形式。故意是指侵权人预见自己行为的损害结果，仍然希望这一损害后果发生或者放任这一后果发生的主观心理状态。根据侵权人心理状态的不同，故意又可以分为直接故意和间接故意两种形式。生态环境侵权适用无过错责任归责原则，虽不以行为人的故意、过失为要件，但这不意味着行为人没有过错。行为人不仅可以因故意、过失致人损害，同样也可以事先通谋策划。因此，生态环境侵权责任纠纷案件中，只要数个污染者之间存在共同故意或者共同过失，则构成共同侵权，应当承担连带责任。这种情形下判断污染者承担连带责任的基础在于其主观上的意思联络。[2]

生态环境共同侵权具有侵害方式的复合性、侵害过程的复杂性、侵害后果的隐蔽性和长期性特点，审判实践中的难点在于共同过错的认定问题，对于排污单位违法排污的主观故意尤其是共同故意的证明难度较高。本条第一项对排污单位指示第三方治理机构违法排污的情形进行了规定，明确第三方治理机构按照排污单位的指示，违反污染防治相关规定排放污染物的，排污单位应当与第三方治理

---

[1] 杨立新：《侵权法论》，人民法院出版社 2013 年版，第 908 页。
[2] 最高人民法院研究室、环境资源审判庭编著：《最高人民法院环境侵权责任纠纷司法解释理解与适用》，人民法院出版社 2016 年版，第 42 页。

机构承担连带责任。指示排污情形下，第三方治理机构是实际将污染物进行违法排放，直接完成违法排污行为的人；排污单位则是指挥实际排放人从事违法排污行为，对违法排污方式、时间等进行安排的人，两者的关系类似于代理。代理事项应当合法，以及代理行为应当合法，不得违反法律、行政法规的强制性规定和公共秩序、善良风俗，为各国和地区法律所普遍承认。代理事项及代理实施的民事法律行为标的事项是合法的，违法代理应当承担相应的法律责任，依据《民法典》第一百六十七条的规定，"代理人知道或者应当知道代理事项违法仍然实施代理行为，或者被代理人知道或者应当知道代理人的代理行为违法未作反对表示的，被代理人和代理人应当承担连带责任"。

本条规定的三种情形均强调了生态环境侵权行为的违法性标准，即"违反污染防治相关规定排放污染物"。出于权衡生态环境保护与经济社会发展，以不同方式强化对环境私益与环境公益的保护，《民法典》侵权责任编对环境私益侵权责任和环境公益侵权责任的违法性要件作了区分性规定。环境私益侵权行为采客观意义上的违法性标准，只要损害他人权益即构成违法。而环境公益侵权责任的行为要件采主观意义上的违法性标准，只有违反国家规定污染环境、破坏生态方可构成。[①] 本条规定的排污单位与第三方治理机构承担连带责任的法律依据为《民法典》第一千一百六十八条，该条规定的是"二人以上共同实施侵权行为，造成他人损害的"情形，即私益侵权。但仍然采用了主观意义上的违法性标准，受害人不仅需证明存在生态环境侵权行为并给其造成损害，而且需证明该行为违反了污染防治相关规定，人民法院才能认定排污单位与第三方治理机构存

[①] 最高人民法院民法典贯彻实施工作领导小组编著：《中国民法典适用大全·生态环境卷（一）》，人民法院出版社 2022 年版，第 87 页。

在实施生态环境侵权行为的共同故意。此处的"污染防治相关规定",既包括《环境保护法》《水污染防治法》《固体废物污染环境防治法》《大气污染防治法》《排污许可管理条例》等环境保护法律、行政法规,也包括国家政策性规定、国务院部门规章、地方性法规、自治条例、单行条例、地方政府规章及最高人民法院、最高人民检察院制定发布的司法解释等。第三方治理机构明知排污单位的指示排污行为违反了污染防治相关规定,仍然继续实施排放污染物行为,表明二者在主观上具有违法排污的共同故意,故而此时应当由排污单位和第三方治理机构承担连带责任。

二、委托运营中的连带责任

环境污染第三方治理,有委托运营和建设运营两种模式。在委托运营模式下,排污单位将自有环保设施委托给第三方治理机构运营,环保设施的控制人为排污单位。按照控制理论,排污单位对第三方治理机构的运营情况负有监督管理义务,第三方治理机构在合同履行过程中污染环境造成他人损害的,污染者应为控制环保设施的排污单位。依据本解释第十二条的规定,由排污单位对被侵权人承担生态环境侵权责任;排污单位承担责任后,可以向有过错的第三方治理机构进行追偿。该条规定情形中,生态环境侵权行为人为排污单位,承担无过错责任,第三方治理机构仅在有过错的情况下对内承担部分责任,此与本解释第四条归责原则的规定是一致的。而在本条第二项规定情形下,排污单位将明显存在缺陷的环保设施交由第三方治理机构运营,第三方治理机构利用该设施违反污染防治相关规定排放污染物,造成他人损害,此时排污单位与第三方治理机构构成共同侵权,对外承担连带责任。

该项规则明确了委托运营模式下排污单位与第三方治理机构共

同实施生态环境侵权行为的连带责任。我国实行排污许可管理制度。《环境保护法》第四十五条第二款明确，实行排污许可管理的企业事业单位和其他生产经营者应当按照排污许可证的要求排放污染物；未取得排污许可证的，不得排放污染物。根据《排污许可管理条例》的规定，排污单位应当遵守排污许可证规定，按照生态环境管理要求运行和维护污染防治设施，建立环境管理制度，严格控制污染物排放。超过许可排放浓度、许可排放量排放污染物，通过暗管、渗井、渗坑、灌注或者篡改、伪造监测数据，或者不正常运行污染防治设施等逃避监管的方式违法排放污染物的，应当依法承担行政责任甚至刑事责任，构成生态环境侵权的还应当依法承担民事责任。排污单位将存在明显缺陷的环保设施交由第三方治理机构运营，而第三方治理机构存在利用该设施违反污染防治相关规定排放污染物行为的，双方均存在违法排污的故意。人民法院可以在此基础上认定生态环境侵权的共同故意，并依法判令排污单位与第三方治理机构对由此造成的他人损害承担共同侵权责任。

最高人民法院发布的第130号指导性案例——重庆市人民政府、重庆两江志愿服务发展中心诉重庆藏金阁物业管理有限公司（以下简称藏金阁公司）、重庆首旭环保科技有限公司（以下简称首旭公司）生态环境损害赔偿、环境民事公益诉讼案确立了两项裁判规则，其中之一为：取得排污许可证的企业，负有确保其排污处理设备正常运行且排放物达到国家和地方排放标准的法定义务，委托其他单位处理的，应当对受托单位履行监管义务；明知受托单位违法排污不予制止甚或提供便利的，应当对环境污染损害承担连带责任。该指导性案例中，排污单位藏金阁公司以委托运行协议的形式将废水处理交由专门从事环境治理业务（含工业废水运营）的第三方治理机构首旭公司作业，双方协议约定藏金阁公司应确保废水处理设施设备正常、完好，且藏金阁公司具有监督首旭公司日常排污情况的义务。2014年8月，藏金阁公司将废酸池改造为废水调节池并将地下管网改为高空管网作业时，未按照正常处理方式对池中的120毫米口径暗管进行封闭，藏金阁公司亦未举证证明不封闭暗管的合理合法性。首旭公司自2014年9月起，通过该暗管将未经处理的含重金属废水直接排放至外环境，违法排污行为持续1年8个月，造成生态环境损害14416776元。法院生效裁判认为，藏金阁公司无论是自行排放还是委托他人排放，都必须确保其废水处理站正常运行，并确保排放物达到国家和地方排放标准，这是取得排污许可证企业的法定责任。藏金阁公司明知为首旭公司提供的废水处理设备留有可以实施违法排放的管网，据此可以认定其具有违法故意，且客观上为违法排放行为的完成提供了条件。藏金阁公司知道且放任首旭公司实施违法排污行为，同时继续将废水交由首旭公司处理，可以视为其与首旭公司形成了默契，具有共同侵权的故意，并共同造成了污染后果。根据全案事实和证据，审理法院认为藏金阁公司与首旭公司构成环境污染共同侵权的证据已达到高度盖然性的民事证明标准，二被告对于违法排污存在主观上的共同故意和客观上的共同行为，构成共同侵权，判决其承担连带责任。该指导性案例的情形即属于本条第二项规定的情形，相关裁判规则可以参照适用。

三、建设运营中的连带责任

在建设运营模式下，排污单位将污染物交由第三方治理机构集中处置，环保设施的控制人是第三方治理机构。第三方治理机构在合同履行过程中污染环境造成他人损害的，污染者为第三方治理机构。依据本解释第十三条的规定，应当由第三方治理机构承担侵权责任；排污单位在选任、指示第三方治理机构中存在过错的，承担相应责任。该条规定情形中，生态环境侵权行为人为第三方治理机构，承担无过错责任。而本条第三项规定情形下，排污单位以明显不合理的价格将污染物交由第三方治理机构处置，第三方治理机构违反污染防治相关规定排放污染物，造成他人损害，此时排污单位与第三方治理机构构成共同侵权，承担连带责任。

该项规则明确了建设运营模式下排污单位与第三方治理机构共同实施生态环境侵权行为的连带责任。排放到环境中的污染物，按照现行的治理技术和水平全部治理，需要支出合理费用。污染物不论是排污单位自行处置，还是委托第三方治理机构处置，均存在一个合理处置成本的问题。排污单位以明显不合理的低价将污染物交由第三方治理机构处置，大概率导致大量未经处理或者未经有效处置的污染物被违法排放至外环境。排污单位不仅给违法排污的第三方治理机构提供了污染源，而且因仅支付了明显不合理低价的处置费用客观上获取了非法利益。对于由此造成的损害后果，排污单位属于知道或者应当知道，在此基础上其与违法排污的第三方治理机构构成生态环境侵权的共同故意。《合同法》第七十四条关于债权人撤销权的规定中，便有以不合理价格交易推定行为人主观恶意的做法，该规定亦为《民法典》所吸收。《民法典》第五百三十九条明确："债务人以明显不合理的低价转让财产、以明显不合理的高价受让他人财产或者为他人的债务提供担保，影响债权人的债权实现，债务人的相对人知道或者应当知道该情形的，债权人可以请求人民法院撤销债务人的行为。"《全国法院贯彻实施民法典工作会议纪要》第九条进一步明确，对于明显不合理的低价，人民法院应当以交易当地一般经营者的判断，并参考交易当时交易地的物价部门指导价或者市场交易价，结合其他相关因素综合考虑予以认定；转让价格达不到交易时交易地的指导价或者市场交易价百分之七十的，一般可以视为明显不合理的低价；当事人对于其所主张的交易时交易地的指导价或者市场交易价承担举证责任。前述规则在本条适用中可予以参照。

最高人民法院发布的公报案例——江苏省泰州市环保联合会诉泰兴锦汇化工有限公司（以下简称锦汇公司）等水污染民事公益诉讼案[1]所涉情形即属于本条第三项规定的情形。该案中，排污单位锦汇公司等六家企业在 2012 年 1 月至 2013 年 2 月期间，将生产过程中产生的危险废物废盐酸、废硫酸总计 2.5 万余吨，以每吨 20 元至 100 元不等的价格，交给无危险废物处理资质的第三方公司偷排入泰兴市如泰运河、泰州市高港区古马干河中，导致水体严重污染，环境修复费用高达 1.6 亿余元，被当时的媒体称为"天价"环境公益诉讼案。法院生效裁判认为，锦汇公司等六家企业将副产酸交给无处置资质和处置能力的公司，所支付款项远不足以承担正常无害化处理上述危险废物的费用，导致大量副产酸未经处理被倾倒至如泰运河、古马干河，造成周围水域严重污染。六家被告企业主观上具有非法处置危险废物的故意，客观上造成了环境严重污染的结果，应该承担对环境污染进行修复的赔偿责任。关于损害结果量化和修复费用计算问题，审理法院采纳了省环境科学学会出具的评估技术报告中的鉴定意见，采用虚拟治理成本法计算侵权人应当赔偿的污染修复费用。由于受污染河流水体处于流动状态，且倾倒行为持续时间长、倾倒数量大，污染物对河流及其下游生态区域的影响处于扩散状态，难以计算污染修复费用。根据环境保护部《关于开展环境污染损害鉴定评估工作的若干意见》的附件《环境污染损害数额计算推荐方法》，对此类情况推荐采用虚拟治理成本法计算污染修复费用。该案鉴定意见以治理案涉副产酸的市场最低价为标准，认定

---

[1] 《中华人民共和国最高人民法院公报》2016 年第 5 期。

治理六家被告企业每吨副产酸各自所需成本。一审法院根据六家被告企业副产酸的虚拟治理成本、被倾倒数量，再乘以案涉Ⅲ类地表水环境功能敏感程度推荐倍数 4.5 倍至 6 倍的下限 4.5 倍，认定侵权人应承担的污染修复费用。

司法实践中，除本条明确列举的三种情形外，还存在其他排污单位与第三方治理机构构成生态环境共同侵权，进而应当承担连带责任的情形。本条第四项作为兜底条款，为其他可能承担连带责任的情形预留空间。起草过程中，有部门建议在本条中增加一项"排污单位指使第三方治理机构弄虚作假，以逃避监管的方式排放污染物的"。经研究认为，该种情形已经为本条第一项所涵盖，故未单独列为一项。

【审判实践中需要注意的问题】

1. 环境污染第三方治理中，排污单位与第三方治理机构之间为合同关系。二者构成共同侵权时连带责任的适用，一方面需要注意与本解释另两条第三方治理责任条款即第十二条、第十三条的衔接和区分；另一方面则要注意与本解释第二十一条相关机构弄虚作假连带责任的衔接和区分。

2. 本条中，排污单位与第三方治理机构承担连带责任的法律依据为《民法典》第一千一百六十八条的规定。该条规定的是"二人以上共同实施侵权行为，造成他人损害的"情形，即私益侵权。环境公益诉讼中，可以参照适用本条规定。

【法条链接】

《中华人民共和国民法典》（2020 年 5 月 28 日）

第一百六十七条　代理人知道或者应当知道代理事项违法仍然

实施代理行为，或者被代理人知道或者应当知道代理人的代理行为违法未作反对表示的，被代理人和代理人应当承担连带责任。

第一千一百六十八条 二人以上共同实施侵权行为，造成他人损害的，应当承担连带责任。

第一千二百二十九条 因污染环境、破坏生态造成他人损害的，侵权人应当承担侵权责任。

《中华人民共和国环境保护法》（2014年4月24日）

第四十五条 国家依照法律规定实行排污许可管理制度。

实行排污许可管理的企业事业单位和其他生产经营者应当按照排污许可证的要求排放污染物；未取得排污许可证的，不得排放污染物。

《排污许可管理条例》（2021年1月24日）

第三十四条 违反本条例规定，排污单位有下列行为之一的，由生态环境主管部门责令改正或者限制生产、停产整治，处20万元以上100万元以下的罚款；情节严重的，吊销排污许可证，报经有批准权的人民政府批准，责令停业、关闭：

（一）超过许可排放浓度、许可排放量排放污染物；

（二）通过暗管、渗井、渗坑、灌注或者篡改、伪造监测数据，或者不正常运行污染防治设施等逃避监管的方式违法排放污染物。

第四十四条 排污单位有下列行为之一，尚不构成犯罪的，除依照本条例规定予以处罚外，对其直接负责的主管人员和其他直接责任人员，依照《中华人民共和国环境保护法》的规定处以拘留：

（一）未取得排污许可证排放污染物，被责令停止排污，拒不执行；

（二）通过暗管、渗井、渗坑、灌注或者篡改、伪造监测数据，或者不正常运行污染防治设施等逃避监管的方式违法排放污染物。

第四十五条 违反本条例规定，构成违反治安管理行为的，依法给予治安管理处罚；构成犯罪的，依法追究刑事责任。

第十五条 【生态环境侵权中的法人人格否认】 公司污染环境、破坏生态，被侵权人请求股东承担责任，符合公司法第二十条规定情形的，人民法院应予支持。

【条文主旨】

本条是关于公司法人人格否认制度适用于生态环境侵权的规定，依据为《公司法》第二十条。

【条文理解】

一、公司法人人格否认制度概述

（一）公司人格独立原则

公司独立人格和股东有限责任，是现代公司法人制度的核心和基石。该原则切断了公司债务与公司股东之间的直接联系，为股东建立起有限责任屏障，对于鼓励投资，保障公司经营的灵活、高效，推动社会经济发展，发挥了巨大作用。我国《公司法》第三条规定："公司是企业法人，有独立的法人财产，享有法人财产权。公司以其全部财产对公司的债务承担责任。有限责任公司的股东以其认缴的出资额为限对公司承担责任；股份有限公司的股东以其认购的股份为限对公司承担责任。"该条通过明确公司的企业法人地位，确立了公司人格独立原则。

公司是企业法人，这既是公司的法律地位，也是公司的基本特征。确立公司的企业法人地位，就是从法律上保证了公司可以独立地享有财产权及其他权利，独立地从事生产经营活动，与其他经济实体发生权利义务关系，同时也要求它独立承担责任。与自然人不同，自然人的独立人格与其财产没有必然联系，但公司独立的人格必然以可供其独立支配的财产为基础。有限责任公司和股份有限公司都有独立的法人财产，对本公司财产享有独立的法人财产权，即股东出资形成的公司财产和公司经营过程中积累的财产，都属于公司所有，由公司依法占有、使用、收益和处分，包括股东在内的他人不得非法干涉，也就是应由全体股东统一使用、统一经营，股东不得以个人名义独立支配、任意分割。股东转让出资或者卖出股票，从整体上并不会减少公司财产，也不影响公司的持续存在。这一本质特性表明公司是独立的财产主体，享有由股东投资形成的全部法人财产权，可以依法统一支配公司的全部财产。同时，当公司在生产经营过程中对外发生债务责任时，也只能由公司以自己的全部财产对公司债务承担责任，而不能要求股东对债权人承担清偿债务的义务，即公司以其全部财产对公司的债务承担责任。公司独立承担债务，也是公司独立享有法人财产权的必然结果。

股东对公司债务所承担的责任，体现为股东对公司的出资，股东必须以其全部出资，而且也只能以其全部的出资为限，对公司债务承担责任。这是因为，股东出资后，该出资即成为公司的财产，由公司享有法人财产权，股东对该出资即丧失占有、使用、收益和处分的权利。同时，股东对公司的出资，往往只是股东全部财产的一部分，与股东没有投入公司或者没有承诺作为出资的其他财产是严格分开的。因此，有限责任公司的股东以其认缴的出资额为限对公司承担责任；股份有限公司的股东以其认购的股份为限对公司承担责任。

(二) 法人人格否认规则

公司法人人格否认又称"揭开公司面纱""刺破公司面纱"，是指在具体的法律关系中，基于特定事由，否认公司的独立人格，使股东在某些场合对公司债务承担无限责任的法律制度。

揭开公司面纱是英美国家在司法实践中发展起来的判例规则，法院为了实现公平正义的价值追求，在具体案件中漠视或忽视公司的法人人格，责令股东或公司的内部人员对公司的相对人直接承担责任。英美国家的揭开公司面纱理论对大陆法系国家产生了广泛的影响，如德国学者提出的"直索理论"与日本学者提出的"形骸理论"均为对其司法实践中出现的公司人格否认案例的总结和提炼，与揭开公司面纱理论具有同一性。[①]

公司法人制度主要涉及公司、公司股东及公司债权人三方权利义务的配置，如何在公司股东和公司债权人之间合理分配投资利益和风险，是其中的重要内容。传统的公司法以保护股东利益为核心，通过对公司股东责任范围的限制，使其利益得到保护。与此同时，公司法人制度也隐藏着一种"道德风险"，即公司股东将投资风险和经营风险过度转移给公司债权人。当公司股东在法律约束不足时，其"道德风险"迅速膨胀，以致出现出资不足、抽逃资金、欺诈债权人、规避法律义务或者逃避契约义务等滥用公司独立人格的行为。[②] 权利不得滥用是现代民商法的基本原则之一，滥用权利的主体应当依法承担责任，此系公司人格否认制度的价值基础。公司之人

---

① 施天涛：《公司法论》，法律出版社2012年版，第32页。
② 朱慈蕴：《公司法人格否认法理研究》，法律出版社1998年版，第75页。

格，或者说将公司定性为法人，是一种法律政策上的考量，具有虚拟性，旨在方便公司从事各种经营活动，此与自然人基于出生而取得人格有本质不同。正因为公司人格具有虚拟性，所以公司人格也具有可否定性。此系公司人格否认的制度基础。

我国于2005年修订的《公司法》明确规定了公司人格否认制度，弥补了公司立法空白。《公司法》第二十条规定，"公司股东应当遵守法律、行政法规和公司章程，依法行使股东权利……不得滥用公司法人独立地位和股东有限责任损害公司债权人的利益……公司股东滥用公司法人独立地位和股东有限责任，逃避债务，严重损害公司债权人利益的，应当对公司债务承担连带责任"。根据上述规定，我国《公司法》上的公司法人人格否认制度主要包括以下内容：

股东在依据法律、行政法规和公司章程行使股东权利时，不得利用其公司法人独立地位和股东有限责任损害社会公共利益、公司债权人利益或者其他利害关系人的利益。这一规定可以从两方面来理解。第一，公司股东如果遵守法律、行政法规和公司章程来行使股东权利，就不会损害社会公共利益、公司债权人利益或者其他利害关系人的利益。第二，股东的公司法人独立地位和股东有限责任制度如果被不合法利用，将很容易损害社会公共利益、公司债权人利益或者其他利害关系人的利益。在以公司为代表的企业法人的有限责任下，即使公司的资产不足以清偿全部债务，债权人也不得请求公司的股东承担超过其出资义务的责任，公司也不得将其债务转嫁到股东身上。有限责任制度注重对股东的保护，也为股东滥用公司的法律人格提供了机会。因此，股东行使权利，必须严格遵守法律、行政法规和公司章程的规定，不得利用其有限责任损害社会公共利益、公司债权人利益或者其他利害关系人的利益。

在法人制度和股东有限责任制度下，股东对公司债务并不承担连带责任。但是，如果公司股东滥用公司法人独立地位和股东有限责任，逃避债务，严重损害公司债权人利益的，为了保护债权人的利益，维护市场交易安全，《公司法》对违法股东的有限责任权利予以剥夺。根据《公司法》第二十条第三款的规定，股东滥用公司法人独立地位和股东有限责任的，应当对公司债务承担连带责任。利益受到损害的债权人，既有权向公司要求清偿，又可以向违法的股东要求以其自身财产予以清偿。违法股东应承担连带责任的公司债务，是与违法行为对应的那部分债务，而并非公司的全部债务。

（三）两者的关系

公司实践中，股东利用公司独立地位侵占公司财产，逃避债务，损害债权人利益的情况时有发生。《公司法》在放宽公司设立和相关管制的同时，有必要引进公司法人格否认制度，防止股东滥用公司法人人格、有限责任获取非法利益，以保护债权人、维护正常的交易秩序。准确适用这一制度，需要准确把握法人人格否认和公司独立人格的关系：第一，公司法人人格否认是以公司人格独立为前提。从逻辑上讲，如果公司的独立人格根本就未合法地存在，也就无所谓股东滥用公司人格的行为，更谈不上否定法人的独立人格。这是法人人格否认制度与法人被撤销或被宣告设立无效的根本差别。公司法人人格否认制度是建立在公司人格独立原则基础上的，其并非对股东人格和公司人格分离原则的否定，相反，是以"相反相成"的方式维护公司独立人格。公司独立否认制度与公司人格人格制度是从正反两个方面确保公司法人人格的独立性。第二，公司法人人格否认是对公司独立人格的个案否认，而非法人否认。公司人格的否认并非对法人合法、有效存在的彻底否定，它只是对特定的法律关系中借助法人合法有效的外壳从事规避法律义务行为的股东的有限责任的否认,是典型的个案否认。它并不及于公司与其他当事人之间形成的法律关系的评价。所以,债权人由此获得的是追究股东责任的权利,而不是申请法人成立无效的权利。第三,公司法人人格否认是对已丧失独立人格特征之法人状态的揭示与确认。公司法人人格否认制度是对股东权利的限制,同时也是对公司债权人利益的保护。该制度是对公司有限责任制度缺陷的弥补和修正,它的出发点是债权人利益,旨在对公司股东与公司债权人的利益进行重新平衡。公司法人人格否认是公司无法实现债权人诉求时特殊处理,通过剥离徒有人格之名而无人格之实的公司人格,显示原本隐藏于公司背后的股东,使其承担的责任由有限向无限复归。也就是说,在实践中即使有股东滥用公司人格的事实,但是在公司还能偿债的情况下,是不能以公司法人人格否认为依据,起诉它后面的股东从而追究其责任的。

二、法人人格否认规则适用于生态环境侵权债权

（一）法理基础

公司股东有限责任的制度设计,更关注对投资人利益的保护,虽然有利于激励投资、发展经济,但也容易引发对公司债权人的"负外部性"道德风险。"外部性"是一个经济学术语,又称为溢出效应、外部影响,是指社会成员从事经济活动时其成本与后果不完全由该行为人承担。而"负外部性"是指某个经济行为个体的活动使他人或者社会受损,而造成负外部性的人却没有为此承担代价。本文所称的"负外部性",是指在股东有限责任制度下,股东滥用公司独立人格和股东有限责任而损害公司债权人合法权益的情况。

长期以来,关于股东有限责任对公司债权人"负外部性"影响

的研究，主要集中在合同之债中。从案件占比看，司法实践中适用公司法人人格否认制度的案件大部分为自愿交易案件。但是从法理上分析，公司人格否认制度同样适用于，甚至更应当适用于非自愿交易案件，如侵权之债。其基本逻辑是：对于自愿性债权人而言，其在与公司进行交易时具有意思自治能力和独立地位，对交易风险可以预期并将其作为是否交易的重要考量因素、交易是双方合意，如果公司债权人认为适用有限责任会增加自己的风险，可以附加其他条件予以平衡。美国法经济学家波斯纳即认为，有限责任虽然容易对债权人产生道德风险，但是自愿性债权人有足够的机会通过协商和合同来消除这些"外部性"，如通过协商在合同中索取利益以平衡风险，或者索要高薪、更高的利息以及更高的价格，在合同中要求公司保持一定的负债比例等，公司为了避免额外成本的发生，也愿意与自愿性债权人达成协议以便不进行过高风险的活动。因此可以说有限责任对自愿性债权人不存在"外部性"影响。[1]

而在非自愿交易情形下，债权人对损害的发生，并不存在自愿或者合意的因素，也不存在风险和损害的可预期性与可平衡性，债权人承担的风险相对更大，更应当得到有效救济，公司法人人格否认制度更有适用空间。例如，在环境侵权案件中，受害人因公司的排污行为而遭受财产或者人身损害，其在侵权过程中处于被动的状态，不能像合同相对人那样基于对公司状况的了解而决定是否与公司进行交易，也无法事先预防或者协商平衡风险，这一点在肆意污染环境以使公司股东获得不当利益的情况中比较明显，且此时的受害者往往人数众多，相对于公司的强大力量而言属于社会弱势群体，

---

[1] 郑英龙：《合伙企业有限责任否认与非自愿性债权人保护》，载《现代法学》2009年第2期。

对这类非自愿债权人更应加强保护。① 如果这类非自愿债权人因为公司有限责任的制度限制而无法得到充分赔偿，损害无法被填平，不但有违公平，还会让受害者乃至社会产生不安全感。② 有学者认为，鉴于侵权行为中的受害人往往是社会弱势群体（如劳动者、行人、消费者），为充分体现以人为本的思想，法官在应债权人之所请、揭开公司面纱之时，应当对非自愿的债权人（侵权行为的受害者）稍微宽容一些，而对自愿的债权人稍微吝啬一些。③

基于以上分析，相较于合同相对人基于意思自治决定是否与公司发生交易，在确定生态环境侵权责任时适用法人人格否认制度，既符合《公司法》第二十条的规定，也有利于对被侵权人合法权益和生态环境的保护。

（二）司法实践基础

在司法实践中，已经出现了一些在生态环境侵权案件中适用公司法人人格否认制度的典型案例。在昆明某纸业有限公司、黄某海等4人污染环境刑事附带民事公益诉讼案④中，被告单位昆明某纸业有限公司（以下简称纸业公司）主要经营范围为包装纸的生产，废旧纸张的回收、加工、销售。被告人黄某海系该公司法定代表人、执行董事兼总经理，被告人李某城系该公司后勤厂长，附带民事公益诉讼被告黄某龙（黄某海之子）、黄某芬（黄某龙之妻）均系该公司股东。纸业公司在2005年建厂初期，即在金沙江螳螂川河道一

---

① 张新宝、庄超：《扩张与强化：环境侵权责任的综合适用》，载《中国社会科学》2014年第3期。
② 郑英龙：《合伙企业有限责任否认与非自愿性债权人保护》，载《现代法学》2009年第2期。
③ 刘俊海：《现代公司法》（第二版），法律出版社2011年版，第545页。
④ 参见《2022年度人民法院环境资源审判典型案例》，载最高人民法院网站，https://www.court.gov.cn/zixun/xiangqing/402442.html，2023年9月8日访问。

侧埋设暗管接至生产车间的排污管道，并安有遥控装置。在无排污许可的情况下，黄某海指使李某城经暗管排放含有有害物质的生产废水。2020年5月26日，云南省昆明市行政执法机关检查发现纸业公司的暗管和偷排行为，作出责令立即停止环境违法行为（拆除、封堵暗管）、罚款100万元的行政处罚，后给予李某城行政拘留五日的行政处罚（履行完毕）。经鉴定，纸业公司在2017年4月至2020年5月26日未对生产废水进行有效处理，全部偷排至螳螂川河道，偷排废水期间螳螂川河道内水质指标超基线水平13.0倍至239.1倍，对螳螂川地表水环境造成污染，该期间共计减少废水污染治理设施运行支出3009662元，对应造成的环境污染损害数额共计10815021元；纸业公司偷排生产废水导致螳螂川底泥中硫化物、硫酸根、砷、汞、镉、铅、镍物质成分含量增加，对螳螂川底泥物质成分含量变化造成的影响持续存在。

纸业公司案发后全面停产，对公账户可用余额为18261.05元。经鉴定，纸业公司存在公司账簿与股东账簿不分，公司财产与股东财产、股东自身收益与公司盈利难以区分等情形。

云南省昆明市西山区人民检察院提起附带民事公益诉讼，请求判令纸业公司承担生态环境损害赔偿及鉴定检测费用，黄某海、黄某龙、黄某芬对上述费用承担连带赔偿责任。

云南省昆明市西山区人民法院认为，被告单位纸业公司违反国家规定，未对生产废水进行有效处理并通过暗管直接排放，严重污染环境，构成污染环境罪。被告人黄某海、李某城作为纸业公司直接负责的主管人员和直接责任人员，亦构成污染环境罪。纸业公司排放生产废水造成的环境污染损害数额共计10815021元，后果特别严重。本案犯罪事实包含行政执法机关对纸业公司行政处罚认定的违法事实，就该部分违法事实所处罚款100万元与本案所判罚金相抵。李某城被判处刑罚的犯罪行为与之前受行政拘留处分的行为系同一行为，行政拘留五日已履行完毕，依法折抵相应刑期。环境污染所造成的损害具有开放性、无限性、历时呈现性与不确定性，事后对环境污染数额的量化远远低于其实际造成损害的严重程度，基于鉴定结论认定赔偿范围和数额合法合理。黄某海、黄某龙、黄某芬作为纸业公司股东，滥用公司法人独立地位和股东有限责任，以致纸业公司责任财产流失，债务清偿能力受到极大影响，严重损害环境侵权债权人的合法利益，符合股东承担连带责任的法律规定。依法判处纸业公司罚金200万元（实际还应缴纳100万元）；黄某海、李某城均有期徒刑三年六个月，并处罚金50万元；纸业公司承担生态环境损害赔偿10815021元、支付鉴定检测费用129500元；黄某海、黄某龙、黄某芬对上述生态环境损害赔偿和鉴定检测费用承担连带赔偿责任。该判决已生效。

该案中，被告单位在长江支流长期偷排生产废水，公司股东滥用公司独立人格和股东有限责任，转移公司财产，案发后账面金额仅剩1.8万元，导致公司无力承担赔偿责任，已无法承担环境侵权责任和修复义务。人民法院坚持生态优先，贯彻落实全面追责原则和最严法治观，在环境侵权领域适用公司人格否认制度，判令滥用公司独立人格和股东有限责任的股东，对被告单位的环境侵权债务承担连带责任。在严格追究环境侵权责任的同时，最大限度救济了受损流域环境公共利益。

三、公司人格否认的主要适用情形

与其他类型案件相比，生态环境侵权案件适用公司法人人格否认规则并无明显不同。适用情形主要包括。

（一）人格混同

认定公司人格与股东人格是否存在混同，最根本的判断标准是公司是否具有独立意思和独立财产，最主要的表现是公司的财产与股东的财产是否混同且无法区分。在认定是否构成人格混同时，应当综合考虑以下因素。

（1）股东无偿使用公司资金或者财产，不作财务记载的；

（2）股东用公司的资金偿还股东的债务，或者将公司的资金供关联公司无偿使用，不作财务记载的；

（3）公司账簿与股东账簿不分，致使公司财产与股东财产无法区分的；

（4）股东自身收益与公司盈利不加区分，致使双方利益不清的；

（5）公司的财产记载于股东名下，由股东占有、使用的；

（6）人格混同的其他情形。

在出现人格混同的情况下，往往同时出现以下混同：公司业务和股东业务混同；公司员工与股东员工混同，特别是财务人员混同；公司住所与股东住所混同。人民法院在审理案件时，关键要审查是否构成人格混同，而不要求同时具备其他方面的混同，其他方面的混同往往只是人格混同的补强。

（二）过度支配与控制

公司控制股东对公司过度支配与控制，操纵公司的决策过程，使公司完全丧失独立性，沦为控制股东的工具或躯壳，严重损害公司债权人利益，应当否认公司人格，由滥用控制权的股东对公司债务承担连带责任。实践中常见的情形包括：

（1）母子公司之间或者子公司之间进行利益输送的；

（2）母子公司或者子公司之间进行交易，收益归一方，损失却由另一方承担的；

（3）先从原公司抽走资金，然后再成立经营目的相同或者类似的公司，逃避原公司债务的；

（4）先解散公司，再以原公司场所、设备、人员及相同或者相似的经营目的另设公司，逃避原公司债务的；

（5）过度支配与控制的其他情形。

控制股东或实际控制人控制多个子公司或者关联公司，滥用控制权使多个子公司或者关联公司财产边界不清、财务混同，利益相互输送，丧失人格独立性，沦为控制股东逃避债务、非法经营，甚至违法犯罪工具的，可以综合案件事实，否认子公司或者关联公司法人人格，判令承担连带责任。

（三）资本显著不足

资本显著不足指的是，公司设立后在经营过程中，股东实际投入公司的资本数额与公司经营所隐含的风险相比明显不匹配。股东利用较少资本从事力所不及的经营，表明其没有从事公司经营的诚意，实质是恶意利用公司独立人格和股东有限责任把投资风险转嫁给债权人。由于资本显著不足的判断标准有很大的模糊性，特别是要与公司采取"以小博大"的正常经营方式相区分，因此在适用时要十分谨慎，应当与其他因素结合起来综合判断。

【审判实践中需要注意的问题】

公司人格独立和股东有限责任是公司法的基本原则。否认公司独立人格，由滥用公司法人独立地位和股东有限责任的股东对公司债务承担连带责任，是股东有限责任的例外情形，旨在矫正有限责任制度在特定法律事实发生时对债权人保护的失衡现象。在审判实践中，要准确把握《公司法》第二十条第三款规定的精神。一是只有在股东实施了滥用公司法人独立地位及股东有限责任的行为，且该行为严重损害了公司债权人利益的情况下，才能适用。损害债权人利益，主要是指股东滥用权利使公司财产不足以清偿公司债权人的债权。二是只有实施了滥用法人独立地位和股东有限责任行为的股东才对公司债务承担连带清偿责任，而其他股东不应承担此责任。三是公司人格否认不是全面、彻底、永久地否定公司的法人资格，而只是在具体案件中依据特定的法律事实、法律关系，突破股东对公司债务不承担责任的一般规则，例外地判令其承担连带责任。人民法院在个案中否认公司人格的判决的既判力仅约束该诉讼的各方当事人，不当然适用于涉及该公司的其他诉讼，不影响公司独立法人资格的存续。如果其他债权人提起公司人格否认诉讼，已生效判决认定的事实可以作为证据使用。四是《公司法》第二十条第三款规定的滥用行为，实践中常见的情形有人格混同、过度支配与控制、资本显著不足等。在审理案件时，需要根据查明的案件事实进行综合判断，既审慎适用又当用则用。

【法条链接】

《中华人民共和国公司法》（2018年10月26日）

第二十条 公司股东应当遵守法律、行政法规和公司章程，依法行使股东权利，不得滥用股东权利损害公司或者其他股东的利益；不得滥用公司法人独立地位和股东有限责任损害公司债权人的利益。

公司股东滥用股东权利给公司或者其他股东造成损失的，应当依法承担赔偿责任。

公司股东滥用公司法人独立地位和股东有限责任，逃避债务，严重损害公司债权人利益的,应当对公司债务承担连带责任。

《中华人民共和国民法典》(2020年5月28日)

第八十三条　营利法人的出资人不得滥用出资人权利损害法人或者其他出资人的利益;滥用出资人权利造成法人或者其他出资人损失的,应当依法承担民事责任。

营利法人的出资人不得滥用法人独立地位和出资人有限责任损害法人债权人的利益;滥用法人独立地位和出资人有限责任,逃避债务,严重损害法人债权人的利益的,应当对法人债务承担连带责任。

> 第十六条　【违反安全保障义务致人损害的补充责任】侵权人污染环境、破坏生态造成他人损害,被侵权人请求未尽到安全保障义务的经营场所、公共场所的经营者、管理者或者群众性活动的组织者承担相应补充责任的,人民法院应予支持。

【条文主旨】

本条是关于经营者、管理者、组织者未尽到安全保障义务致人损害的补充责任的规定。

【条文理解】

《环境保护法》第六条第一款规定,一切单位和个人都有保护环境的义务。经营场所、公共场所的经营者、管理者或者群众性活动的组织者在组织相关活动时,应当注意保护环境,防止活动中发生污染环境、破坏生态造成他人损害。对于未尽安全保障义务造成损害，且无法查明侵害人的，应当按照《民法典》第一千一百九十八条的规定，由义务人承担与过错相应的补充责任。

一、违反安全保障义务侵权责任

21世纪初，就社会上出现的公众在住宿、餐饮、娱乐等经营场所或其他社会活动场所遭受损害的案件处理，司法实务中存在观点分歧，尤其是公众在上述场所内遭受第三人加害，事后无法确定直接侵害人，或虽已确定，但直接加害人无力承担赔偿责任的情形下，如何确定责任承担者以及如何落实损害赔偿责任等问题引起较大争议。为统一裁判尺度，最高人民法院在2003年《人身损害赔偿司法解释》中首次规定了经营者的安全保障义务。该解释第六条规定："从事住宿、餐饮、娱乐等经营活动或者其他社会活动的自然人、法人、其他组织，未尽合理限度范围内的安全保障义务致使他人遭受人身损害，赔偿权利人请求其承担相应赔偿责任的，人民法院应予支持。因第三人侵权导致损害结果发生的，由实施侵权行为的第三人承担赔偿责任。安全保障义务人有过错的，应当在其能够防止或者制止损害的范围内承担相应的补充赔偿责任。安全保障义务人承担责任后，可以向第三人追偿。赔偿权利人起诉安全保障义务人的，应当将第三人作为共同被告，但第三人不能确定的除外。"《侵权责任法》吸收上述司法解释的规定，在第三十七条规定了违反安全保障义务的侵权责任："宾馆、商场、银行、车站、娱乐场所等公共场所的管理人或者群众性活动的组织者，未尽到安全保障义务，造成他人损害的，应当承担侵权责任。因第三人的行为造成他人损害的，由第三人承担侵权责任；管理人或者组织者未尽到安全保障义务的，承担相应的补充责任。"《民法典》侵权责任编在两个方面拓展了安全保障义务的适用空间,一是将对安全保障义务主体的表述由原来的"公共场所的管理人"调整为"经营场所、公共场所的经营者、管理者",在列举式中增加机场、体育场馆这两类典型的公共场所。二是增加规定了安全保障义务人在承担相应的补充责任后,有权向实施了直接侵权行为的第三人追偿。

近年来,随着环境资源审判工作的发展,司法实践中,出现了经营者、管理者、组织者安全保障义务致人损害的案例。本司法解释起草过程中,及时总结吸收了司法实践经验,对经营者、管理者、组织者安全保障义务致人损害的补充责任加以规定。

二、生态环境侵权中的违反安全保障义务致人损害责任

(一)安全保障义务人的范围

第一,经营场所、公共场所的经营者、管理者。所谓经营场所包括宾馆、商场、银行、车站、机场、体育场馆、娱乐场所等。公共场所包括以公众为对象进行商业性经营的场所,也包括对公众提供服务的场所。除本条列举的这些场所外,地铁等公共交通工具,码头、公园、餐厅等也都属于公共场所。

第二,群众性活动的组织者。群众性活动,是指法人或者其他组织面向社会公众举办的参加人数较多的活动。例如,体育比赛活动,演唱会、音乐会等文艺演出活动,展览、展销等活动,游园、灯会、庙会、花会、焰火晚会等活动,人才招聘会、现场开奖的彩票销售等活动。

(二)保护对象的范围

安全保障义务所保护的对象与安全保障义务人之间应存在某种

关系，但在《民法典》编纂过程中，对于这种关系是否需要在立法中作出明确规定，有不同意见。有的建议规定为"顾客或参与活动者"或者"进入公共场所或者参与活动的人"，有的建议规定为"合法进入公共场所或者参加活动的人"，有的建议不作明确规定。考虑到司法实践中的情况较为复杂，仅进入商场上洗手间、问路或者躲雨的人能不能界定为顾客，上错了公交车又准备下车的人是否属于保护对象，特别是对于非法进入者如到宾馆里打算偷窃的人是否给予保护等，争议很大，在法律中明确哪些人属于保护对象较为困难。因此，《民法典》将安全保障义务的保护对象规定为"他人"，没有明确具体的范围。本解释起草时，对于保护对象沿用了《民法典》中"他人"的表述，实践中哪些人属于保护对象应根据具体情况判断。

（三）安全保障义务的内容和判断标准

民法上安全保障义务的目的在于保护他人的人身和财产安全，安全保障义务的主要形式是作为，即要求义务人必须采取一定的行为来维护他人的人身或者财产免受侵害。这种义务的具体内容既可能基于法律明确规定，也可能基于合同约定，还可能基于诚信原则而产生。《环境保护法》第六条规定，一切单位和个人都有保护环境的义务。经营场所、公共场所的经营者、管理者或者群众性活动的组织者在组织相关活动时，应当履行保护环境的法定义务，防止活动中发生污染环境、破坏生态造成他人损害。对于未尽安全保障义务造成损害，且无法查明直接侵害人的，应当依法由义务人承担与过错相应的补充责任。

（四）未尽到安全保障义务的侵权责任

根据《民法典》第一千一百九十八条的规定，因安全保障义务的内容不同，可以将安全保障义务分为以下两类：一是防止他人遭受义务人侵害的安全保障义务。这是指安全保障义务人负有不因自己的行为而直接使他人的人身或者财产受到侵害的义务。例如，宾馆负有不因自己提供的服务或者设施存在环境污染而使前来住宿的客人受伤害的安全保障义务。二是防止他人遭受第三人侵害的安全保障义务。这是指安全保障义务人负有不因自己的不作为而使他人的人身或者财产遭受自己之外的第三人侵害的义务。例如，足球场经营者对观众负有使其人身安全免受第三人污染源侵害的义务。两类安全保障义务之间的区别主要是造成损害后果的直接侵害人不同，未尽到前一类义务造成他人损害的，其直接加害人就是安全保障义务人，没有第三人的介入；未尽到后一类义务并不必然导致他人的损害，只有当这种未尽到义务的行为与第三人的侵权行为相互结合时才导致他人的损害。因此，理论上，根据未尽到义务种类的不同，生态环境侵权中安全保障义务人的侵权责任也应当有两种形态：

一是安全保障义务人未尽到防止他人遭受义务人侵害的安全保障义务的，应当直接承担生态环境侵权责任。这属于本解释第一条规定的情形。如果损害结果的发生没有第三人的介入，安全保障义务人就应当自己承担全部侵权责任。例如，顾客到宾馆住宿，由于前台大厅中甲醛等有害气体严重超标导致顾客患病的，宾馆就应当承担侵权责任。

二是安全保障义务人未尽到防止他人遭受第三人侵害的安全保障义务的，应当承担相应的补充责任。这是本条规定的情形。在实践中，存在不少第三人的侵权行为和安全保障义务人未尽到安全保障义务两个因素结合在一起而造成他人损害的情形。在这种情形下，根据《民法典》第一千一百九十八条第二款规定，第三人的行为是造成损害的直接原因，应当首先由第三人承担侵权责任；经营者、管理者或者组织者未尽到安全保障义务的，承担相应的补充责任；经营者、管理者或者组织者承担补充责任后，可以向第三人追偿。但是，在生态环境侵权中，由于生态环境污染损害一般具有长期性、潜伏性、持续性、广泛性等特点，污染源和真正的侵权人往往难以确定或者无法查明，或者即使已查明真正侵权人但其无能力赔付损失时，为保护环境污染和生态破坏中被侵权人的合法权益，本条规定，对于未尽安全保障义务造成损害，应当由义务人承担与过错相应的补充责任。

三、未尽安全保障义务致人损害的案例

我国司法实践中，已经有未尽安全保障义务致人损害的案例，如某甲诉某乙公司健康权纠纷案。[1] 该案基本事实是：某甲系个体经营户，从事服装批发生意，长期从某乙公司经营管理的露天服装批发市场采购商品，每天因议价、打包等采购各类商品而在服装批发市场长时间停留。2015 年 1 月某甲在服装批发市场采购商品时突然晕倒，经现场人员救治后苏醒，自感浑身无力、头晕，遂回家休息并就医。经医院检查，某甲系浅表性胃炎、心血管增厚、心肌缺血、支气管炎、肺部阴影、头部脚部水肿，治疗几天后不见好转。同年 4 月、5 月在当地多家医院检查治疗。2015 年 7 月 18 日，某甲至医院检查，结果为：（1）在送检的血清中：汞 0.2 纳克/毫升、砷 32.1 纳克/毫升、铬 47.6 纳克/毫升、镉 0.3 纳克/毫升、铅 13 纳克/毫

---

[1] 参见辽宁省高级人民法院（2018）辽民申 1306 号民事裁定书。

升；(2) 在送检的血液和尿液中检测到苯甲酸（浓度分别为 0.2 和 0.9 微克/毫升）。同年 7 月 20 日在医院住院治疗，诊断为胆管结石伴急性胆囊炎、胆囊结石、胰腺炎，2015 年 8 月 12 日住院治疗期间，诊断为胆管结石。2016 年至 2017 年间，某甲多次经北京等地医院诊断为冠心病、糖尿病等，并多次住院治疗。2018 年 1 月，某甲提起本案诉讼，请求某乙公司赔偿医疗费等损失共计 50 万余元。

经人民法院委托，北京某鉴定中心对某甲的病情进行鉴定，并于 2018 年 9 月作出司法鉴定意见书，结论为：(1) 结合现场情况调查，若当时确实存在上述有害物质，则某甲全身发痒、双眼发红、咳嗽及消化道不适等症状与上述有害物质刺激存在因果关系。(2) 某甲的冠心病为自身动脉粥样硬化所致，与上述有害物质无因果关系；根据目前材料，不能确定其慢性荨麻疹与上述有害物质刺激存在因果关系，但若案情调查其晕倒时上述有害物质存在，则上述有害物质刺激可对其自身抵抗力产生不利影响，并在此基础上使其慢性荨麻疹的症状显现或加重。(3) 某甲金属中毒为工作环境污染所致依据不充分，其血液及尿液中苯甲酸为工作环境污染所致依据不充分。(4) 依据目前材料，不能明确某甲 2015 年 8 月 12 日以后治疗的病情与上述有害物质之间的因果关系。另经鉴定，某甲住所及其经营的服装店环境质量标准合格，未检出与其病情相关的致病物质。

审理法院认为，结合北京某鉴定中心的鉴定意见等在案证据，可以认定某甲全身发痒、双眼发红、咳嗽及消化道不适等症状是其在案涉服装市场采购期间接触污染物所致。依据《侵权责任法》第三十七条"宾馆、商场、银行、车站、娱乐场所等公共场所的管理人或者群众性活动的组织者，未尽到安全保障义务，造成他人损害的，应当承担侵权责任。因第三人的行为造成他人损害的，由第三人承担侵权责任；管理人或者组织者未尽到安全保障义务的，承担相应的补充责任"的规定，某乙公司作为案涉服装批发市场的经营管理者，未尽到安全保障义务，对某甲受到的伤害负有赔偿义务。案涉鉴定意见不能证明某甲 2015 年 8 月 12 日以后治疗的病情是因接触某乙公司经营管理的服装批发市场污染物引起，结合某甲住院病历，不能认定某甲在 2015 年 8 月 12 日出院后的治疗与其在某乙公司经营管理的服装批发市场停留期间接触污染物存在因果关系，对于某甲 2015 年 8 月 12 日以后治疗的相关费用的请求，不予支持。遂判决某乙公司赔偿某甲 2015 年 8 月 12 日以前的治疗费、交通费、食宿费、误工费以及本案鉴定费等损失共计 10 万余元。

  本案处理较全面地展现了安全保障义务人侵权的特征：首先，本案侵权行为发生在案涉服装批发市场，根据案情介绍，某乙公司经营管理的该批发市场系露天而并非完全密闭的空间，本解释第二条第二项规定，在室内、车内等封闭空间内造成损害的，不作为生态环境侵权案件处理。本案认定为违反安全保障义务的生态环境侵权责任，符合该条款的规定。

  其次，某甲系个体经营户，其与某乙公司不存在劳动关系，某甲在案涉服装批发市场采购衣物等商品，某甲是服装批发市场的顾客。本解释第二条第四项规定，劳动者在职业活动中受到损害的，不作为生态环境侵权案件处理。本案认定为违反安全保障义务的生态环境侵权责任，符合该条款的规定。

  再次，某乙公司违反了安全保障义务。某乙公司作为案涉服装批发市场的管理者，应当尽到保护服装批发市场环境的安全，保证服装批发市场内的消费者、商铺经营者及其工作人员等在安全健康的环境中工作购物。经鉴定，案涉服装批发市场的环境存在甲醛、苯及苯系物，挥发性有机化合物，此外还可能存在乙酸、氨、苯乙烯、醋酸乙烯及丙烯酸酯。甲醛等物质对人体的有害性已经为经验法则认可。因此，可以认定某乙公司没有尽到安全保障义务，主观上具有过错，应当依法承担侵权责任。

最后，安全保障义务人的责任为补充责任。本案中，某乙公司虽然提出抗辩主张其并非污染者，但未能提供有效证据证明，因此造成案涉服装批发市场环境空气污染问题的真正污染者无法查明。在此情况下，人民法院判令某乙公司作为安全保障义务人承担相应的补充责任，此乃在真正侵权人无法查明时法律对被侵权人的保护机制。

【审判实践中需要注意的问题】

一、安全保障义务人适用过错责任原则

根据本解释第四条的规定，生态环境侵权适用无过错责任原则，但这种无过错责任的适用仅限于直接实施加害行为的"污染环境者"和"生态破坏者"。对于行为人之外的其他责任主体，包括为行为人提供场地、运输等便利条件的主体，造成损害的第三人等，仍应适用过错责任原则。本条规定的安全保障义务人侵权也实行过错责任原则。安全保障义务人是否有过错的判断标准是其是否已经尽到了安全保障义务，如果义务人没有尽到安全保障义务，即可认定其有过错，给他人造成损害的，应当按照本条规定承担补充责任。反之，如果义务人已经尽到了安全保障义务，则其对他人损害没有主观过错，亦不应当承担侵权责任。

二、安全保障义务人的追偿权

本条仅规定未尽安全保障义务的义务人应当承担相应的补充责

任，没有明确规定安全保障义务人对真正侵权人是否有追偿权。《民法典》第一千一百九十八条第二款规定，第三人的行为是造成损害的直接原因，应当首先由第三人承担侵权责任，安全保障义务人未尽到安全保障义务也是造成损害的因素，应当承担相应的补充责任。理解这一规定，应当注意以下两点：第一，第三人的侵权责任和安全保障义务人的补充责任有先后顺序。首先由第三人承担侵权责任，在无法找到第三人或者第三人没有能力全部承担赔偿责任时，才由安全保障义务人承担补充责任。如果第三人已经全部承担侵权责任，则安全保障义务人不再承担责任。第二，明确了追偿权规则。《民法典》编纂过程中，不少专家建议增加追偿权的规定。《民法典》侵权责任编最终采纳该建议，增加追偿权的规定：一是符合不真正连带责任的法理；二是有利于避免司法中的争议，为实践中出现的具体案例提供法律依据。[1] 本解释将安全保障义务致人损害纳入生态环境侵权责任范围，主要目的是在《民法典》规定的基础上，特别明确此类侵权纠纷的裁判规则，进而依法强化对生态环境侵权中被侵权人的救济和保护，当真正侵权人可以确定的情况下，被侵权人当然可以直接向真正侵权人主张权利，安全保障义务人承担相应补充责任后，也可以依法向真正侵权人行使追偿权。

三、被侵权人行使诉权的方式问题

根据本条规定，在第三人直接实施了生态环境侵权行为的场合，如赔偿权利人仅起诉安全保障义务人，人民法院应当予以受理。不能因为被侵权人仅起诉安全保障义务人、未起诉真正侵权人而不予受理或裁定驳回起诉。但是，在此情形下，除非真正侵权人无法查

---

[1] 黄薇主编：《中华人民共和国民法典侵权责任编释义》，法律出版社2020年版，第104~109页。

明或不能确定，应当将实施侵权行为的真正侵权人追加为共同被告。如赔偿权利人仅起诉真正侵权人，人民法院可以根据案件具体情况，依照《民事诉讼法》的有关规定，决定是否追加安全保障义务主体作为第三人参加诉讼。

四、关于适用本条时举证责任的分配

在一般的安全保障义务人致人损害案件中，第三人加害而安全保障义务人未尽安全义务的，受害人对经营者、管理者或者组织者的安全保障义务人身份，义务人未尽安全保障义务，损害结果及安全保障义务人不作为与损害间的因果关系承担举证责任。经营者、管理者或者组织者向第三人追偿时，就第三人加害行为、过错、损害及因果关系承担举证责任。[1] 但是，在生态环境侵权中，举证责任分配有所不同。《生态环境侵权证据规定》第二条规定："环境污染责任纠纷案件、生态破坏责任纠纷案件的原告应当就以下事实承担举证责任：（一）被告实施了污染环境或者破坏生态的行为；（二）原告人身、财产受到损害或者有遭受损害的危险。"第五条第一款规定："原告起诉请求被告承担环境污染、生态破坏责任的，应当提供被告行为与损害之间具有关联性的证据。"第六条规定："被告应当就其行为与损害之间不存在因果关系承担举证责任。被告主张不承担责任或者减轻责任的，应当就法律规定的不承担责任或者减轻责任的情形承担举证责任。"据此，安全保障义务人生态环境侵权案件中，原告需要就被告实施了污染环境或者破坏生态的行为，原告人身、财产受到损害或者有遭受损害的危险，以及被告行为与损害之间存在关联性承担举证责任。被告则需要就其行为与损害之

---

[1] 邹海林、朱广新：《民法典评注：侵权责任编》，中国法制出版社2020年版，第358页。

间不存在因果关系以及减免责事由承担举证责任。

【法条链接】

《中华人民共和国民法典》（2020年5月28日）

第一千一百九十八条　宾馆、商场、银行、车站、机场、体育场馆、娱乐场所等经营场所、公共场所的经营者、管理者或者群众性活动的组织者，未尽到安全保障义务，造成他人损害的，应当承担侵权责任。

因第三人的行为造成他人损害的，由第三人承担侵权责任；经营者、管理者或者组织者未尽到安全保障义务的，承担相应的补充责任。经营者、管理者或者组织者承担补充责任后，可以向第三人追偿。

第十七条　【违反生态环境风险管控和修复义务责任】依照法律规定应当履行生态环境风险管控和修复义务的民事主体，未履行法定义务造成他人损害，被侵权人请求其承担相应责任的，人民法院应予支持。

【条文主旨】

本条是关于违反生态环境风险管控和修复义务责任的规定。

【条文理解】

本条规定的违反生态环境风险管控和修复义务的责任，是土壤污染独特的责任形式。而本条的规定也来源于《土壤污染防治法》的相关规定。鉴于土壤污染的特殊性，在条文的理解中，一并就土壤污染责任制度做简要介绍。

一、土壤污染责任的比较法规定

（一）美国土壤污染防治立法

按照美国《超级基金法》的规定，对于"被废弃、闲置或不使用的工业场地，由于环境污染物的存在或有存在的可能性，开发或开发困难土地"的棕色地块，应当由"潜在责任主体"承担相应责任。该法第一百零七条规定的"潜在责任主体"包括：船舶或设施的当前所有人和经营人；危险物质处置时设施的所有人和经营人；危险物质处置安排人或危险物质产生人，指通过合同或其他方式，安排本人或其他拥有或占有的有害物质在塔防拥有或经营的设施或焚烧船进行处置、处理的人，或为此类危险物质处置、处理安排运输的人；为处置危险物质而运输的运输人，指接受或曾接受过危险物质将其运输至本人选择的用于进行危险物质处置、处理的设施、焚烧船或场所的人。根据上述的规定和相关案例，责任主体的范围相当广泛，包括污染场所的现在所有者；该场所当初被污染时的所有者；未来污染场所的购买者、相邻场所的所有者；有关废物处理设施原有的所有者或营运人；产生废物的工业活动操作者；废物运输者和商人；参与有害废物处置或有关管理决策公司官员，甚至包括实际占有被污染场所的抵押权人。

在归责原则上，《超级基金法》所确定的环境法律责任属于严格责任、连带责任和回溯责任。承担责任的方式包括实际修复和承担修复发生的费用。费用包括以下三类：（1）联邦政府、州或印第安部落采取的不违反《国家应急计划》的清除、修复行为所产生的所有费用；（2）他人符合《国家应急计划》的行为所引起的任何其他必要反应费用，因自然资源伤害、破坏或灭失而产生的损害赔偿金，包括合理的评估费用；（3）根据该法进行的健康评估费用或健康影响研究费用以及以上各部分费用的利息。其中，对于反应费用，政府或者私人主体在实施反应行动后可以向潜在责任人追偿；而自然资源损害赔偿金的主张只能由政府提出。需要注意的是，由土壤污染导致的人身财产损失不属于损害赔偿的范围。

在免责事由上，《超级基金法》规定了以下几类主要免责事由：（1）不可抗力；（2）战争；（3）被告的雇员、代理人之外的第三人或与被告没有直接或间接合同关系（不包括纯因铁路或公共承运人公布的有关价目表和运费承诺形成的合同安排）的第三人作为、不作为，如果被告以优势证据证明其对有关的危险物质尽到合理注意，根据相关事实和环境考虑了该危险物质的特性且对可预见的第三人作为和不作为及其可能产生的可预期后果采取了预防措施；（4）以上几点的任意组合。鉴于《超级基金法》责任过于严格，1986年开始的修正案先后增加了善意所有人抗辩、"回收利用行为"抗辩、善意潜在购买人的责任免除、轻微责任方的责任免除、城镇固体废物产生人的责任免除、毗邻不动产所有人的责任免除等免责条款。

美国《超级基金法》经历了从极度严格到日趋缓和、务实和合理的过程。与最初的规定和判例相比，现在当事人成为该法责任人的条件大大增多，免责事由也逐渐增加。但总的来看，《超级基金法》仍然是一部严格的法律。

（二）英国土壤污染防治立法

英国没有独立的土壤污染防治法律。其基本法律主要是 1990 年环境保护法中的第ⅡA部分，但同时立法授权环境主管部门制定《法定指南》。关于责任主体，英国环境保护法称之为"适当的人"并将其定义为两个类别（A类和B类），A类人就是那些造成或者故意许可污染物排放到土地之中或者土地之内的人；B类人就是污染土地的所有者或者经营者。当A类主体不存在或无法确定时，方由B类主体承担责任。

在归责原则上，英国土壤污染责任属于过错责任、回溯责任与按份责任。责任承担的方式为修复责任，当责任主体不修复或修复不符合要求时由政府代为修复，并就修复费用向责任主体追偿。

在免责事由上，英国土壤污染立法规定了以下几类免责事由：（1）进行排除性活动的人，包括通过一种或者几种方式为其他人提供金融支持、保险公司、土地的出租人等。（2）已经支付修复费用的责任人，包括：支付是自愿的；或者出售者依据特定合同对于修复费用负有支付义务，并对他人依据该合同提出请求权有义务加以支付；在争议解决的过程中作为和解当事人或者依据法庭命令而发生的支付；土地转让合同中明确要求的支付，该支付或者是为了满足特定的修复费用而规定或者是通过减少购买价格的方式来达到上述目的。（3）基于信息的出售。即出售者在出售该土地后，已经告知购买方污染存在的事实，在出售合同的价格中考虑到这一点。（4）物质改变前的当事人。由于该物质与其他人转移来的物质相互反应造成了唯一的显著的污染链。如果没有与其他物质的化学反应生物程序或者辐射等干预性变化，显著污染链是不会存在的。当然在后物质进入场地之前，先前当事人不能合理地预期后来物质会到土地中，也不能合理地预期干预性变化的存在，并采取合理的措施来阻止后来物质的到来或者干预性变化的产生。（5）逃逸的物质。某地块上的污染是其他地块逃逸过来的物质所造成的，而责任团体中的另一人对这种逃逸负有责任,那么该地块的原责任人将被排除责任。(6)路径或者接受者的引入。即只要污染物是被他人引入,生产者就可以免责。

英国土壤污染防治立法对责任的规定非常宽松。除法律规定外,在实践中,对于部分 A 类责任主体及大量 B 类责任主体,即便没有免责事由,也由于种种原因无须承担责任。这导致政府支付的高额修复费用无法收回,客观上影响了土壤的修复。

(三)荷兰土壤污染防治立法

荷兰法对于土壤污染本身及其造成的人身、财产损害建立了不同的责任制度。对传统损害依然适用民法典的侵权责任条款,而土壤污染的修复则适用特别法规范。值得注意的是,在荷兰,土壤污染的修复最初是由政府承担,当时污染者仅就修复费用向政府承担赔偿责任。而污染者和其他责任人的修复责任是随着法律和实践的发展逐步建立的。这一历史原因导致了目前荷兰土壤环境法对于修复责任和修复费用的赔偿责任仍适用不同的规范。

1. 修复责任

荷兰以《土壤保护法》施行的 1987 年 1 月 1 日为界。对于 1987 年之前发生的污染行为,该法第十三条规定,在土壤上从事特定行为者,若其明知或能合理怀疑其行为有污染土地之可能,有义务采取合理措施预防土壤受到污染或损害。当污染或损害已经发生时,应采取修复措施限制或消除污染、损害或其直接后果。由此可见,责任主体承担责任并不以过错为要件。对于 1987 年以前发生的污染行为,该法第四十三条规定,政府可命令污染者或污染地、结果发生地的所有者或长期承租者进行场址评估和采取修复措施。与前者的区别在于,对于 1987 年之前的修复责任,除污染者外,土地的权利人或承租人亦应当承担责任。该法第四十六条规定了豁免条款。若在污染发生期间，其与污染者并无持续的法律关联，并未直接或间接地导致污染的发生，且在购买或获得该土地财产权时并不知晓，也不可能知晓污染情况，则所有者或长期承租者可免责。

2. 赔偿责任

荷兰通过司法实践及《土壤保护法》确立了修复成本的可赔偿性。对于发生在1975年以后的损害，《土壤保护法》提供了两种求偿的法律基础。政府作为修复者可依据侵权行为向污染者就场址污染调查和修复费用求偿，亦可根据不当得利向受益者求偿。而对于1975年之前的损害，污染者除构成法定严重过失外，不承担赔偿责任。

（四）德国土壤污染防治立法

德国土壤污染防治立法的特点在于状态责任的确立。状态责任是在德国警察法中的概念。这里的"警察"，是指国家做出的一切具有防范公共安全与秩序之危险或消弭已发生危险的行政活动。所谓状态责任，是指当危险源自物的状态，那么对于该物具有支配力的人，而被有权机关科以为这个危险发生负起排除危险、恢复物的安全状态的义务。根据《联邦土壤保护法》和相关法律的规定，在土壤污染治理中，污染设施的所有人，污染设施的前所有人，污染设施的后所有人，污染场地的所有人或占有人，该土地以前的所有人，放弃该土地所有权的主体等。

（五）小结

根据以上国外立法例的经验，以下四点有一定意义：（1）责任类型化。参照国外立法例，土壤污染责任可以分为四类，即土壤污染导致的人身财产损害赔偿责任、修复责任、因修复产生的费用追偿责任以及自然资源损失赔偿责任。首先，土壤污染导致的人身财产损害赔偿因属于传统民事侵权责任范畴而被排除于土壤污染防治专门立法之外。土壤污染防治专门立法仅就修复责任以及因修复产生的费用追偿责任作出规定。其次，修复责任被归为典型的行政责任，如按照美国《超级基金法》的规定，环保部门在识别潜在责任人后与之进行沟通，并进入谈判程序。一旦潜在责任人不接受谈判，则环保局发出行政指令强制潜在责任人执行清理。如责任人不予执行，则可以向法院起诉其执行行政命令。最后，修复产生的费用追偿责任及自然资源损失赔偿责任可以视为民事责任。例如，荷兰《土壤保护法》规定对修复产生费用追偿即适用侵权责任法的规定。（2）主体多元化。除实际污染者外，土地的所有人或经营人等其他主体也可能成为责任人。（3）行政机关主导。行政机关主导了确定土壤是否需要修复、明确责任主体、制定修复方案、实施修复行为、追讨修复费用的全过程。法院的地位是谦抑的。甚至《超级基金法》第一百一十三条明确禁止任何联邦法院审查针对行政机关根据第一百零四条选择的清除行动或修复行动而提出的异议，或者审查行政机关根据第一百零六条 a 款规定发布的要求责任主体采取行动的行政命令。（4）责任宽严适度。以美国《超级基金法》为例，其原本立法目的是通过严格的责任来实现对土壤的治理。但由于责任过于严格，反而使土地修复陷入困境而不得不对原有的责任体系进行修订。

二、风险管控的含义

环境修复适用于一切生态环境损害责任，而在当前的环境法律体系中，风险管控作为专有名词仅在土壤污染责任中使用。《土壤污染防治法》第三十五条规定，土壤污染风险管控和修复，包括土壤污染状况调查和土壤污染风险评估、风险管控、修复、风险管控效果评估、修复效果评估、后期管理等活动。将风险管控与修复并列，表明两者属于不同类型的义务。

（一）风险管控的方式

《土壤污染防治法》并未就何谓土壤污染风险管控作出直接规定，而是分别在第二节、第三节对农用地、建设用地的风险管控措施进行了列举。按照第四十九条的规定，按照土壤污染程度和相关标准，农用地应划分为优先保护类、安全利用类和严格管控类。第五十四条则规定，农用地的风险管控措施包括：（1）提出划定特定农产品禁止生产区域的建议，报本级人民政府批准后实施；（2）按照规定开展土壤和农产品协同监测与评价；（3）对农民、农民专业合作社及其他农业生产经营主体进行技术指导和培训；（4）调整种植结构、退耕还林还草、退耕还湿、轮作休耕、轮牧休牧等。对于建设用地，《土壤污染防治法》第五十八条规定，国家实行建设用地土壤污染风险管控和修复名录制度。第六十三条规定，风险管控的措施包括：（1）提出划定隔离区域的建议，报本级人民政府批准后实施；（2）进行土壤及地下水污染状况监测。

（二）风险管控和修复的关系

根据上述规定，土壤的风险管控并不等于一般意义上的环境修复。风险管控的目标，一是要阻隔暴露途径。即采取隔离等切断或控制暴露途径的措施，防控风险。正如要求摩托车驾驶员佩戴头盔，是为了减少因事故造成的损害。二是保护受体。即通过改变土地用途等方式，降低对受体的损害，达到可以接受的水平。如不适宜用作住宅的污染土地，可以用作工业用地。从另一个角度来看，风险管控可以被称为降低标准的修复，是一种更广义的修复。即并非要将土壤中的污染物彻底去除，而是通过管控避免损害继续发生或扩大。因而在此意义上，《土壤污染防治法》作出了貌似矛盾的规定，即一方面明确风险管控和修复的区别，另一方面又将修复与风险管控视作包含关系。例如，《土壤污染防治法》第五十七条规定对严格管控农用地的修复："对产出的农产品污染物含量超标，需要实施修复的农用地地块，土壤污染责任人应当编制修复方案，报地方人民政府农业农村、林业草原主管部门备案并实施……风险管控、修复活动完成后……"如果将风险管控与修复对立起来，那么在理解上就会出现两个方面的障碍。一是农用地按照土壤污染程度的划分存在缺漏。即在优先保护类、安全利用类和严格管控类后还需要增加"修复类"。二是既然是管控地块，何以需要修复？而如果将管控理解为更广泛意义上的修复，则上述疑问迎刃而解。

在各类污染中，缘何土壤污染采用了风险管控而非修复的责任方式？这与土壤污染的特殊性有关。一是土壤污染隐蔽性和潜伏性更强。相较于空气污染和水污染的直接性，土壤污染往往要通过样品分析、农作物监测，甚至人畜健康检测才能确定。土壤污染的隐蔽性和滞后性，使发现危险的时间加长，增加了污染的潜伏期。二是土壤污染累积性更强。土壤中的污染物不易迁移、扩散和稀释，而是不断累积。三是土壤污染具有不均匀性。土壤差异较大，污染物在土壤中迁移慢，造成土壤中污染物分布不均匀，空间变异性大，使土壤检测结果存在一定的差异性和不可控性。四是土壤污染难以逆转。如重金属难以降解，而许多有机污染物的降解也需要很长的时间。从世界范围内看，土壤污染往往属于难以解决的历史遗留污染问题。想要彻底修复被污染的土壤，不但在技术上难以实现，在成本上也是天文数字。为此，对污染地块采用风险管控，具有其现实意义。

三、违反风险管控与修复义务的责任的性质

根据《土壤污染防治法》第九十六条的规定，土壤污染民事责任分为两种类型。第一，污染者责任。《土壤污染防治法》第九十六条第一款规定，污染土壤造成他人人身或者财产损害的，应当依法承担侵权责任。这一款规定的一般意义上的环境侵权，土壤污染责任人承担的是无过错责任。第二，违反风险管控与修复义务责任。土壤污染责任人无法认定，土地使用权人未依法履行土壤污染风险管控和修复义务，造成他人人身或财产损害的，应当依法承担侵权责任。本解释关于本条规定的，即为此种责任。

根据"谁污染，谁治理"的原理，对于土壤污染造成的损害，应由污染者承担责任，此为自然之理。缘何在土壤污染责任者之外，另增加土地使用权人这一主体，这一责任属于何种性质的责任？在本解释起草过程中，有观点认为，此时土地使用权人承担的是《民法典》第一千一百九十八条规定的违反安全保障义务的补充责任，应当按照本解释第十五条的规定处理。经研究认为，违反风险管控和修复义务责任与违反安全保障义务责任尽管在外观上具有相似性，即都体现为一种不作为责任，但其性质并不相同。首先，《民法典》第一千一百九十八条规定的违反安全保障义务的补充责任，在本质上属于替代责任。所谓替代责任，是严格责任的一种形式，即一方需要对另一方的行为负责。在典型的违反安全保障义务的场景中，经营者、组织者、管理者并未直接造成他人人身财产损害，而是为实际实施侵权行为的侵权人承担损害赔偿责任。例如，在某音乐节中，因观众随意丢弃垃圾污染环境造成他人损害，音乐节的经营者未尽到依法管理、制止等安全保障义务的,应当承担侵权责任。此时,音乐节的经营者并非造成损害的行为人,其承担责任是因为不作为而引发了损害行为的发生进而造成了损害。而在违反风险管控和修复义务责任中,土地使用权人并非是替污染者承担环境污染的损害赔偿责任,而是因为自己未实施风险管控和修复造成损害后果扩大的损失而承担责任。其次,在违反安全保障义务责任中,行为人的不作为引发了损害行为或者增加了损害行为发生的可能,因而在时间顺序上,违反安全保障义务先存在,而损害行为后发生。而在违反风险管控和修复义务中,在时间顺序上,则是损害行为已经先行发生,而违反风险管控和修复义务在后。最后,在责任范围上,违反风险管控和修复义务并非就土壤污染造成的全部损害承担责任,而是仅就违反风险管控和修复义务造成的损失承担责任。例如,某块土地在20世纪70年代受到污染,现已无法认定土壤污染责任人。2001年,甲公司在取得土地使用权后未依法实施和风险管控义务造成损害。甲公司承担损害赔偿的范围,仅应限定在2001年之后。而对之前污染造成的损害,甲公司不承担责任。由此看来,违反风险管控和修复义务责任与违反安全保障义务责任存在明显差别。

还有观点认为,违反风险管控义务的责任属于物件致人损害责任。根据《民法典》第一千二百五十二条第一款的规定,建筑物、构筑物或者其他设施倒塌、塌陷的,由建设单位、施工单位承担连带责任。第一千二百五十三条规定,建筑物、构筑物或者其他设施及其搁置物、悬挂物发生脱落、坠落造成他人损害的,所有人、管理人或者使用人不能证明自己没有过错的,应当承担侵权责任。比较来看,两者也存在一定差别。从行为方式来看,物件损害责任既包括不作为也包括作为,而违反风险管控和修复义务一般是不作为而不包括作为。从赔偿范围来看,违反风险管控和修复义务责任,是未依法风险管控和修复产生的损害承担责任,而物件致人损害责任则是对全部损害承担责任。

另有观点认为,违反风险管控和修复义务的责任属于《民法典》第一千二百三十三条规定的生态环境侵权第三人责任。这种观点亦为不妥。这是因为,违反风险管控和修复义务的责任人并不是因为污染者的过错而承担责任,而是基于自身对法定义务违反所承担的责任,其责任范围亦仅限于违反法定义务造成的损害。

综上所述,违反风险管控和修复义务的责任并不属于现行侵权责任制度中的相关类型责任,而是一种独特的责任类型。

关于违反风险管控和修复义务责任的来源。

违反风险管控和修复义务责任是土壤污染所特有的一项责任。由于土地本身具有的不动产属性、土壤污染的历史遗留性、土壤污染治理的困难等因素,土壤污染责任的主体和责任范围要大于其他形态的污染。在前述关于各国土壤污染防治法的立法例中,都规定了土壤污染责任的多元主体制度。在《土壤污染防治法》起草过程中,最高人民法院环资庭曾受全国人大环资委的委托起草相关责任条款。在建议稿中,笔者借鉴国外立法例,明确土壤污染的责任主体包括污染者和受污染土地经营管理人。这个范围较国外立法例是狭窄的。如根据国外立法例,土地发生污染后发生转让的受让人也属于责任主体。对此笔者认为,国外立法例将受让人列为责任主体,是基于其在受让时未适当履行污染风险调查评估义务。而我国目前并未将此列为土地流转中受让人的法定义务,根据无义务则无责任的基本原则,受让人不应当承担责任。笔者的建议部分得到了采纳,并最终体现为《土壤污染防治法》第九十六条。但在主体名称上,用土地使用权人替代了土地经营管理人,进一步缩小了主体的范围。

四、违反风险管控和修复义务责任的构造

依照《土壤污染防治法》的规定，违反风险管控和修复义务较为特殊。就其责任的构造，作如下说明。

（一）违反风险管控和修复义务的责任主体

本条规定，依照法律规定应当履行生态环境风险管控和修复义务的民事主体是违反风险管控和修复义务责任的主体。《土壤污染防治法》第四十五条第一款规定，土壤污染责任人负有实施土壤污染风险管控和修复的义务。土壤污染责任人无法认定的，土地使用权人应当实施土壤污染风险管控和修复。根据该条规定，是否可以认为违反风险管控和修复义务的主体包括土壤污染责任人或土地使用权人？笔者认为，本条规定的责任主体仅包括土地使用权人。这是因为土壤污染责任人属于排污者，承担的乃无过错责任。不论其是否履行风险管控和修复义务，都应当对因污染造成的损害承担责任。

1. 污染责任人的认定

根据前文所述，土地使用权人负有风险管控和修复义务的前提是土壤污染责任人无法认定。因此，有必要就土壤污染责任人的认定程序以及无法认定的事由予以说明。关于土壤污染责任人的认定，相关行政主管部门按照农用地和建设用地的区别，分别出台了两部文件。第一部是生态环境部、农业农村部、自然资源部、国家林业和草原局制定出台的《农用地土壤污染责任人认定暂行办法》。该暂行办法第三条第一款规定，农用地土壤污染责任人是指因排放、倾倒、堆存、填埋、泄漏、遗撒、渗漏、流失、扬散污染物或者其他有毒有害物质等，造成农用地土壤污染，需要依法承担土壤污染风险管控和修复责任的单位和个人。第四条规定，农用地污染责任的

认定由县级以上地方农业农村、林草主管部门会同同级生态环境、自然资源主管部门负责。根据该暂行办法第二条、第十条规定，当农用地发生污染，周边曾存在污染源或者有明显污染物排放；存在倾倒、堆存、填埋、泄漏、遗撒、渗漏、流失、扬散污染物或者其他有毒有害物质等情形时，且该农用地周边曾存在多个从事生产经营活动的单位和个人，土壤污染存在多种来源的，应当启动土壤污染责任认定程序。第十五条规定，同时符合下列条件的，可以认定污染行为与土壤污染之间存在因果关系：(1) 在农用地土壤中检测出特征污染物，且含量超出国家、地方、行业标准中最严限值，或者超出对照区含量；(2) 疑似土壤污染责任人存在向农用地土壤排放或者增加特征污染物的可能；(3) 无其他相似污染源，或者相似污染源对受污染农用地土壤的影响可以排除或者忽略；(4) 受污染农用地土壤可以排除仅受气候变化、自然灾害、高背景值等非人为因素的影响。不能同时符合上述条件的，应当得出不存在或者无法认定因果关系的结论。第十六条规定，有下列情形之一的，属于土壤污染责任人无法认定：(1) 不存在或者无法认定因果关系；(2) 无法确定土壤污染责任人的具体身份信息；(3) 土壤污染责任人灭失的。

关于建设用地污染责任人的认定，生态环境部、自然资源部制定出台了《建设用地土壤污染责任人认定暂行办法》。区别于农用地土壤污染，建设用地土壤污染责任人认定既可以由行政机关依职权启动，也可以由建设用地使用权人、土壤污染状况调查报告或者土壤污染风险评估报告中提出的涉及土壤污染责任的单位和个人申请启动。关于认定中的其他问题，建设用地与农用地较为接近，不再赘述。

从这些规定来看，可以得出如下几点结论：第一，土壤污染责任人是实施污染行为的主体,即排污者。在此意义上,土壤污染责任人与侵权责任法中行为实施人具有同义性。第二,土壤污染责任人的认定属于行政而非民事程序,区别于民事上的责任主体认定。被依法认定为土壤污染责任人的,只能通过行政诉讼请求撤销该认定结论。当然,这并不妨碍在民事诉讼中通过相反证据推翻该结论。第三,土壤污染责任人的认定标准,特别是在因果关系的证明标准是低于高度盖然性的证明标准,而与《生态环境侵权证据规定》第五条规定的"关联性"证明标准近似。这样看来,行政机关在认定土壤污染责任人的过程中采用的证明标准与民事侵权案件中因果关系的证明标准基本相符。第四,土壤污染责任人无法认定不仅包括无法在现有事实证下判断谁为污染者,还包括虽然可以确定污染者但其信息不详或者主体已经消灭的情形,其涵盖范围较一般意义上的"不明"更广。

2. 土地使用权人的类型

根据前文所述,当无法在现有事实证下判断谁为污染者,虽然可以确定污染者但其信息不详,以及主体已经消灭等情形时,构成土壤污染责任人无法认定,土地使用权人应承担责任。

需要指出的是,土地使用权人的风险管控和修复义务规定于《土壤污染防治法》"风险管控和修复"的一般规定中。也就是说,该项义务既适用于农用地也适用于建设用地。然而,不论是农用地还是建设用地,所谓土地使用权人都是一个不明确的概念,包含若干对土地享有占有、使用、受益权利的单位和个人,需要将其转化为民法中的主体。从农用地来看,所谓土地使用权人,理应包括集体所有权人、承包权人和经营权人。而建设用地则主要是指建设用地使用权人。而对于建设用地中尚未出让、划拨的,是否可以认为国家是土地使用权人呢?根据《土壤污染防治法》第四十五条第二款规定，地方人民政府及其有关部门可以根据实际情况组织实施土壤污染风险管控和修复。将政府代表国家实施污染土壤修复义务与土壤污染责任人、土地使用权人的义务并列规定，表明政府的管控和修复义务与土地使用权人的义务并非同一类型。再者，如果认为国家也应当作为所有权人负有风险管控和修复义务并就违反该义务承担责任，则国家将作为民事诉讼的被告，这是难以实现的。

还需要指出的是，从《土壤污染防治法》未采用笔者建议的经营管理人而采用了土地使用权人的表述，可以看出立法严格限制了主体范围。一是土地使用权人不包括遗产管理人、财产监护人、信托受托人等占有的主体，因为这些主体并没有使用土地的权利。二是土地使用权人也不包括承租人等债权人。从文义解释的角度，土地使用权虽然并非规范的民法中的物权表述，但其文字更接近于物权而非债权。在法律没有明确规定的情况下将风险管控和修复义务加诸租赁人，将对其过于苛刻。三是除租赁权外，还有介于物权和债权之间的土地利用权利。例如，根据自然资源部《关于规范临时用地管理的通知》的规定，临时用地是指建设项目施工、地质勘查等临时使用，不修建永久性建（构）筑物，使用后可恢复的土地（通过复垦可恢复原地类或者达到可供利用状态）。临时用地具有临时性和可恢复性等特点，与建设项目施工、地质勘查等无关的用地，使用后无法恢复到原地类或者复垦达不到可供利用状态的用地，不得使用临时用地。例如，采矿权人需要利用跨区土地建设非永久性设施、铺设管道的，可以申请临时用地。一般而言，临时用地的时间不超过5年。鉴于临时用地时间短，且临时用地权利人对土地使用权占有、使用、处分、收益的权能并不充分。因此笔者倾向于认为临时用地使用权人，亦不宜认定为土地使用权人。

（二）义务违反和损害后果的认定

土地使用权人违反的是风险和管控义务，包括未履行和履行不充分。未履行的判断标准相对简单，值得研究的是，如何判断土地使用权人已经充分履行风险和管控义务？按照生态环境部《建设用地土壤污染风险管控和修复名录及修复施工相关信息公开工作指南》的规定，土壤污染风险评估报告评审通过后，省级人民政府生态环境主管部门应当及时将需要实施风险管控、修复的地块纳入建设用地土壤污染风险管控和修复名录，并于纳入名录后的20个工作日内向社会公开。公开内容包括风险管控或修复目标、风险管控或修复方案编制单位以及进展情况等。未完全按照上述方案实施风险管控和修复的，一般可以认定为履行不充分。

根据《土壤污染防治法》第九十六条的规定，违反风险管控和修复义务承担的是造成他人人身财产损害的责任。因此，本条的规定仅限于私益诉讼而非公益诉讼。至于违反风险管控和修复义务造成环境公共利益损害的是否应当承担责任，可以再做深入讨论。但无论如何，不能适用本条的规定处理。此外，违反风险管控和修复义务承担的责任范围仅限于义务违反造成的损害。对于此前的污染所造成的损害，土地使用权人不承担责任。

（三）违反风险管控和修复义务责任的形态

在典型适用场景中，土地使用权人承担的是自己责任，对此应无疑义。除此之外，还可能存在其他形态：例如，当同一土地存在数个使用权人时，则各土地使用权人应当承担连带责任还是按份责任？《民法典》第一千一百七十一条规定，二人以上分别实施侵权行为造成同一损害，每一个侵权人的行为都足以造成全部损害的，行为人承担连带责任。笔者认为，二人以上分别实施侵权行为造成同一损害，既包括作为也包括不作为。根据上述规定，各土地使用权人每一个人的不作为都足以造成损害后果的发生，故应当由各侵权人承担连带责任。又如，因土地使用权人委托的第三方机构资质不合格等原因造成土壤的风险管控和修复义务不符合要求造成的损害，应当如何承担责任？笔者认为，由于第三方机构是在土地使用权人的直接管理、指示下开展风险管控和修复工作，故仍应当由土地使用权人承担责任。土地使用权人承担责任后，可以向有过错的第三方机构追偿。再如，因他人的过错造成土地使用权人对土壤的风险管控和修复工作未能取得效果造成损害，此时，宜适用《民法典》第一千二百三十三条以及本解释第十七条至第十九条关于第三人责任的规定，合理确定当事人的责任范围。

【审判实践中需要注意的问题】

正如前文所述，本条的规定虽未特定指明，但目前主要指土壤污染责任人不明的情况下土地使用权人违反风险管控和修复义务的责任。本条所规定的"依照法律规定应当履行生态环境风险管控和修复义务的民事主体"，即为上述情形中的土地使用权人。

但在司法实践中，也有一些情形与本条规定的类似，亦可以参照予以适用。例如，在最高人民法院发布的典型案例周某诉物流公司、高速公路公司水污染责任纠纷案[①]中，物流公司的油罐运输车，在高速公路公司运营管路的路段发生意外，所载变压器油泄漏。事发后，高速公路公司及时处理交通事故，撒沙处理油污路段。经查，

---

① 参见《最高法院 12 月 29 日发布环境侵权典型案例》，载最高人民法院网站，https：//www.court.gov.cn/zixun/xiangqing/16396.html，2023 年 9 月 8 日访问。

泄漏的变压油顺着高速公路边坡流入高速公路下方雨水沟，并经涵洞流入周某承包的鱼塘。经鉴定，周某损失鱼类经济价值35万元，周某遂提起诉讼。法院认为，高速公路公司作为事故路段的管理者，应充分了解其控制、管理路段的周边情况，在事故发生后应当及时启动应急预案并采取有效措施，防止损害的扩大。高速公路公司在事故发生后仅应急处理路面交通情况，并未对该路段周围油污进行清理，致使油污流入周某承包的鱼塘造成进一步损害，应当承担相应损害赔偿责任。如果将"风险管控"不作为《土壤污染防治法》的专有名词而作扩大解释，则高速公路公司作为依法负有管理高速公路职责的主体，其违反的义务亦为"风险管控和修复"义务。

【法条链接】

《中华人民共和国土壤污染防治法》（2018年8月31日）

第四十五条　土壤污染责任人负有实施土壤污染风险管控和修复的义务。土壤污染责任人无法认定的，土地使用权人应当实施土壤污染风险管控和修复。

地方人民政府及其有关部门可以根据实际情况组织实施土壤污染风险管控和修复。

国家鼓励和支持有关当事人自愿实施土壤污染风险管控和修复。

第九十六条　污染土壤造成他人人身或者财产损害的，应当依法承担侵权责任。

土壤污染责任人无法认定，土地使用权人未依照本法规定履行土壤污染风险管控和修复义务，造成他人人身或者财产损害的，应当依法承担侵权责任。

土壤污染引起的民事纠纷，当事人可以向地方人民政府生态环境等主管部门申请调解处理，也可以向人民法院提起诉讼。

> 第十八条 【第三人侵权责任之一】因第三人的过错污染环境、破坏生态造成他人损害，被侵权人请求侵权人或者第三人承担责任的，人民法院应予支持。
>
> 侵权人以损害是由第三人过错造成的为由，主张不承担责任或者减轻责任的，人民法院不予支持。

【条文主旨】

本条是生态环境侵权第三人责任的一般规定。

【条文理解】

自己责任原则是近现代侵权法的基本原则。依据自己责任原则，除了法律有特别规定之外，行为人应当对自己的过错行为承担相应的不利后果。受害人在提起民事诉讼时，所列的被告的行为可能并不具有可归责性，被告的行为并非损害发生的真正原因。通常在这种情况下，被告只是名义上的侵权人，其不应当对原告遭受的损害承担侵权责任，而应当由真正造成损害的第三人承担责任。

第三人过错，也称为第三人原因，是指原告（受害人）起诉被告以后，被告提出该损害完全或者部分由于第三人的过错造成，从而提出免除或减轻自己责任的抗辩事由。损害完全是第三人造成的，或者损害部分原因是第三人造成的，完全让被告承担全部责任是不公平的，因此，侵权人常常把第三人过错作为其不承担责任或减轻责任的抗辩事由之一。例如，《侵权责任法》第二十八条规定："损害是因第三人造成的，第三人应当承担侵权责任。"第三人造成，即该第三人的行为对于损害后果有全部的原因力，可以构成行为人的免责事由。这是针对一般的侵权行为类型而言的。第三人过错包括故意和过失，其基本特征是主体上的特殊性，其过错形式则与其他类型的过错没有区别。

我国有关第三人过错的规定，最早见于《民法通则》，其虽未规定第三人侵权行为的一般规则，但是在两个条文中提到了相关概念。《民法通则》第一百二十二条规定，产品责任的"运输者、仓储者对此负有责任的，产品制造者、销售者有权要求赔偿损失"，该条中运输者、仓储者的概念类似于第三人的概念，后《侵权责任法》将其规定为第三人。《民法通则》第一百二十七条规定："……由于第三人的过错造成损害的，第三人应当承担民事责任。"这是对第三人责任的明确规定，限于饲养动物损害责任中的第三人，动物饲养人或者管理人免责。《侵权责任法》中关于第三人介入生态环境侵权时根据具体的侵权类型，规定了不同的责任承担方式，如补充责任、替代责任、不真正连带责任等，从而实际保障了被侵权人的权益。[①]《民法典》中亦有专门规定。

针对第三人侵权行为的一般情形而言，在过错责任原则和过错推定原则适用的场合，谁有过错，谁就要承担侵权责任。实际加害人对于损害的发生没有过错，而第三人对损害的发生具有全部过错，要由第三人承担侵权责任，实际加害人不承担责任。同样，在过错推定原则适用的场合，尽管首先推定实际加害人有过错，但加害人能够证明损害是由第三人的过错造成，自己没有过错的，就构成第三人侵权行为，免除实际加害人的责任。但是，在适用无过错责任原则的情形下，对于第三人侵权行为有特别的要求。原因是，在适

---

① 参见张新宝：《侵权责任法》，中国人民大学出版社2006年版，第112~120页。

用无过错责任原则的行为类型中，法律将有些第三人侵权责任规定为不真正连带责任。[①]

对于第三人过错环境侵权责任的法律演变，可以从我国有关环境保护单行法内容的变化中看出。1984年制定的《水污染防治法》第四十一条第三款规定："水污染损失由第三者故意或者过失所引起的，第三者应当承担责任。"1996年修正的《水污染防治法》第五十五条第三款继续沿用上述条款的规定，对该条款的内容未作修改。按照这一规定，水污染损害如果是因第三人故意或者过失引起的，按照责任自负原则，承担环境侵权责任的应当是第三人，而不是排污方（侵权人）。但是，2008年修订的《水污染防治法》第八十五条第四款对其进行了修改，规定："水污染损害是由第三人造成的，排污方承担赔偿责任后，有权向第三人追偿。"2017年修正的《水污染防治法》第九十六条第四款继续沿用了这一规定，内容未作修改。这表明，第三人过错环境侵权责任已经从原来规定的由第三人承担环境侵权责任，修改为可以由排污方（侵权人）承担侵权责任，排污方承担赔偿责任后，再向第三人追偿这种新的侵权责任承担方式。

《海洋环境保护法》在第三人过错环境侵权责任方面，一直实行由具有过错的第三者承担环境侵权责任的立法模式。1982年制定的《海洋环境保护法》第四十三条第二款规定："完全是由于第三者的故意或者过失造成污染损害海洋环境的，由第三者承担赔偿责任。"1999年修订的《海洋环境保护法》第九十条第一款规定："造成海洋环境污染损害的责任者，应当排除危害，并赔偿损失；完全由于第三者的故意或者过失，造成海洋环境污染损害的，由第三者排除

[①] 参见杨立新：《侵权法论》，人民法院出版社2013年版，第1015页。

危害，并承担赔偿责任。"2013年修正的《海洋环境保护法》在其第九十条第一款沿用1999年的规定。该条款规定的内容在2016年和2017年修正的《海洋环境保护法》第八十九条第一款中继续保留。根据这一规定，在海洋环境污染损害完全是由于第三人的故意或者过失造成的情况下，应当由第三人承担侵权责任。

此外，《电力法》第六十条第三款规定："因用户或者第三人的过错给电力企业或者其他用户造成损害的，该用户或者第三人应当依法承担赔偿责任。"这些关于第三人侵权行为的规定都是针对具体的特殊侵权责任作出的，集中在产品责任、动物损害责任、水污染责任、海洋环境污染责任和电力损害责任。后果主要是免除实际加害人的责任，由第三人承担责任，也有部分适用不真正连带责任的规定。

一些国家的民法典或者环境保护单行法中对因第三人的过错污染环境造成损害的情况也有专门规定。《荷兰民法典》第一百七十八条规定："具有下列情形之一的，不承担本编第一百七十五条、第一百七十六条或者第一百七十七条规定的责任……e.损害仅因具有故意的第三人的作为或不作为所致，但以不违背本编第一百七十条和第一百七十一条的规定为限。"《美国综合环境反应、赔偿和责任法（1980）》第七部分（b）款规定："如果某人能证明泄漏某种有害物质及由此造成的损失是由于以下原因引起的，则不承担本条（a）款的责任：（1）不可抗力；（2）战争；（3）损害仅因第三方的过失引起，并且第三方同该人（被告）之间不存在雇佣或者代理关系，不存在任何直接或者间接的合同关系，同时，被告必须能够证明他不仅对于该有害物质的性质以及所有相关的因素都已尽到谨慎的注意义务，并且对能够合理预见到的第三方过失都已采取谨慎的预防措施；（4）任何以上原因的组合。"《加拿大环境保护法》第二百零五条第二款规定:"环境事件完全是由故意引起损害的第三方的作为或者不作为引起的,免除侵害人的赔偿责任。"一些关于环境的国际条约中对因第三人的过错污染环境造成损害的情况也有规定。《国际油污损害民事责任公约》第三条第二款规定:"船舶所有人如能证实损害系属于以下情况,即对之不负责任:(1)由于战争行为、敌对行动、内战或者武装暴动,或者特殊的、不可避免的和不可抗拒的自然现象所引起的损害;(2)完全由于第三者有意造成损害的行为或者怠慢所引起的损害;(3)完全是由于负责灯塔或其他助航设备的政府或其他主管当局在执行其职责时,疏忽或者其他过失行为所造成的损害。"《关于危险废弃物越境转移及其处置所造成损害的责任和赔偿问题议定书》第四条第五款规定:"如果本条第一款和第二款中所述之人证明损害系由以下原因之一所致,则该人便不应对之负任何赔偿责任:(a)武装冲突、敌对行动、内战或者叛乱行为;(b)罕见、不可避免、不可预见和无法抵御的自然现象;(c)完全系因遵守损害发生所在国的国家公共当局的强制性措施;或(d)完全由于第三者的蓄意不当行为,包括遭受损害者的不当行为。"

《侵权责任法》第二十八条成为我国对第三人侵权行为一般规定的法律规范。其采用一般条款的形式,规定了第三人过错的一般规则,使之在侵权责任法中普遍适用。同时,《侵权责任法》在第三十七条、第四十条、第六十八条和第八十三条分别规定了第三人过错的特殊规则。第三人的行为对于损害后果有全部或者部分的原因力,可以构成被告的免责或者减责的事由。但是法律有特别规定的,应当适用特别规定。例如,《民法典》第一千一百九十二条第二款、第一千一百九十八条第二款、第一千二百零一条、第一千二百零四条、第一千二百三十三条、第一千二百五十条等都作出了第三人过错的特别规定。依照《民法典》第一千二百三十三条的规定,因第三人的过错造成损害的，被侵权人可以请求侵权人赔偿，也可以请求第三人赔偿。侵权人赔偿后，有权向第三人追偿。在无过错责任下，无论污染者是否存在过错，污染者都应当承担责任。污染者与受害人力量悬殊，法律之所以规定环境污染侵权适用无过错责任，正是希望更好地保护受害人的权益，因此只有受害人故意或者重大过失能够成为环境污染侵权的法定免责事由，在第三人过错下，污染者仍然需要承担侵权责任。[①] 环境污染侵权中污染者适用无过错责任原则，无论污染者主观上是否存在过错，只要有排污行为，并且造成了他人人身或者财产的损害，污染者就要承担环境侵权责任。第三人是独立于污染者之外的人，法律并没有特别规定对该第三人适用无过错责任原则，其承担责任与否须根据过错责任原则来认定。第三人过错具有以下法律特征：

其一，责任主体是侵权关系的侵权人和被侵权人之外的人。第三人是过错的主体，造成损害的过错不属于加害人和受害人的任何一方。狭义上的第三人过错，是指第三人的过错是损害发生的唯一原因；广义上的第三人过错，则是指第三人的过错行为仅是损害发生的部分原因，即第三人与被告共同引起损害的发生或者扩大。该第三人不限于是自然人，还可以是法人或者其他组织。这两种情况的任何一种，都是第三人在主观上具有过错。同时，该第三人不能被认定属于加害人一方或受害人一方。

其二，该第三人的过错行为与侵权人的侵权行为不构成共同侵权。一般而言，该第三人与侵权人之间没有意思联络，也没有与侵权人的行为直接结合造成损害后果的发生。如果第三人与被告之间基于共同的意思联络（如第三人为被告的帮助人）而致原告损害，

[①] 张梓太：《环境民事纠纷案件处理制度障碍分析》，载《环境纠纷前沿问题研究——中日韩学者谈》，清华大学出版社2007年版，第56页。

将作为共同侵权行为人而对受害人承担连带责任。

其三，第三人过错引起的侵权责任首先属于自己责任的范畴。被侵权人所受损害是由第三人造成的，根据自己责任原则，应由第三人承担责任。此时如果第三人无力承担侵权责任或者无法找到第三人时，被侵权人的权益将得不到保障，显然自己责任原则在面对复杂的侵权行为活动时，将无法有效地发挥侵权责任法的作用，为此，《侵权责任法》第六十八条、《民法典》第一千二百三十三条中关于第三人介入生态环境侵权时根据具体的侵权类型，规定了不真正连带责任等，从而实际保障了生态环境被侵权人的权益。按照过错责任的要求，第三人只在自己过错范围内承担责任，这既是其在外部对受害人承担责任的范围，也是其承担终局责任的依据。

其四，第三人责任与污染者责任在责任形态上是不真正连带责任。在环境侵权第三人责任中，第三人与污染者一起承担不真正连带责任，被侵权人在受到损害后可以向污染者主张责任，也可以向第三人主张责任，污染者承担责任后可以向第三人追偿。

不真正连带责任也称为不真正连带债务，是一种重要的债务形式或者责任形态。在侵权行为法领域叫作不真正连带责任。不真正连带债务是指多数债务人就基于不同发生原因而偶然产生的同一内容的给付，各负全部履行之义务，并因债务人之一的履行而使全体债务人的债务均归于消灭的债务。[①] 从债法的意义上说，不真正连带债务不履行的后果就是不真正连带责任。侵权法上的不真正连带责任是指多数行为人对一个受害人实施加害行为，或者不同的行为人基于不同的行为而致使受害人的权利受到损害，各个行为人产生的同一内容的侵权责任，各负全部赔偿责任，并因行为人之一的履行

[①] 王利明主编：《中国民法案例与学理研究》（债权篇修订本），法律出版社2003年版，第3页。

而使全体责任人的责任归于消灭的侵权责任形态。不真正连带责任的特征是：第一，数个行为人基于不同的行为造成一个损害。第二，数个行为人的行为产生不同的侵权责任，这个责任就救济受害人损害而言具有同一目的。第三，受害人享有的不同损害赔偿请求权应当"择一"行使。受害人选择的一个请求权实现之后，其他请求权消灭。这就是不真正连带责任的"就近"规则，是受害人可以选择距离自己最近的法律关系当事人作为被告起诉。"就近"规则产生的责任，是中间责任，而不是最终责任。第四，损害赔偿责任最终归属于造成损害发生的最终责任人。如果受害人选择的侵权责任人就是最终责任人，则该责任人就应当最终地承担侵权责任。如果选择的责任人并不是最终责任人，则承担了侵权责任的责任人可以向最终责任人请求赔偿，最终责任人应当向非最终责任人承担最终责任。[1]

一般而言，在环境污染侵权责任中，第三人过错造成损害，通常是第三人的过错行为对于损害的发生具有直接的因果关系，是损害发生的直接原因。而行为人的行为是在第三人过错的作用下发生了造成被侵权人损害的后果。从这个角度上观察，既然是第三人的过错造成的损害，就应当由第三人承担损害赔偿责任，被侵权人没有理由直接请求行为人承担侵权责任。因此，《侵权责任法》第二十八条关于第三人侵权的一般规定是正确的。在环境污染责任中，环境污染侵权责任适用无过错责任，是为了更好地保护生态环境，救济被侵权人的损害，因此，在这种场合下不适用第三人过错的一般规则，而采用不真正连带责任规则这一特殊规定。

综上，在第三人过错生态环境侵权责任法律规定方面，我国立

---

[1] 杨立新：《侵权法论》，人民法院出版社 2013 年版，第 724~725 页。

法经历了一个发展变化的过程。立法变化的基本思路是：因第三人过错造成环境污染和生态破坏，由原来的第三人承担侵权责任，侵权人不承担侵权责任，调整为由侵权人或者第三人承担侵权责任，并且侵权人承担侵权责任后，可以向第三人追偿，即侵权人并不因第三人承担责任而免除自己的侵权责任。这种立法变化与我国法律规定生态环境侵权实行无过错责任原则是相契合的，体现了更加充分保护被侵权人合法权益的立场政策。

【审判实践中需要注意的问题】

《民法典》第一千二百三十三条规定："因第三人的过错污染环境、破坏生态的，被侵权人可以向侵权人请求赔偿，也可以向第三人请求赔偿。侵权人赔偿后，有权向第三人追偿。"《民法典》第一千二百三十三条与《侵权责任法》第六十八条相较，一是对于环境侵权的对象，在"污染环境"之外，增加了"破坏生态"；二是将原来的"污染者"修改为"侵权人"，以统称环境污染者和生态破坏者；三是删除了"造成损害"，但这并不意味着承担第一千二百三十三条规定的环境侵权责任不要求有损害后果的构成要件，其目的是简化文字表述，因为第一千二百三十三条依附于《民法典》第一千二百二十九条，只有在构成《民法典》第一千二百二十九条侵权责任的前提下，出现第三人过错行为介入的情况才会适用第一千二百三十三条的规定。

对于第三人过错的判断，需要注意以下几个问题：第一，关于第三人的范围问题。首先，这里的第三人应当与行为人不存在任何隶属关系。比如，用人单位的工作人员在工作过程中造成他人损害的，用人单位不能以其工作人员作为第三人，而提出抗辩，这时用人单位应当依法承担替代责任。其次，第三人和污染行为人之间不存在构成共同侵权。如果第三人与行为人构成共同侵权，则第三人与行为人应当共同承担连带责任。第三人只能就其过错责任范围内的损害承担相应的赔偿责任，而对于非因其过错造成的损害，则不属于该第三人承担责任的范畴，这也是第三人责任适用过错责任原则的基本要求。第二，关于受害人主张污染者承担责任或者第三人承担责任的归责原则问题。对于前者应适用无过错责任原则，对于后者则应适用过错责任原则。由此导致受害人的举证责任也不相同，尤其在第三人的责任承担问题上，受害人应当对第三人的过错承担举证责任，而对于环境污染无过错责任，则适用举证责任倒置的规则。在污染者承担相应责任后向第三人行使追偿权时，也应当贯彻过错责任原则，第三人最终仅是承担与其过错程度相适应的赔偿责任。就举证责任而言，受害人依法主张第三人承担侵权责任的，应当对该第三人的过错承担举证责任，同样如果侵权人主张是第三人行为造成损害的，也应依法对此抗辩事由承担举证责任，主张追偿权则更是如此。第三，关于第三人过错的认定标准问题。在第三人侵权责任中，对于第三人过错的认定，应当遵循客观标准为主、主观标准为辅的做法。即对于第三人过失的情形，应当按照客观标准的做法处理，但对于第三人故意的情形，则仍应当坚持按照主观标准来判断。比如，在一件环境侵权案例中，甲船在河道上正常行驶，乙船因驾驶失误撞上甲船，致甲船所载油料流入河中，污染丙的鱼塘，造成丙经济损失。[1] 这里关于乙船驾驶失误的认定就应当按照客观标准予以判断。再如，2005年4月到12月，刘某斌、时某勇及王某江等人多次对某油田的海底输油管道进行打孔盗油。直至2006年3月12日某油田发现其输油管道的打孔处发生原油外泄。为此，某

---

[1] 王胜明主编：《〈中华人民共和国侵权责任法〉条文解释与立法背景》，人民法院出版社2010年版，第274页。

油田仅因管道抢修就花费 4795.24 万元，给某油田造成了巨大的经济损失。而且，溢油污染更是给该段海域的生态环境带来了严重破坏，该海域人工养殖水产品直接经济损失达 13902.052692 万元。上述刘某斌等人对海底输油管道进行打孔盗油的行为显然就属于故意的范畴。[①] 第四，关于第三人行为的界定问题。这里的第三人行为系因其过错实施的行为，如上述的过失驾驶行为或者故意盗油行为等，这与污染者的行为应当有本质区别。环境污染行为，是指工矿企业等所产生的废气、废水、废渣、粉尘、垃圾、放射性物质等有害物质和噪声、震动、恶臭排放或传播到大气、水、土地等环境之中，使人类生存环境受到一定程度的危害的行为。第三人的过错行为不能是环境污染行为，否则该第三人的身份就发生根本变化。即第三人直接实施污染行为而造成损害的，第三人就应当属于污染者的范畴，其与本条中的污染者之间承担责任的规则所适用的法律依据应当是本解释第二条、第三条及第四条的规定。进而言之，第三人过错行为不是环境污染行为，而是由于第三人的过错行为作用于污染者，使污染者的污染行为造成了被侵权人的损害，即该第三人的行为必须与污染者行为结合在一起导致了损害后果。如果第三人的行为与污染者行为可以分开，单独导致了某一损害后果，那么就该损害的赔偿问题，第三人应该承担的是一个独立的侵权责任构成的自己责任。

【法条链接】

《中华人民共和国民法典》（2020 年 5 月 28 日）

第一千二百三十三条 因第三人的过错污染环境、破坏生态的，

[①] 最高人民法院研究室、最高人民法院环境资源审判庭编著：《最高人民法院环境侵权责任纠纷司法解释理解与适用》，人民法院出版社 2016 年版，第 76 页。

被侵权人可以向侵权人请求赔偿,也可以向第三人请求赔偿。侵权人赔偿后,有权向第三人追偿。

《中华人民共和国海洋环境保护法》(2017 年 11 月 4 日)

第八十九条 造成海洋环境污染损害的责任者,应当排除危害,并赔偿损失;完全由于第三者的故意或者过失,造成海洋环境污染损害的,由第三者排除危害,并承担赔偿责任。

对破坏海洋生态、海洋水产资源、海洋保护区,给国家造成重大损失的,由依照本法规定行使海洋环境监督管理权的部门代表国家对责任者提出损害赔偿要求。

《中华人民共和国水污染防治法》(2017 年 6 月 27 日)

第九十六条 因水污染受到损害的当事人,有权要求排污方排除危害和赔偿损失。

由于不可抗力造成水污染损害的,排污方不承担赔偿责任;法律另有规定的除外。

水污染损害是由受害人故意造成的,排污方不承担赔偿责任。水污染损害是由受害人重大过失造成的,可以减轻排污方的赔偿责任。

水污染损害是由第三人造成的,排污方承担赔偿责任后,有权向第三人追偿。

> 第十九条 【第三人侵权责任之二】因第三人的过错污染环境、破坏生态造成他人损害，被侵权人同时起诉侵权人和第三人承担责任，侵权人对损害的发生没有过错的，人民法院应当判令侵权人、第三人就全部损害承担责任。侵权人承担责任后有权向第三人追偿。
>
> 侵权人对损害的发生有过错的，人民法院应当判令侵权人就全部损害承担责任，第三人承担与其过错相适应的责任。侵权人承担责任后有权就第三人应当承担的责任份额向其追偿。

【条文主旨】

本条是就第三人侵权中第三人全部过错和部分过错的区分规定。

【条文理解】

本条分为两款，第一款规定的是第三人对损害发生有全部过错的一般情形，第二款规定的是第三人对损害发生仅有部分过错的情形。现就上述两种情形分别说明如下。

一、第三人侵权的一般情形

《民法典》第一千二百三十三条规定，因第三人的过错污染环境、破坏生态的，被侵权人可以向侵权人请求赔偿，也可以向第三人请求赔偿。侵权人请求赔偿后，可以向第三人追偿。关于第三人侵权的一般情形，有几个问题需要阐明：

(一)《民法典》第一千二百三十三条和第一千一百七十五条规定的关系

《民法典》第一千一百七十五条规定，损害是因第三人造成的，第三人应当承担侵权责任。该条规范的目的在于，作为被告的行为人通过证明受害人之损害另有法律上的原因，从而获得免责。一般认为，对第一千一百七十五条的规定应当作限缩解释，即仅适用于第三人的行为是损害发生的全部原因时，被告才能免责。否则，第三人范围过大，对于不作为间接侵害的压制会有不足。如在违反安全保障义务责任中，经营者、管理者就不能以第三人的过错主张免除自己的责任。[①]

作为一项原则性规定，《民法典》第一千一百七十五条一般适用于过错责任，而在无过错责任中不能当然适用。如《民法典》第一千二百零四条规定，因运输者、仓储者等第三人的过错使产品存在缺陷，造成他人损害的，产品的生产者、销售者赔偿后，有权向第三人追偿；第一千二百五十条规定，因第三人的过错致使动物造成他人损害的，被侵权人可以向动物饲养人或者管理人请求赔偿，也可以向第三人请求赔偿。动物饲养人或者管理人赔偿后，有权向第三人追偿。而在生态环境侵权中，则有第一千二百三十三条的规定。这样来看，第一千二百三十三条的规定在一定程度上可以理解为第一千一百七十五条的例外性规定。

第一千二百三十三条之所以只能在一定程度上理解为第一千一百七十五条的例外性规定，是因为两者适用的范围并不完全相同。按照相当因果关系理论，因果关系可以分为条件性和相当性。条件

[①] 冯钰：《安全保障义务与不作为侵权》，载《法学研究》2009年第4期。

性是指行为与结果在客观上的关联，表现为"无此行为，必不生此种损害"。其作用在于排除与造成某种结果无关的事物，具有过滤的作用。而相当性，则是首先肯定某一原因事实系某一结果的条件，但为避免因果关系链条过长损害行为自由，而以"有此行为，通常足生此种损害"为标准限制赔偿的范围，承担了价值判断功能。以此为标准，《民法典》第一千一百七十五条所谓"损害是因第三人造成的"，既适用于行为与损害结果不符合"条件性"，也适用于虽然符合"条件性"，但不符合"相当性"。例如，《民法典》第一千一百七十一条规定，二人以上分别实施侵权行为造成同一损害，每个人的侵权行为都足以造成全部损害的，行为人承担连带责任。如果部分行为人能够证明损害是由其他行为人造成的，即可以适用第一千一百七十五条的规定，在相应范围内免除责任。此时，该行为人的侵害行为与损害后果之间没有事实上的关联，因而不符合"条件性"。又如，甲驾车撞伤乙后逃逸，乙受伤并呼救。此后丙在救助乙的过程中被丁醉酒驾车撞倒后死亡。该案中，甲的行为与丙的死亡符合因果关系的"条件性"。如果没有甲将乙撞伤的行为，就不会发生丙救助乙的后续事实。但是，由于丁醉酒驾车的介入，阻断了甲与丙损害后果的因果关系，即甲的行为并不通常足以造成此种损害结果，因而不符合"相当性"。在这两种情况下，行为人都通过证明"损害是因第三人造成的"，而免除了自己的责任。

第一千二百三十三条则不然。该条规定"因第三人的过错污染环境、破坏生态的"应当限缩理解为行为人对损害的发生符合"条件性"，但可能不符合"相当性"的情形。例如，甲在驾驶车辆运输危险化学品路程中被乙驾驶的车辆追尾造成化学品泄露致人损害。如果没有甲车的运输行为，则损害后果不会发生，故两者之间符合因果关系的"条件性"。但是，损害的发生乃是乙车的过错引起，甲的行为与损害结果之间不符合"有此行为通常有此损害"的相当性，即因果关系因乙的行为介入而被阻断。此时，甲、乙应当按照第一千二百三十三条的规定承担责任。又如，丙向人民法院起诉，请求甲、乙二人分别就其排污行为造成的损害承担赔偿责任。甲经举证证明其污染物不会造成丙的损害后果，丙的损害系由乙排放的污染物所致。此时，法院不能援引《民法典》第一千二百三十三条的规定判令甲承担责任。这是因为，第一千二百三十三条令侵权人就第三人过错造成的损害承担责任，乃是基于侵权人开启了危险，两者的行为相互叠加共同作用造成了损害。如果所谓侵权人的行为与损害后果毫无客观事实上的关联，当然无须承担侵权责任。在英美法上，这种因果关系构成事实上的因果关系，而无法成立法律上的因果关系。因为缺乏对损害后果预见的可能性，而无法达到法律上因果关系的标准。

还需要注意的是，与《民法典》第一千一百七十五条"损害是因第三人造成的"表述相比，第一千二百三十三条"因第三人的过错污染环境、破坏生态的"增加了"过错"。我们认为，其意义在于强调生态环境侵权的无过错责任仅限于行为人，而对于行为人之外的责任人，应当适用过错责任原则。也就是说，在生态环境侵权中，无过错责任仅限于环境污染者和生态破坏者，对于帮助人、第三人、违反安全保障义务人、违反风险管控和修复义务等其他责任人，应该适用过错责任原则。

（二）侵权人对损害的发生没有过错的责任承担

按照"因第三人的过错污染环境、破坏生态的"表述，第三人责任适用的典型场景是第三人的过错是损害发生的全部原因。本条第一款规定的即为此种情形。需要注意的是，《民法典》第一千二百三十三条虽然规定的是"被侵权人可以向侵权人请求赔偿,也可以向第三人请求赔偿",但并未排斥被侵权人同时向侵权人和第三人主张的情形。同时,赋予被侵权人同时起诉侵权人和第三人有以下几点好处:一是有利于保护当事人权利。被侵权人同时起诉侵权人和第三人,能够最大限度保证受偿。同时,还有利于平等维护各方当事人的诉讼权利。二是有利于查清案件事实。正如前文所述,在第三人侵权责任中,虽然损害是由第三人的过错造成,但侵权人作为危险的开启者和危险设施的控制人,其行为(不作为)与损害结果之间具有客观上的联系,符合"条件性"。因此,在多数情况下,唯有侵权人和第三人均到庭参加诉讼,才更加有利于事实的查明。三是有利于节约诉讼资源。被侵权人在起诉侵权人或第三人后如未能受偿,还可能提起新的诉讼。与其如此,不如在一案中一并予以解决。

按照规定,侵权人对损害发生没有过错的,应当就全部损害承担责任,并有权向第三人追偿。在这一责任承担的法律构造中,侵权人承担的是中间责任而非终局责任。故而在理论上,侵权人可以通过追偿保障自己权益不受损。但在实践中,侵权人完全可能面临无法追偿的风险。

由此来看,生态环境侵权第三人责任是在无过错归责的基础上进一步加重了侵权人的责任。即侵权人不但在无过错的情况下不能免责,即便能够证明损害是由第三人引起,其仍然应当先行承担责任。

二、侵权人对损害的发生也有过错

在某市检察院诉运输公司、物流公司环境污染责任纠纷案[①]中,

[①] 参见甘肃矿区人民法院(2019)甘95民初4号民事判决书,载中国裁判文书网。

案外人马某才驾驶 A 车与前方行驶的由案外人柳某胜驾驶的运输公司经营的 B 车后尾部碰撞，发生道路交通事故，造成 B 车所载货物苯胺全部泄漏于附近农田。《道路交通事故认定书》认定：A 车负事故主要责任，B 车负事故次要责任。在该案中，运输公司作为侵权人与作为第三人的马某才对损害发生均有一定过错。关于二人应当如何承担责任，则是本条第二款规定的问题。

（一）"因第三人的过错"的两种观点

"因第三人的过错"包含两层含义：一是第三人对损害的发生有过错；二是第三人的过错是损害发生的原因。而在上述案例中，除了第三人有过错外，侵权人同样有过错。而且侵权人的过错亦为损害发生的原因。这样，侵权人和第三人的过错结合，造成了损害后果。关于此时是否适用《民法典》第一千二百三十三条的规定，理论界存在"否定说"与"肯定说"。

"否定说"认为，依照《民法典》第一千二百三十三条的规定，被侵权人向法院起诉第三人，根本不存在第三人的过错程度问题，而是全部损失都是由第三人过错造成的，第三人应当承担全部责任。如果第三人抗辩，主张自己的过错不是造成生态环境损害的全部原因，侵权人也有部分原因力时，就构成分别侵权行为，如被侵权人同时起诉侵权人和第三人的，应当根据《民法典》第一千一百七十二条的规定，由侵权人和第三人按照过错程度和原因力比例承担按份责任。[①]

"肯定说"认为，不论是第三人过错、侵权人无过错还是第三人无过错、污染者过错均属于第三人直接侵权和侵权人间接侵权相结

[①] 杨立新：《第三人过错造成环境污染损害的责任承担——环境侵权司法解释第 5 条规定存在的不足及改进》，载《法治研究》2015 年第 6 期。

合，侵权人对损害具有直接原因力，而第三人对损害具有间接原因力，因此这两种情形均应当纳入《民法典》第一千二百三十三条的规定中。① 但是在内部责任分担上，无过错和过错具有本质差异，因此无过错的侵权人可以向有过错的第三人行使完全追偿权。而第三人过错、侵权人过错的类型，虽然原则上也应当适用《民法典》第一千二百三十三条，但是在内部责任分担上，有过错的侵权人并不必然对有过错的第三人享有追偿权，此时应当容许有价值衡量的空间，因此应当对《民法典》第一千二百三十三条中的"侵权人赔偿后，有权向第三人追偿"作目的性限缩解释，解释为超出自己赔偿份额的，侵权人有权向第三人追偿相应的份额。②

"肯定说"进一步指出，"否定说"适用说会导致解释论价值上的冲突，在第三人过错、侵权人无过错案件中，第三人和侵权人承担不真正连带责任，受害人既可以向无过错的侵权人，也可以向有过错的第三人主张全部责任。然而第三人过错和污染者过错案件，受害人只能向有过错的第三人和有过错的侵权人主张相应份额的责任。考虑到侵权人经济能力一般比第三人强，从外部责任承担上，对有过错的侵权人反而优待于无过错的侵权人，无论是从区分规制的角度，还是从对受害人保护的角度，"否定说"适用说都难以谓之合理。为此，有必要就《民法典》第一千二百三十三条重新作出解释，即该条规定解释为部分连带责任而非不真正连带责任。③

（二）"肯定说"的理论证成

2015年《环境侵权责任规定》第五条第二款规定："被侵权人

---

① 李中原：《多数人侵权责任分担机制研究》，北京大学出版社2014年版，第281页。
② 王利明：《侵权责任法研究》（上卷），中国人民大学出版社2010年版，第579页。
③ 庄敬华：《论〈侵权责任法〉第六十八条之部分连带责任性质》，载《中国政法大学学报》2017年第1期。

请求第三人承担赔偿责任的,人民法院应当根据第三人的过错程度确定其相应赔偿责任。"这里的"第三人的过错程度",当然可以理解为根据第三人自己的过错形态,如故意、重大过失、过失等确定其责任。但更为妥当的理解则是比较侵权人、第三人的过错程度,合理分配侵权人和第三人各自的责任。这表明,司法实践采用了"肯定说"的立场,即在侵权人、第三人都有过错的情况下,仍应适用《民法典》第一千二百三十三条的规定。

本解释继续采用了"肯定说"的立场。理由在于:首先,按照文义解释,《民法典》第一千二百三十三条规定的"因第三人的过错",既可以理解为因第三人的全部过错,也可以理解为因第三人的部分过错。其次,按照目的解释,侵权人之所以要对第三人引起的损害承担中间责任,是因为侵权人控制了危险设施、开启了危险、因此获得了利益。侵权人承担此种责任的正当性基础,与其自身是否有无过错并无关联。最后,从法律效果来看,当侵权人对损害的发生没有过错时,尚且要对第三人的过错承担中间责任。且这种中间责任在实践中极有可能因第三人无力赔偿而成为事实上的终局责任。如果采用"否定说"的立场,则当侵权人对损害的发生也有过错时,却无须为第三人的过错承担中间责任,无疑存在重大矛盾。如此,当在第三人侵权诉讼中第三人没有赔偿能力时,侵权人就有可能试图通过自证对损害的发生也有过错,排除《民法典》第一千二百三十三条的适用以减轻责任,这显然是荒谬的。至于《民法典》第一千二百三十三条是否为不真正连带责任之争,其意义主要在于理论上的探讨,不能为了理论上的自洽而影响规则的合理设计。

2015年《环境侵权责任规定》第五条虽然明确了应当根据第三人的过错确定赔偿责任,但其表述较为隐晦,且并未就侵权人和第三人的过错予以进一步明确,在规则的清晰程度和可操作性上仍存在欠缺。为此，本条第二款明确，人民法院应当判令侵权人就全部损害承担责任，第三人承担与其过错相适应的责任。侵权人承担责任后有权就第三人应当承担的责任份额向其追偿。也就是说，侵权人和第三人的责任应当划分为内部责任和外部责任。在外部责任上，侵权人、第三人对损害的发生都有过错时，应当适用《民法典》第一千二百三十三条的规定，由侵权人就全部损失承担责任，第三人承担与其过错相适应的责任。而在内部责任上，由于侵权人的过错也是损害发生的原因，故应当适用《民法典》第一千一百七十二条的规定确定侵权人和第三人的责任份额，并限制侵权人的追偿权。即侵权人仅应当就超出责任份额的部分向第三人追偿。

需要指出的是，在确定侵权人和第三人责任份额时，应当充分考量两者的过错程度。如果侵权人是一般过失，而第三人为故意时，可以认为第三人的故意行为阻断了侵权人过错与损害后果的因果关系，侵权人对损害后果仅有事实上而无法律上的因果关系。侵权人在承担责任后，可以适用本条第一款的规定，就全部损害向第三人追偿。

【审判实践中需要注意的问题】

在本条的适用中，需要注意以下几个问题：

一、区分本条与数人侵权的关系

在第三人过错、侵权人过错的场合，损害后果是由双方的过错结合造成。因而在内部责任划分上，应当适用《民法典》第一千一百七十二条的规定确定各自份额。而在外部责任上，仍应当适用《民法典》第一千二百三十三条的规定。与典型的数人侵权相比，其适用范围有以下特点：第一，侵权人的行为一般是损害发生的"原罪",而第三人的行为则是引发损害的近因。所谓近因,是指最近的因果关系,损害的近因是指主因、动因或有效原因。在多数情况下,侵权人的行为往往体现为不作为,第三人的行为则一般是作为。侵权人的过错形态一般是过失,而第三人的过错形态则既有过失也有故意。当然,此种情形并非绝对,但相对于一般数人侵权而言,"侵权人不作为+第三人作为"是第三人侵权责任中较为普遍的现象。第二,侵权人是控制危险设施、开启危险、因此获利的人,而第三人是作为介入因素引起损害的人。数人侵权则无此限制。例如,甲、乙两个化工厂同时排污,如甲、乙双方同时按照排放标准排放则不会造成损害。但由于乙超标排污导致污染物浓度过大造成损害,就可以认为是乙引起了损害后果的发生。然而,此时甲、乙双方都是危险的开启者,故不适用第三人侵权的相关规则,应当承担按份责任。第三,侵权人与第三人没有合同等法律关系。如侵权人是第三人的雇主或委托人,则不适用第三人侵权的规则。

二、关于裁判文书的判项写作

一般认为,《民法典》第一千二百三十三条的规定属于不真正连带责任。关于在文书中如何表述不真正连带各债务人的责任,实践中有不同做法:一是判令各债务人承担连带责任;二是判令各债务人共同承担责任;三是判令各债务人分别赔偿,债权人对另一方债务人的债权即消灭。我们认为,上述三种表述均有不妥。在第三人侵权责任中,侵权人承担的是中间责任,即为第三人的过错先行承担责任。侵权人与第三人不构成连带责任。《民法典》第一百七十八条第三款规定,"连带责任,由法律规定或者当事人约定"。在《民法典》第一千二百三十三条未明确侵权人、第三人为连带责任的情况下,法院判令双方承担连带责任没有法律依据。同理,既然侵权人是中间责任而非终局责任，那么判令侵权人与第三人共同承担责任亦有不妥。而如果判令侵权人与第三人分别承担责任，一方面容易产生侵权人、第三人按照《民法典》第一千一百七十二条的规定承担按份责任的误解；另一方面侵权人与第三人分别承担责任，与侵权人在承担责任后可以向第三人追偿显属矛盾。

在综合考量各方面因素后，我们认为，于第三人过错、侵权人无过错的情形，在判项中表述为侵权人、第三人应当就损害承担赔偿责任即可。同时，还要明确侵权人承担责任后有权向第三人追偿。于第三人过错、侵权人过错的情形，应当在判决中明确侵权人和第三人的内部责任份额，判令侵权人应当就全部损害承担赔偿责任，第三人应当根据其过错确定相应的责任。同时，还应明确侵权人有权就承担超出其责任份额的部分向第三人追偿。最后，为避免重复受偿，还应明确被侵权人自侵权人或第三人处受偿后，对另一方的债权在相应范围内消灭。

【法条链接】

《中华人民共和国民法典》（2020年5月28日）

第一千二百三十三条 因第三人的过错污染环境、破坏生态的，被侵权人可以向侵权人请求赔偿，也可以向第三人请求赔偿。侵权人赔偿后，有权向第三人追偿。

《中华人民共和国海洋环境保护法》（2017年11月4日）

第八十九条 造成海洋环境污染损害的责任者，应当排除危害，并赔偿损失；完全由于第三者的故意或者过失，造成海洋环境污染损害的，由第三者排除危害，并承担赔偿责任。

对破坏海洋生态、海洋水产资源、海洋保护区，给国家造成重大损失的，由依照本法规定行使海洋环境监督管理权的部门代表国家对责任者提出损害赔偿要求。

《中华人民共和国水污染防治法》（2017年6月27日）

第九十六条　因水污染受到损害的当事人，有权要求排污方排除危害和赔偿损失。

由于不可抗力造成水污染损害的，排污方不承担赔偿责任；法律另有规定的除外。

水污染损害是由受害人故意造成的，排污方不承担赔偿责任。水污染损害是由受害人重大过失造成的，可以减轻排污方的赔偿责任。

水污染损害是由第三人造成的，排污方承担赔偿责任后，有权向第三人追偿。

> 第二十条　【第三人侵权责任之三】被侵权人起诉第三人承担责任的，人民法院应当向被侵权人释明是否同时起诉侵权人。被侵权人不起诉侵权人的，人民法院应当根据民事诉讼法第五十九条的规定通知侵权人参加诉讼。
>
> 被侵权人仅请求第三人承担责任，侵权人对损害的发生也有过错的，人民法院应当判令第三人承担与其过错相适应的责任。

【条文主旨】

本条是关于第三人过错生态环境侵权责任中被侵权人仅起诉第三人的规定。

【条文理解】

本解释第十八条规定了因第三人的过错污染环境、破坏生态造成他人损害，侵权人和第三人的责任承担。根据规定，被侵权人可以向侵权人请求赔偿，也可以向第三人请求赔偿。本解释第十九条规定了被侵权人同时起诉侵权人和第三人时的责任承担。本条则对被侵权人仅起诉第三人时，人民法院行使释明权、依职权通知侵权人参加诉讼及第三人责任承担作出规定。

一、生态环境侵权中的第三人过错责任

为了更好地保护生态环境和救济被侵权人的损害，生态环境侵权责任适用无过错责任原则，即无论侵权人主观上是否存在过错，只要有侵权行为，并且造成了他人人身或者财产的损害，侵权人就要承担环境侵权责任。同时，《民法典》第一千二百三十三条规定了生态环境中的第三人过错侵权责任，被侵权人在人身、财产受到损害后可以向侵权人主张责任，也可以向第三人主张责任，侵权人承担责任后可以向第三人追偿，第三人与侵权人承担不真正连带责任。第三人是独立于侵权人之外的人，法律并没有特别规定对该第三人适用无过错责任原则，其承担责任与否须根据过错责任原则来认定。在生态环境侵权责任中，真正造成生态环境侵权损害的，是侵权人的侵权行为，但是由于第三人的过错行为作用于侵权人，使侵权人的侵权行为造成了被侵权人的损害，侵权人的侵权行为具有较为直接的因果关系。因此，第三人的过错不能成为侵权人免责或减轻责任的事由，但侵权人承担责任后可以向有过错的第三人追偿。

二、生态环境侵权不真正连带责任诉讼主体

（一）人民法院的释明权

本条规定，被侵权人起诉第三人承担责任的，人民法院应当向被侵权人释明是否同时起诉侵权人。人民法院释明权，也即法官释明权，是指在民事诉讼中，遇到当事人的主张或者陈述不明确、不充分，或者有不当的诉讼主张与陈述，法官通过对当事人进行发问、提醒、启发当事人将不清楚的予以澄清，不充足的予以补充，不适当的予以排除、修正的行为。① 因第三人过错污染环境、破坏生态造成他人损害，被侵权人可以选择起诉第三人或侵权人，也可以同时起诉第三人和侵权人。因为在第三人责任中，侵权人往往是更有偿付能力的一方，从充分保障被侵权人的合法权益角度考虑，也从有利于充分查明事实、明确各自责任、实现纠纷一次性解决，消除重复多诉风险和重复受偿隐患的角度出发，当被侵权人起诉第三人承担责任时，法官应当向其充分释明，倡导被侵权人同时起诉侵权人与第三人。但被侵权人是否追加侵权人为被告是选择性的权利。当被侵权人同意变更诉讼请求，同时起诉侵权人的，人民法院应当追加侵权人为共同被告。如果经法官释明，被侵权人不起诉侵权人的，人民法院应当通知侵权人参加诉讼。

（二）人民法院通知侵权人作为无独立请求权第三人参加诉讼

作为无独立请求权的第三人参加诉讼，必须符合以下条件：

---

① 周继军：《民事证据规则适用》，中国民主法制出版社2013年版，第50页。

（1）与案件处理结果有法律上的利害关系。所谓法律上的利害关系，是指无独立请求权的第三人的实体权利义务将受原告和被告间诉讼结果的影响。（2）所参加的诉讼正在进行。时间是从被告应诉起，到诉讼审理终结止，一般也是在第一审程序中。（3）申请参加诉讼或由法院通知其参加诉讼。无独立请求权的第三人参加诉讼的途径有两条：一是根据自己的请求；二是由人民法院通知参加诉讼。

如前所述，为了充分保护被侵权人的合法权益，在诉讼程序上，允许被侵权人对侵权人和第三人进行选择，参照连带责任诉讼模式，允许被侵权人择一起诉或同时起诉。当被侵权人不起诉侵权人时，人民法院应当根据《民事诉讼法》第五十九条的规定通知侵权人参加诉讼，此时侵权人是作为无独立请求权第三人参加诉讼。这是因为，诉讼过程中涉及案件事实的认定、将来可能存在的追偿责任份额确定或者终局责任大小的确定问题，若侵权人未参加诉讼，其在此诉讼中就有关案件事实的认定及法律适用问题没有抗辩、反驳或者提出相应主张等的程序机会，这无疑使其在此有直接利害关系的案件中缺乏相应的程序保障，影响其实体权益。

侵权人作为无独立请求权第三人参加诉讼的，不是完全独立的诉讼当事人，其在诉讼中依附于被告（即有过错的第三人），不具有与当事人相同的诉讼地位，对原、被告之间争议的诉讼标的虽然没有独立的请求权，但案件的最后处理结果与其有法律上的利害关系。根据《民事诉讼法司法解释》第八十二条规定，在一审诉讼中，侵权人作为无独立请求权的第三人无权提出管辖异议，无权放弃、变更诉讼请求或者申请撤诉，被判决承担民事责任的，有权提起上诉。

（三）侵权人和第三人诉讼地位

根据《民法典》第一千二百三十三条的规定，被侵权人可以向侵权人请求赔偿，也可以向第三人请求赔偿；侵权人赔偿后，有权向第三人追偿。这是一种典型的不真正连带责任，如果被侵权人选择的侵权责任人就是最终责任人，则该责任人就应当承担最终侵权责任；如果被侵权人选择的责任人是中间责任人，则承担了侵权责任的责任人可以向最终责任人追偿，最终责任人应当向中间责任人承担偿付责任。侵权人与第三人以被侵权人是否主张为标准，可具有共同被告或者单独被告的诉讼地位。这种制度设计便于被侵权人寻求救济，可以更好地保护被侵权人权益。

《民法典》第一千二百二十九条确立了生态环境侵权适用无过错责任原则，本解释第四条第一款明确规定，"污染环境、破坏生态造成他人损害，行为人不论有无过错，都应当承担侵权责任"。基于此，在存在过错第三人的情况下，被侵权人的起诉选择和侵权人、第三人的诉讼地位及责任承担有以下六种情形：（1）当侵权人对损害的发生没有过错，被侵权人选择仅以侵权人为被告的，侵权人仅是不真正连带责任的中间责任人，侵权人承担责任后，有权向第三人追偿，有过错的第三人才是终局责任人。（2）当侵权人对损害的发生也有过错，被侵权人选择仅以侵权人为被告的，侵权人承担全部责任后，可以就第三人应该承担的责任份额向其追偿，有过错的第三人在其责任份额内为终局责任人。（3）当侵权人对损害的发生没有过错，被侵权人选择仅以第三人为被告的，第三人即为终局责任人，此种情形不存在中间责任人。（4）当侵权人对损害的发生也有过错，被侵权人选择仅以第三人为被告的，第三人在其责任份额内为终局责任人，此种情形不存在中间责任人。（5）当侵权人对损害的发生没有过错，被侵权人同时起诉侵权人和第三人的，侵权人和第三人为共同被告，人民法院应当判令侵权人、第三人就全部损害承担责任，侵权人承担责任后有权向第三人追偿。若侵权人先行赔付，则侵权人是中间责任人，第三人是终局责任人。（6）当侵权人对损害的发生也有过错，被侵权人同时起诉侵权人和第三人的，侵权人和第三人为共同被告，人民法院应当判令侵权人就全部损害承担责任，第三人就其责任份额承担责任，侵权人承担责任后有权就第三人应当承担的责任份额向其追偿。侵权人在赔付超过其责任份额部分时为中间责任人，第三人在其责任份额内为终局责任人。这也是本解释第十八条、第十九条、第二十条的应有之义。

可以看到，在生态环境侵权不真正连带责任中，实体法也赋予了被侵权人起诉主体选择权——可以仅起诉侵权人或第三人抑或同时起诉侵权人和第三人。而被侵权人的不同选择会分别产生不同的法律后果，本条文对被侵权人起诉第三人承担责任的情形作出规定。一方面，在第三人责任中，侵权人往往是更有偿付能力的一方。被侵权人起诉第三人承担责任时，为保障被侵权人受偿权的实现，人民法院应当向被侵权人释明是否起诉侵权人。人民法院告知被侵权人尽可能地将关联的被告均纳入诉讼体系，也是希望能实现纠纷一次性解决，消除重复多诉风险和重复受偿隐患。另一方面，基于污染环境、破坏生态事实查明，以及赋予未被起诉的侵权人诉讼法上的地位并使其获得相应的程序保障的要求，也有必要令侵权人参加诉讼。因此，如被侵权人不起诉侵权人的，人民法院亦应当根据《民事诉讼法》第五十九条的规定通知侵权人参加诉讼，此时追加的侵权人是作为无独立请求权第三人参加诉讼。

三、侵权人和第三人责任承担

本条第二款规定，当被侵权人仅请求第三人承担责任，而侵权人对损害的发生也有过错的，人民法院应当判令第三人就其责任份额承担责任。一般而言，该第三人与侵权人之间没有意思联络，也没有与侵权人的行为直接结合造成损害后果的发生。如果第三人与被告之间基于共同的意思联络（如第三人为被告的帮助人）而致原告损害，将作为共同侵权行为人而对被侵权人承担连带责任。

在生态环境侵权责任中，真正造成环境侵权损害的，是侵权人的侵权行为，但是由于第三人的过错行为作用于侵权人，使侵权人的侵权行为造成了被侵权人的损害，第三人过错并没有切断侵权行为与损害后果之间的因果关系，侵权人的侵权行为与损害后果具有较为直接的因果关系。加之在《民法典》绿色原则背景下，可能造成污染的民事主体应负有谨慎、妥善保管污染物质、防止发生污染事故的义务。因而，从注重保护生态环境和被侵权人利益的角度出发，也是适应追求实质公平的需要，第三人过错不应作为侵权人生态环境污染民事责任的抗辩事由。在严格责任下，无论侵权人是否存在过错，侵权人都应当承担责任。根据《民法典》第一千一百七十三条、第一千一百七十四条的规定，只有受害人故意或者重大过失能够成为生态环境污染侵权的法定免责事由。否则即便第三人对损害的发生存在过错，侵权人仍然需要承担侵权责任。

而现实中被侵权人可能会坚持仅请求第三人承担责任，如果侵权人对损害的发生没有过错，那么第三人就是终局责任人，应当对全部损害承担责任。而当侵权人对损害的发生也有过错时，人民法院应当按照《民法典》第一千一百七十二条的规定，明确第三人与其过错程度相适应的责任份额，第三人仅在其责任份额范围内承担责任。

四、第三人过错生态环境侵权案例分析

我们通过具体案例对第三人过错造成生态环境侵权案件的审理进行分析。

以郝某、郑某环境污染责任纠纷一案①为例。本案受诉法院查明，原告郝某、郑某系某村村民，2011年开始，将自家耕地22亩进行开发改造，进行水产养殖。为了灌溉全镇区域内的全部水资源，2018年被告某镇政府监管修建某村排灌站，在建站过程中因工程需要堵塞上下水主要管线，造成被告某公司排放的污水倒灌至郝某、郑某等农户养殖区内，导致养殖区内越冬鱼蟹全部死亡。某镇政府分别与原告郝某、郑某于2018年5月18日达成协议，由某镇政府一次性补偿原告4万元，后因故原告没有领取补偿款。经鉴定，原告的经济损失为281636元。另查明，2018年5月18日的协议书中载明："自2018年3月份由于污水污染，造成乙方鱼蟹死亡，由镇政府一次性赔偿郝某4万元。"二原告并未在协议书中签字。被告某公司认可有污水排放行为，但是污水经过污水处理厂处理，并未超标。

关于原告的损害与被告某公司排放的污染物之间是否存在关联性的举证责任分配问题。受诉法院认为，根据《侵权责任法》第六十五条的规定，因环境污染造成损害的，污染者应当承担侵权责任。2015年《环境侵权责任规定》第一条第一款规定，因污染环境造成损害，不论污染者有无过错，污染者应当承担侵权责任。污染者以排污符合国家或者地方污染物排放标准为由主张不承担责任的，人民法院不予支持。本案中，原告提供了鱼蟹死亡的照片以及视频资料，证明了污水倒灌鱼蟹死亡的事实，原告已经完成了初步举证责任。被告某公司应当对其行为与损害之间不存在因果关系承担举证责任，现被告某公司并未提供证据证明，应承担举证不能的责任。故可以认定原告的损害与被告的排污行为之间存在因果关系，被告

---

① 参见辽宁省盘锦市中级人民法院（2019）辽11民终446号民事判决书，载中国裁判文书网。

某公司应承担赔偿责任。关于被告某镇政府应否承担赔偿责任问题。受诉法院认为，《侵权责任法》第六十八条规定，因第三人的过错污染环境造成损害的，被侵权人可以向污染者请求赔偿，也可以向第三人请求赔偿。污染者赔偿后，有权向第三人追偿。2015年《环境侵权责任规定》第五条第一款规定，被侵权人根据《侵权责任法》第六十八条规定分别或者同时起诉污染者、第三人的，人民法院应予受理。本案中，污水污染损害系因被告某镇政府堵塞管线，导致污水倒灌所致，某镇政府存在过错，故其应与被告某公司承担不真正连带责任，被告某公司承担赔偿责任后可向某镇政府追偿。综上，受诉法院判决被告某镇政府、被告某公司赔偿原告郑某、郝某损失281636元。此为适用本解释第十九条第一款的情形。

本案中，某公司作为排污单位，其污水直接作用于郝某、郑某养殖区生态环境，造成郝某、郑某财产损害，是侵权人，应当承担侵权责任；污水经过处理并未超标不能成为某公司免责事由。某公司污水倒灌系某镇政府堵塞管线导致，某镇政府为有过错的第三人，根据本案法院认定事实，某镇政府过错责任份额应为100%。实务中，郝某、郑某还可以择一进行起诉：（1）若郝某、郑某起诉某公司请求赔偿，某公司不能以是某镇政府的过错为由主张不承担或减轻责任；某公司为中间责任人，某镇政府为终局责任人，某公司承担全部赔偿责任后，有权向某镇政府追偿。此为适用本解释第十八条的情形。（2）若郝某、郑某起诉某镇政府承担责任，人民法院应当向其释明是否同时起诉某公司。郝某、郑某不起诉某公司的，人民法院应当通知某公司作为无独立请求权第三人参加诉讼；郝某、郑某仅请求某镇政府承担责任的，此时某公司未超标排污，对损害的发生没有过错，人民法院应当判令某镇政府就全部损害承担责任。此为适用本条文的情形。

【审判实践中需要注意的问题】

1. 从程序法上讲，侵权人与第三人以被侵权人是否主张为标准，可具有共同被告或者单独被告的诉讼地位。那么，受害人单独主张其中一个主体承担责任，其后又申请追加另一主体为共同被告的，人民法院是否应准许？我们认为，这一情形符合《民法典》第一千二百三十三条的基本精神，人民法院对于当事人的申请应当允许。但是，对于受害人没有主张追加的情况下，已经被起诉的被告如是侵权人的，其是否有权追加第三人参加诉讼，则争议较大。有观点认为，为了查明案件事实、保障第三人的程序权利以及彻底解决纠纷，人民法院应当准许追加。这一观点有一定道理，但从《民法典》第一千二百三十三条的基本文义、尊重被侵权人选择权的角度考虑，不宜将不真正连带之债界定为必须共同进行的必要共同诉讼，即这一申请追加行为，人民法院不宜准许。同样，若被侵权人明确以侵权人或者第三人为单独被告的情况下，人民法院也不宜依职权追加另一主体作为被告参加到诉讼中来。此时，人民法院可以根据《民事诉讼法》第五十九条的规定，通知其作为无独立请求权第三人参加诉讼。

2. 被侵权人仅起诉第三人，事后又起诉侵权人的，人民法院应予支持。当事人的主张或陈述不明确、不充分、不适当时，人民法院行使释明权，一方面是为了引导当事人充分行使其诉讼权利，实现实体、程序公正；另一方面也有助于提高司法效率。被侵权人起诉第三人承担责任，经人民法院释明被侵权人仍仅起诉第三人，而被侵权人获得胜诉判决后，经强制执行被告不能得到全部赔偿时，被侵权人可否就未获得赔偿的部分另行起诉侵权人以主张权利？从理论上讲，当侵权人同时起诉全部侵权人和第三人时，法院作出合一判决，不会存在因分别审理和判决导致冲突判决和重复得利的情况。但当被侵权人先后分别起诉侵权人和第三人时，原则上不构成重复起诉，但需关注在先判决的执行情况，甚至在后判决的执行阶段，也要同时关注在先判决的执行情况，避免重复受偿。实践中，为充分保障被侵权人诉权，使其受损的人身、财产权利得到充分补偿，人民法院应以被侵权人损害是否得到完全赔偿为衡量标准，当被侵权人仅起诉第三人但未得到足额赔付时，可以再另行起诉侵权人，但要注意先后判决的履行情况，避免重复受偿。

3. 侵权人作为无独立请求权的第三人参加诉讼，虽对原、被告双方的诉讼标的没有独立请求权，但案件处理结果同他有法律上的利害关系，为了保护其合法权益，其在诉讼中有权了解原告起诉、被告答辩的事实和理由，并向人民法院递交陈述意见书，陈述自己对该争议的意见。开庭审理时，人民法院应当用传票传唤其出庭。在庭审中，无独立请求权的第三人可以陈述意见，提供证据，参加法庭辩论。如果经过两次合法传唤，无独立请求权的第三人无正当理由拒不到庭的，人民法院可以缺席判决。

4. 各类型不真正连带责任在追偿时归责原则的区别。《民法典》第一千二百零三条第二款规定了产品责任中的不真正连带责任——生产者向销售者的追偿，第一千二百零四条规定了产品责任中生产者、销售者向第三人的追偿，以上两种情形在追偿时适用一般过错责任原则。《民法典》第一千二百二十三条规定了医疗产品缺陷责任中医疗机构向药品上市许可持有人、生产者、血液提供机构之间的追偿，此种情形适用无过错责任原则。《民法典》第一千二百三十三条规定的因第三人的过错污染环境、破坏生态侵权责任中侵权人向第三人的追偿，也就是本解释第十八条、第十九条、第二十条所明确的情形，适用一般过错责任原则。在生态环境侵权中，对于侵权人应适用无过错责任原则，对于第三人则应适用一般过错责任原则。由此导致的被侵权人的举证责任也不相同，尤其在第三人的责任承担问题上，被侵权人应当对第三人的过错承担举证责任。在侵权人承担相应责任后向第三人行使追偿权时，也应当贯彻一般过错责任原则，第三人最终仅承担与其过错程度相适应的赔偿责任。

【法条链接】

《中华人民共和国民法典》（2020 年 5 月 28 日）

第一千二百三十三条　因第三人的过错污染环境、破坏生态的，被侵权人可以向侵权人请求赔偿，也可以向第三人请求赔偿。侵权人赔偿后，有权向第三人追偿。

《中华人民共和国民事诉讼法》（2023 年 9 月 1 日）

第五十九条　对当事人双方的诉讼标的，第三人认为有独立请求权的，有权提起诉讼。

对当事人双方的诉讼标的，第三人虽然没有独立请求权，但案件处理结果同他有法律上的利害关系的，可以申请参加诉讼，或者由人民法院通知他参加诉讼。人民法院判决承担民事责任的第三人，有当事人的诉讼权利义务。

前两款规定的第三人，因不能归责于本人的事由未参加诉讼，但有证据证明发生法律效力的判决、裁定、调解书的部分或者全部内容错误，损害其民事权益的，可以自知道或者应当知道其民事权益受到损害之日起六个月内，向作出该判决、裁定、调解书的人民法院提起诉讼。人民法院经审理，诉讼请求成立的，应当改变或者撤销原判决、裁定、调解书；诉讼请求不成立的，驳回诉讼请求。

> 第二十一条 【相关机构弄虚作假的连带责任】环境影响评价机构、环境监测机构以及从事环境监测设备和防治污染设施维护、运营的机构存在下列情形之一，被侵权人请求其与造成环境污染、生态破坏的其他责任人根据环境保护法第六十五条的规定承担连带责任的，人民法院应予支持：
> （一）故意出具失实评价文件的；
> （二）隐瞒委托人超过污染物排放标准或者超过重点污染物排放总量控制指标的事实的；
> （三）故意不运行或者不正常运行环境监测设备或者防治污染设施的；
> （四）其他根据法律规定应当承担连带责任的情形。

【条文主旨】

本条是关于环境影响评价机构、环境监测机构以及专门从事环境监测设备和防治污染设施维护、运营的机构因弄虚作假与其他责任人承担连带责任的规定。

【条文理解】

本条的法律依据为《环境保护法》第六十五条，该条规定："环境影响评价机构、环境监测机构以及从事环境监测设备和防治污染设施维护、运营的机构，在有关环境服务活动中弄虚作假，对造成的环境污染和生态破坏负有责任的，除依照有关法律法规规定予以处罚外，还应当与造成环境污染和生态破坏的其他责任者承担连带责任。"《环境保护法》第六十五条为环境服务机构因其弄虚作假行为承担连带责任提供了法律依据，但该条规定较为简单，确定责任时没有区分各类环境服务的性质及其在环境污染和生态破坏中的作用，实践中造成环境污染或者生态破坏的责任主体和环境服务机构互相推卸责任的现象时有发生，从而导致法律适用困难。为进一步明确环境服务机构侵权行为表现形式和侵权责任，本条作了进一步规定。

一、关于连带责任的问题

所谓连带责任，《侵权责任法》第十三条规定，法律规定承担连带责任的，被侵权人有权请求部分或者全部连带责任人承担责任。根据侵权责任的一般理论，承担连带责任的前提是共同侵权行为。《民法典》第一千一百六十八条、第一千一百七十一条完整移植了《侵权责任法》第八条、第十一条的规定，可以认为共同侵权在构成要件上兼采主观关联共同与有限的客观关联共同说，具体分为典型的共同侵权行为和非典型的共同侵权行为。典型的共同侵权行为是指两个或两个以上的行为人，基于共同故意或者共同过失，侵害他人合法民事权益造成损害的，应当承担连带责任的侵权行为。《民法典》第一千一百六十八条规定："二人以上共同实施侵权行为，造成他人损害的，应当承担连带责任。"非典型的共同侵权行为主要指无意思联络的共同侵权。所谓无意思联络的共同侵权，《民法典》第一千一百七十一条规定："二人以上分别实施侵权行为造成同一损害，每个人的侵权行为都足以造成全部损害的，行为人承担连带责任。"二人以上分别实施加害行为具体表现在，各个行为人之间没有主观上的意思联络，也不存在共同过错，各个加害行为之间相互独立，包括作为和不作为。二人以上分别侵权造成同一损害，即虽然存在数个加害行为，但它们所造成的损害后果是紧密结合不可分的。

二、关于生态环境服务机构的连带责任问题

生态环境服务机构作为政府部门和企业间的桥梁，一直以来秉持着"让专业的人做专业的事"的理念，为委托方提供环评、环境监测、环境治理、环保设备设施运维等中介服务。但随着市场的发展，近年来少数第三方环保服务机构盲目追求经济利益，弄虚作假，帮助排污企业蒙混过关，严重扰乱了第三方环保服务的市场秩序。本条旨在通过制定生态环境服务机构与环境污染者、生态破坏者侵权行为连带责任特别规定，进一步规范生态环境服务机构的从业行为。

（一）环境影响评价机构的连带责任

1. 环境影响评价制度。《环境影响评价法》第二条规定："本法所称环境影响评价，是指对规划和建设项目实施后可能造成的环境影响进行分析、预测和评估，提出预防或者减轻不良环境影响的对策和措施，进行跟踪监测的方法和制度。"《环境保护法》第十九条规定："编制有关开发利用规划，建设对环境有影响的项目，应当依法进行环境影响评价。未依法进行环境影响评价的开发利用规划，不得组织实施；未依法进行环境影响评价的建设项目，不得开工建设。"环境影响评价的出现并成为一种制度，正是迎合了经济社会发展的需要，在风险社会的大背景下，不确定性风险的存在增加了政府和企业决策与实施的难度，环境影响评价制度在助推经济社会发展的过程中充分展现了其科学性、预防性和实效性的特质，为风险决策提供了更加科学的路径依赖。环境影响评价，按照评价对象可分为规划环评和建设项目环评；按照环境要素，可分为大气、地表水、土壤、噪声、固体废物、生态环境环评；按照评价专题，可分为人群健康评价、清洁生产与循环经济分析、污染物排放总量控制、

环境风险评价；按照时间顺序，可分为环境质量现状评价、环境影响预测评价、规划环境影响跟踪评价、建设项目环境影响后评价。

2. 环境影响评价机构弄虚作假的行为表现。一是环评文件抄袭。包括环评文件中项目建设地点、主体工程及其生产工艺明显不属于本项目的；现有工程基本情况、污染物排放及达标情况明显不属于本项目的；环境现状调查、预测评价结果明显不属于本项目的。二是关键内容遗漏。包括环评文件隐瞒项目实际开工情况的；遗漏生态保护红线、自然保护区、饮用水水源保护区或者以居住、医疗卫生、文化教育为主要功能的区域等重要环境保护目标的；未开展相关环境要素现状调查与评价，未提出有效的环境污染和生态破坏防治措施的。三是数据结论错误。包括环评文件编造、篡改环境现状监测、调查数据或者危险废物鉴别结果的；编造相关环境要素或环境风险等现状调查、预测、评价内容或结果的；降低环评标准，致使环评结论不正确的；建设项目类型及其选址、布局、规模等明显不符合环境保护法律法规，仍给出环境影响可行结论的。四是其他造假情形。包括建设单位和规划编制机关未组织开展公众参与却凭空编造公众参与内容，或者篡改实际公众参与调查结果的；相关单位故意篡改、隐瞒工程建设内容、规模等，以降低环评文件类型或者评价工作等级的；环评单位、环评文件编制主持人、主要编制人员在环评文件中假冒、伪造他人签字签章的；其他基础资料明显不实，内容、结论有虚假的。

3. 法律责任。《环境影响评价法》第三十二条第二款规定："接受委托编制建设项目环境影响报告书、环境影响报告表的技术单位违反国家有关环境影响评价标准和技术规范等规定，致使其编制的建设项目环境影响报告书、环境影响报告表存在基础资料明显不实，内容存在重大缺陷、遗漏或者虚假，环境影响评价结论不正确或者不合理等严重质量问题的，由设区的市级以上人民政府生态环境主管部门对技术单位处所收费用三倍以上五倍以下的罚款；情节严重的，禁止从事环境影响报告书、环境影响报告表编制工作；有违法所得的，没收违法所得。"环境影响评价机构接受委托后，与委托人恶意串通，在环境影响评价活动中弄虚作假，致使评价结果失实，或者环境影响评价机构虽未与委托人恶意串通，但为了维持自己的市场地位，故意作出有利于委托人的评价，致使评价结果失实，则无论是前一种有共同故意的行为，还是后一种无共同故意的分别行为，委托人在环境影响评价文件获得审批后，其经营行为造成了环境污染或者生态破坏的，除依照上述有关法律规定对委托人和环境影响评价机构予以处罚外，环境影响评价机构还应当与委托人对给第三人造成的损害共同承担连带责任。

本条第一项规定的即是生态环境影响评价机构承担连带责任的情形。需要指出的是，本解释本条的规定修改了2015年《环境侵权责任规定》第十六条第一项的规定。一是，将"严重失实"修改为"失实"。理由在于，首先，《环境保护法》第六十五条仅规定承担责任的要件是弄虚作假。而环境影响评价机构弄虚作假既包括出具严重失实的评价文件，也包括出具一般失实的评价文件。其次，严重失实是《环境影响评价法》对环评机构行政处罚的依据和标准，不能作为民事承担责任的标准。最后，何谓严重失实在案件审查判断中可能会因缺乏标准出现争议。二是，删除了"明知委托人提供的材料虚假"。这是因为，只要是环境影响评价机构故意出具了虚假的评价文件，就符合《环境保护法》第六十五条的规定。至于是否明知委托人提供的材料虚假在所不问。尽管在多数情况下，环境评价机构出具虚假评价文件往往是在明知委托人提供材料虚假的情况下。但如果将其作为构成要件予以规定，就可能导致原告承担额外的举证负担，即必须证明环境影响评价机构对委托人提供的材料虚假为明知。相反，如果不作规定，则原告只需要证明其出具了虚假的评价文件即可，被告若要证明其并不构成弄虚作假，则会主动就其对委托人提供的虚假材料不知情等提出抗辩并举证证明。

（二）环境监测机构的连带责任

1. 生态环境监测。生态环境监测，是指依照法律法规和标准规范，对环境质量、生态状况、污染物排放状况及其变化趋势的采样观测、调查普查、遥感解译、分析测试、评价评估、预测预报等活动。生态环境监测机构是依法成立并符合相关规定，能够出具具有证明作用的数据、结果及报告，并独立承担相应法律责任的专业技术服务机构，包括生态环境主管部门所属生态环境监测机构、相关部门所属从事生态环境监测工作的机构，以及从事生态环境检验检测、生态环境监测设备运营维护等活动的社会生态环境监测机构。环境监测数据是客观评价环境质量状况、反映污染治理成效、实施环境管理与决策的基本依据。环境监测机构数据质量实行"谁出数谁负责、谁签字谁负责"的责任追溯制度。环境监测机构及其负责人对其监测数据的真实性和准确性负责。采样与分析人员、审核与授权签字人分别对原始监测数据、监测报告的真实性终身负责。环境监测机构应当依法取得检验检测机构资质认定证书，建立覆盖布点、采样、现场测试、样品制备、分析测试、数据传输、评价和综合分析报告编制等全过程的质量管理体系。专门用于在线自动监测监控的仪器设备应当符合环境保护相关标准规范要求。使用的标准物质应当是有证标准物质或具有溯源性的标准物质。

当前，地方不当干预环境监测行为时有发生，相关部门环境监测数据不一致现象依然存在，个别排污单位监测数据弄虚作假屡禁不止，环境监测机构服务水平良莠不齐，导致环境监测数据质量问题较为突出。为此，中共中央办公厅、国务院办公厅印发了《关于深化环境监测改革提高环境监测数据质量的意见》，其中，在规范排污单位监测行为方面，规定重点排污单位应当依法安装使用污染源自动监测设备，定期检定或校准，保证正常运行，并公开自动监测结果；重点排污单位自行开展污染源自动监测的手工比对，及时处理异常情况，确保监测数据完整有效；自动监测数据可作为环境行政处罚等监管执法的依据。

2. 生态环境监测数据弄虚作假行为表现。根据《环境监测数据弄虚作假行为判定及处理办法》规定，环境监测数据弄虚作假行为系指故意违反国家法律法规、规章等以及环境监测技术规范，篡改、伪造或者指使篡改、伪造环境监测数据等行为。伪造监测数据，是指没有实施实质性的环境监测活动，凭空编造虚假监测数据的行为，包括以下情形：一是纸质原始记录与电子存储记录不一致，或者谱图与分析结果不对应，或者用其他样品的分析结果和图谱替代的；二是监测报告与原始记录信息不一致，或者没有相应原始数据的；三是监测报告的副本与正本不一致的；四是伪造监测时间或者签名的；五是通过仪器数据模拟功能，或者植入模拟软件，凭空生成监测数据的；六是未开展采样、分析，直接出具监测数据或者到现场采样，但未开设烟道采样口，出具监测报告的；七是未按规定对样品留样或保存，导致无法对监测结果进行复核的。篡改监测数据，是指利用某种职务或者工作上的便利条件，故意干预环境监测活动的正常开展，导致监测数据失真的行为，包括以下情形：一是未经批准部门同意，擅自停运、变更、增减环境监测点位或者故意改变环境监测点位属性的；二是采取人工遮挡、堵塞和喷淋等方式，干扰采样口或周围局部环境的；三是人为操纵、干预或者破坏排污单位生产工况、污染源净化设施，使生产或污染状况不符合实际情况的；四是稀释排放或者旁路排放，或者将部分或全部污染物不经规范的排污口排放，逃避自动监控设施监控的；五是破坏、损毁监测设备站房、通讯线路、信息采集传输设备、视频设备、电力设备、空调、风机、采样泵、采样管线、监控仪器或仪表以及其他监测监控或辅助设施的；六是故意更换、隐匿、遗弃监测样品或者通过稀释、吸附、吸收、过滤、改变样品保存条件等方式改变监测样品性质的；七是故意漏检关键项目或者无正当理由故意改动关键项目的监测方法的；八是故意改动、干扰仪器设备的环境条件或运行状态或者删除、修改、增加、干扰监测设备中存储、处理、传输的数据和应用程序，或者人为使用试剂、标样干扰仪器的；九是未向环境保护主管部门备案，自动监测设备暗藏可通过特殊代码、组合按键、远程登录、遥控、模拟等方式进入不公开的操作界面对自动监测设备的参数和监测数据进行秘密修改的；十是故意不真实记录或者选择性记录原始数据的；十一是篡改、销毁原始记录，或者不按规范传输原始数据的；十二是对原始数据进行不合理修约、取舍，或者有选择性评价监测数据、出具监测报告或者发布结果，以致评价结论失真的；十三是擅自修改数据的。

3. 法律责任。受委托的监测机构，如果与委托人恶意串通，在环境监测活动中弄虚作假，故意隐瞒委托人超过污染物排放标准或者超过重点污染物排放总量控制指标的事实，或者受托人出现重大过失，致使监测结果严重失实，无论是前一种有共同故意的行为，还是后一种无共同故意的分别行为，在委托人的排污行为造成了环境污染或者生态破坏以后，除依照有关法律规定对委托人和受托人予以处罚外，受托人还应当与委托人就给第三人造成的损害共同承担连带责任。除此之外，根据《刑法》第二百二十九条规定，承担环境影响评价、环境监测等职责的中介组织的人员故意提供虚假证明文件，情节严重的，处 5 年以下有期徒刑或者拘役，并处罚金。

本条第二项规定的即是环境监测机构的连带责任的情形。相较于 2015 年《环境侵权责任规定》第十六条第二项，本条第二项将"故意隐瞒"修改为"隐瞒"。理由在于，隐瞒就表明了故意的主观认识，无须重复规定。

（三）从事环境监测设备和防治污染设施维护、运营的机构的连带责任

《环境保护法》第四十二条第三款、第四款规定，"重点排污单位应当按照国家有关规定和监测规范安装使用监测设备，保证监测设备正常运行，保存原始监测记录。严禁通过暗管、渗井、渗坑、灌注或者篡改、伪造监测数据，或者不正常运行防治污染设施等逃避监管的方式违法排放污染物"。在个别地方破坏环境质量监测系统、损坏环境质量监测设施，或者人为干扰导致防治污染设施不正常运行的情形时有发生。

根据《行政主管部门移送适用行政拘留环境违法案件暂行办法》第六条、第七条规定，不正常运行环境监测设备的行为表现：一是违反国家规定，对污染源监控系统进行删除、修改、增加、干扰，或者对污染源监控系统中存储、处理、传输的数据和应用程序进行删除、修改、增加，造成污染源监控系统不能正常运行的；二是破坏、损毁监控仪器站房、通讯线路、信息采集传输设备、视频设备、电力设备、空调、风机、采样泵及其他监控设施的，以及破坏、损毁监控设施采样管线，破坏、损毁监控仪器、仪表的；三是稀释排放的污染物故意干扰监测数据的；四是其他致使监测、监控设施不能正常运行的情形。不正常运行防治污染设施等逃避监管的方式违法排放污染物的行为表现：一是将部分或全部污染物不经过处理设

施，直接排放的；二是非紧急情况下开启污染物处理设施的应急排放阀门，将部分或者全部污染物直接排放的；三是将未经处理的污染物从污染物处理设施的中间工序引出直接排放的；四是在生产经营或者作业过程中，停止运行污染物处理设施的；五是违反操作规程使用污染物处理设施，致使处理设施不能正常发挥处理作用的；六是污染物处理设施发生故障后，排污单位不及时或者不按规程进行检查和维修，致使处理设施不能正常发挥处理作用的；七是其他不正常运行污染防治设施的情形。

在现实经济生活中，有些企业将自己的污染监测设备委托给监测设备的生产商、代理商等机构维护、运营，而不是由自己的人员实施监测。从性质上讲这种行为仍属于自行监测，不属于委托监测。但是，对于受托人在监测设备的维护、运营过程中，与委托人恶意串通，致使监测结果严重失实，给他人造成污染损害的情况，除依照有关法律规定对委托人和受托人予以处罚外，受托人还应当与委托人对给第三人造成的损害共同承担连带责任。

【审判实践中需要注意的问题】

一、不正常运行防治污染设施排污需要满足的要件

一是具有主观故意。行为者明知自己的行为可能导致污染防治设施不能正常发挥应有的处理功能，并且希望或者放任该结果的发生。防治污染设施出现自然故障，行为人明知或者应该知道但不按照规定及时进行维护，可构成不作为的故意不正常运行污染防治设施排污。但若是不可抗力或突发意外事故，开启污染物处理设施的应急排放阀门，将部分或者全部污染物直接排放的，应不构成不正常运行污染防治设施排污。二是客观上实施了上述几类不正常运行

污染防治设施的行为。三是不正常运行的是污染防治设施。《环境保护法》第四十一条规定，建设项目中防治污染的设施，应当与主体工程同时设计、同时施工、同时投产使用。防治污染的设施应当符合经批准的环境影响评价文件的要求，不得擅自拆除或者闲置。因此，这里的污染防治设施应当是项目需配套建设并经环保"三同时"验收的污染防治设施。《大气污染防治法》第十二条、《水污染防治法》第二十一条、《噪声污染防治法》第十五条、《固体废物环境污染防治法》第三十四条均规定了污染物处理设施必须保持正常使用，关闭、闲置或者拆除相关污染防治设施的，必须经所在地县级以上地方人民政府环境保护行政主管部门批准。四是行为人进行的是排污行为，即不正常运行污染防治设施的行为导致的结果是排放了污染物。若没有污染物排出，即便是该污染防治设施不正常运行，亦不能认定为不正常运行污染防治设施排污的违法行为。

二、关于本条的兜底条款

在本解释的起草过程中，有学者建议在本条规定的三类情形中再增加一项，"从事污染状况调查的机构、污染风险评估的机构、风险管控效果评估和修复效果评估活动的机构出具虚假报告的"。理由在于，《土壤污染防治法》第九十条第一款规定："违反本法规定，受委托从事土壤污染状况调查和土壤污染风险评估、风险管控效果评估、修复效果评估活动的单位，出具虚假调查报告、风险评估报告、风险管控效果评估报告、修复效果评估报告的，由地方人民政府生态环境主管部门处十万元以上五十万元以下的罚款；情节严重的，禁止从事上述业务，并处五十万元以上一百万元以下的罚款；有违法所得的，没收违法所得。"我们经过研究未作规定。理由在于，连带责任的承担应当有法律的明文规定。而《环境保护法》第六十五条所列的机构中并不包括上述机构。当然，其原因在于《环境保护法》公布施行早于《土壤污染防治法》。但无论如何，在法律没有规定的情况下，司法解释不宜作出连带责任的规定。再者，《土壤污染防治法》第九十条第三款规定，"本条第一款规定的单位和委托人恶意串通，出具虚假报告，造成他人人身或者财产损害的，还应当与委托人承担连带责任"。上述规定将相关机构承担连带责任限定在了恶意串通构成共同侵权的范围内，其连带责任的适用规则要严于《环境保护法》第六十五条的规定，亦不宜在本解释中规定，可以在实践中继续探索。

【法条链接】

《中华人民共和国环境保护法》（2014年4月24日）

第六十五条 环境影响评价机构、环境监测机构以及从事环境监测设备和防治污染设施维护、运营的机构，在有关环境服务活动中弄虚作假，对造成的环境污染和生态破坏负有责任的，除依照有关法律法规规定予以处罚外，还应当与造成环境污染和生态破坏的其他责任者承担连带责任。

【典型案例】

某市人民政府、志愿服务发展中心诉物业公司、科技公司生态环境损害赔偿诉讼案[①]

（一）基本案情

物业公司的废水处理设施负责处理其所在的工业园园区入驻企

---

① 人民法院保障生态环境损害赔偿制度改革典型案例之二，载最高人民法院网站，https://www.court.gov.cn/zixun/xiangqing/162312.html，2023年9月9日访问。

业产生的废水。2013年12月，物业公司与科技公司签订为期4年的《委托运行协议》，由科技公司承接废水处理项目，使用物业公司的废水处理设备处理废水。2014年8月，物业公司将原废酸收集池改造为废水调节池，改造时未封闭池壁120mm口径管网，该未封闭管网系埋于地下的暗管。科技公司自2014年9月起，在明知池中有管网可以连通外部环境的情况下，利用该管网将未经处理的含重金属废水直接排放至外部环境。2016年4月、5月，执法人员在两次现场检查物业公司的废水处理站时发现，重金属超标的生产废水未经处理便排入外部环境。经测算2014年9月1日至2016年5月5日，违法排放废水量共计145624吨。受某市人民政府委托，某市环境科学研究院以虚拟治理成本法对生态环境损害进行量化评估，二被告造成的生态环境污染损害量化数额为1441.6776万元。

2016年6月30日，某市环境监察总队以物业公司从2014年9月1日至2016年5月5日将含重金属废水直接排入园区市政废水管网进入长江为由，对其作出行政处罚决定。2016年12月29日，重庆市渝北区人民法院作出刑事判决，认定科技公司及其法定代表人、相关责任人员构成污染环境罪。

志愿服务发展中心对二被告提起环境民事公益诉讼并被重庆市第一中级人民法院受理后，某市人民政府针对同一污染事实提起生态环境损害赔偿诉讼，人民法院将两案分别立案，在经各方当事人同意后，对两案合并审理。

（二）裁判结果

重庆市第一中级人民法院经审理认为，某市人民政府有权提起生态环境损害赔偿诉讼，志愿服务发展中心具备合法的环境公益诉讼主体资格，二原告基于不同的规定而享有各自的诉权，对两案分别立案受理并无不当。二被告违法排污的事实已被生效刑事判决、行政判决所确认，本案在性质上属于环境侵权民事案件，其与刑事犯罪、行政违法案件所要求的证明标准和责任标准存在差异，故最终认定的案件事实在不存在矛盾的前提条件下，可以不同于刑事案件和行政案件认定的事实。鉴于物业公司与科技公司构成环境污染共同侵权的证据已达到高度盖然性的民事证明标准，应当认定物业公司和科技公司对于违法排污存在主观上的共同故意和客观上的共同行为，二被告构成共同侵权，应当承担连带责任。遂判决二被告连带赔偿生态环境修复费用1441.6776万元，由二原告结合本区域生态环境损害情况用于开展替代修复等。

(三) 典型意义

本案系第三方治理模式下出现的生态环境损害赔偿案件。物业公司是承担其所在的工业园区废水处置责任的法人，亦是排污许可证的申领主体。科技公司通过与物业公司签订《委托运行协议》，成为负责前述废水处理站日常运行维护工作的主体。人民法院依据排污主体的法定责任、行为的违法性、客观上的相互配合等因素进行综合判断，判定物业公司与科技公司之间具有共同故意，应当对造成的生态环境损害承担连带赔偿责任，有利于教育和规范企业切实遵守环境保护法律法规，履行生态环境保护的义务。同时，本案还明确了生态环境损害赔偿诉讼与行政诉讼、刑事诉讼应适用不同的证明标准和责任构成要件，不承担刑事责任或者行政责任并不当然免除生态环境损害赔偿责任，对人民法院贯彻落实习近平总书记提出的"用最严格制度最严密法治保护生态环境"的严密法治观，依法处理三类案件诉讼衔接具有重要指导意义。

> 第二十二条 【生态环境侵权责任的范围】被侵权人请求侵权人赔偿因污染环境、破坏生态造成的人身、财产损害，以及为防止损害发生和扩大而采取必要措施所支出的合理费用的，人民法院应予支持。
>
> 被侵权人同时请求侵权人根据民法典第一千二百三十五条的规定承担生态环境损害赔偿责任的，人民法院不予支持。

【条文主旨】

本条是关于生态环境侵权责任范围的规定。

【条文理解】

一、被侵权人可以请求的生态环境侵权损害赔偿责任范围

侵权损害赔偿是指行为人因侵害他人权益造成他人人身、财产或精神上的损害，依法承担一定金钱给付的民事赔偿制度。环境侵权损害赔偿是指受害人因行为人环境污染、生态破坏等环境侵权行为遭受损害得到的救济。《民法典》第一千二百二十九条规定："因污染环境、破坏生态造成他人损害的，侵权人应当承担侵权责任。"本条第一款针对该条中"他人损害"进行细化解释。因本解释适用于生态环境私益诉讼，故此处的"他人"是指实际受到损害或者损害威胁的个人、法人或者非法人组织，"损害"仅包括人身和财产损害，不包括生态环境损害。

（一）人身损害

人身损害是指行为人侵犯他人的生命健康权益造成人身损害、残疾、死亡等。民法上对上述损害给予民事法律赔偿责任的救济。根据《民法典》第一千一百七十九条的规定，因污染环境、破坏生态导致人身损害的，被侵权人可以主张侵权人承担人身损害赔偿。根据《人身损害赔偿司法解释》第一条第一款的规定："因生命、身体、健康遭受侵害，赔偿权利人起诉请求赔偿义务人赔偿物质损害和精神损害的，人民法院应予受理。"依据本条规定，侵害他人造成人身损害的，应当赔偿医疗费、护理费、交通费、营养费、住院伙食补助费等为治疗和康复支出的合理费用，以及因误工减少的收入。这些损失通常被称为具体损失，是受害人实际支出的费用或者实际减少的收入等可以用交换价值计算的损失。在此需要注意的是，一般赔偿范围内的赔偿项目仅是几种比较典型的费用支出，实践中并不仅限于这些赔偿项目，只要是因为治疗和康复所支出的所有合理费用，都可以纳入一般赔偿的范围。但是，其前提是合理的费用才能予以赔偿，否则既会增加行为人不应有的经济负担，也会助长受害人的不正当请求行为，有失公正。因此，在司法实践中，法官必须在查清事实的基础上，结合医疗诊断、鉴定和调查结论，准确确定人身损害的一般赔偿范围。对人身损害的赔偿要坚持赔偿与损害相一致的原则，既要使受害人获得充分赔偿，又不能使其获得不当利益。基于这一原则，对医疗费、护理费、交通费、营养费、住院伙食补助费等为治疗和康复支出的合理费用，以及因误工减少的收入的赔偿，因一般都有具体衡量的标准，应当全部赔偿，即损失多少就赔偿多少。①

（二）财产损害

因污染环境、破坏生态行为导致受害人财产损害的，可以要求行为人予以赔偿。因民事侵权的"填平原则"，这里的财产损害应当是侵权行为造成的直接损失，不包括可得利益损失。一般而言，受害人财产损害主要为：家畜家禽受伤、死亡损失；农作物、林木和林下作物损失等。如某村级土地股份合作社为从事农业活动，② 安排他人在稻田内操作无人机喷洒尿素混合粉状除草剂，喷洒的药物飘散到位于下风口且高度较低的刘某林藕塘内。后刘某林发现其塘内藕叶大面积卷曲、枯萎，怀疑系合作社喷洒农药导致损害，起诉主张莲藕经济损失。又如，某养殖场饲养大量淡水鱼类，③ 毗邻黄河支流涧河，鱼塘用水系涧河渗入。某化工公司向涧河上游水域倾倒工业废水，导致位于涧河下游的某养殖场中养鱼塘、钓鱼塘水质均被污染，所饲养鱼苗全部死亡。某养殖场遂诉至法院，请求判令某化工公司赔偿其鱼塘死鱼损失、钓鱼经营损失。

（三）为防止损害发生和扩大而采取必要措施所支出的合理费用

我国《民法典》侵权责任编顺应当代社会对权利救济的迫切需要，回应风险社会的时代需求，体现了损害预防与损害救济并重的

---

① 黄薇主编：《中华人民共和国民法典释义及适用指南》，中国民主法制出版社2020年版，第1795页。
② 参见《2021年度江苏法院环境资源典型案例》（案例8），载江苏法院网，http://www.jsfy.gov.cn/article/93496.html，2023年9月19日访问。
③ 参见《黄河流域生态环境司法保护典型案例》（案例4），载《人民法院报》2020年6月6日。

立法理念。[1] 与其他大多数国家将侵权行为之债的责任方式限定为损害赔偿不同，我国《侵权责任法》和《民法典》均将停止侵害、排除妨碍、消除危险等预防性措施纳入侵权责任承担方式当中，将侵权之债扩展到侵权预防之债，虽在理论上存有争议，但仍被认为是我国侵权责任制度的亮点之一[2]。生态环境具有一旦受到损害，难以恢复到原有状态，甚至完全丧失生态服务功能的特点。因此，"保护优先、预防为主"是生态环境保护的重要原则之一。为切实落实此原则，及时有效防止或者减少生态环境损害影响，环境侵权中支持预防性责任承担方式，拓宽了侵权法由单纯的"事后损害填补"扩展到"事前损害预防"的功能，极大程度上避免环境损害的发生和扩大，减轻生态环境侵权行为对受害人人身、财产的损害。为了积极落实《民法典》规定，本解释也明确对于当事人采取的防止损害发生和扩大，预防性救济的相关费用可以予以支持。

1. 防止损害的发生和扩大。被侵权人在因侵权人行为对其人身或者财产已经造成或者可能造成损害的情况下，可以自力采取防止损害发生或者防止损害进一步扩大的相关措施。一般可以采取措施的情形有三：第一，侵权损害尚未发生时，通过预防性责任的适用，避免未来的现实性损害。第二，客观上损害已发生且尚未结束，借助预防性责任的适用以阻止损害继续扩大。这一情形在具备持续损害性的环境侵权案件中尤为常见。第三，现实的损害已经结束，而通过"消除危险"等归责方式的应用以避免类似损害再次出现。这一功能常通过对公众与行为人的警示和教育实

---

[1] 王利明：《构建〈民法典〉时代的民法学体系——从"照着讲"到"接着讲"》，载《法学》2022 年第 7 期。

[2] 叶名怡：《论侵权预防责任对传统侵权法的挑战》，载《法律科学》2013 年第 2 期。

现，而不局限于该责任本身的惩罚。① 比如，在噪声污染案件中，可以采取加装隔离噪声设施、搬离噪声源场所等措施；又比如，在水污染案件中，因承包鱼塘被水污染，采取将鱼苗捕捞后放入其他合适水域暂存等方式所花费的费用。

2. 必要措施。被侵权人采取的措施应当具有必要性。污染环境、破坏生态行为往往具有瞬时性、突发性，事件发生后如不加以及时制止，可能会造成被侵权人人身、财产的巨大损害。如大气污染造成被侵权人果树死亡，水污染造成被侵权人养殖的鱼类死亡等情形，如在发生侵权行为之初或者之前能够采取一些有效措施制止侵权行为的发生，或者采取一些补救措施使行为造成的影响控制在合理范围之内，有利于减少损害。需要注意的是，该措施应当具有必要性，如将鱼类捕捞后养殖在其他场所的行为是合理的。该措施也应当具有合法性，如发生大气污染排放有毒有害烟尘时，及时告知有关主管机关，由当地生态环境主管部门组织对污染来源开展调查，查明涉事单位，确定污染物种类和污染范围，切断污染源，予以制止该行为，而不是自行前往排气企业损坏相关机器设备导致排放停止。

3. 合理费用。所支出的合理费用，属于应急处置费用中的防范性措施费用，是指为了防止、遏制环境损害发生、扩大，所采取的或者将要采取的必要、合理措施产生的费用。如采取隔离、捕捞等行为减少自身投入和损失；采取拦截、导流、疏浚等形式防止水体污染扩大；对有毒有害物质和消防废水、废液等的收集、清理和安全处置工作。上述措施所花费的费用属于"合理费用"。

---

① 周旭：《论预防性责任在环境侵权中的推广性适用》，载《环境与发展》2021年第1期。

二、提起侵权之诉同时主张公益责任的处理

生态环境私益侵权与公益诉讼责任承担方式虽然类似，但因两者之间请求权基础不同，原告类型不同，归责原则不同，属于两类诉讼模式，故在诉讼时不能作为一个案件予以审理。第一，生态环境侵权纠纷是受到侵害的自然人、法人和非法人组织就其人身、财产受到的损害请求行为人承担责任的案件类型。环境公益诉讼是国家规定的机关和法律规定的组织针对污染环境、破坏生态行为造成的生态环境损害主张行为人承担公共利益损害责任的案件类型。第二，在环境公益诉讼中，污染环境、破坏生态行为要具有违法行为。而生态环境私益侵权责任的承担不以违法行为为前提。第三，生态环境私益侵权责任主要是赔偿损失，包括人身、财产损失。而环境公益诉讼责任则主要为修复生态环境、赔偿损失，注重的是生态环境状态和功能的恢复，而不仅仅是金钱赔偿。但同一污染环境、破坏生态行为可能会造成被侵权人的人身、财产损害，也可能会造成生态环境损害，这样就产生了生态环境私益诉讼与公益诉讼同时存在的情形。虽然两者是同一行为引起，但因其请求权基础的区别，不宜作为一类纠纷予以审理。因此本条第二款明确生态环境私益侵权责任中，被侵权人仅能就其受到的人身财产损害主张权利，无权请求侵权人承担生态环境损害赔偿责任。后者应属于环境公益诉讼的范围，由国家规定的机关和有关组织依法主张。

在起草过程中，有观点认为，本条第一款建议增加"为确定人身财产受到损害程度和赔偿数额所支出的检验、鉴定、评估等合理费用"的规定。我们研究认为，本条规定的旨意在于区分私益和公益的赔偿范围。前述费用由被侵权人承担在理论和实践中并无争议，故未予增加。

【审判实践中需要注意的问题】

一、生态环境侵权中的精神损害赔偿问题

环境污染、生态破坏行为造成自然人人身、财产受到损害的同时，往往也会造成精神损害。尤其是能量型污染造成受害人精神损害多发，比如噪声、震动和光污染等。一般认为，长期高频或者低频噪声、震动等会对人的精神造成一定影响。且因为个人的个体差异性较大，部分人群较为敏感，可能会造成更加严重的精神损害。因此，此类纠纷中受害人往往主张精神损害赔偿。

也有一些生态环境侵权案件因财产损害而诉请精神损害赔偿。因为行为造成受害人财产损失，其因财产损失而导致的精神痛苦、绝望等损害后果，通过对受害人给予一定的金钱赔偿，填补其损害。如此给予受害人的精神损害一定金钱赔偿的形式不仅可以缓解和抚慰受害人的精神痛苦，侵权行为人也会因为支付一定的金钱而更加规范自己的行为。

由于生态环境侵权行为构成要件中仅有行为、损害及因果关系三要件，故要求侵权行为人承担相应责任时无需考虑行为的违法行为。即行为人以积极的举止动作致人损害，比如说不经任何污染设备或者措施随意排放污水或废气等导致受害人精神利益的减损，或者以不作为的消极方式致人损害，均可导致受害人因财产损害而产生精神损害。生态环境侵权的精神损害事实既可以是通过侵害自然人人格权和财产权所产生的精神痛苦和精神权益的损害，也可以是包括没有借用任何媒介的精神利益损害，如因环境侵权行为所导致的精神恍惚、焦虑、担忧等，但是所有的损害事实都必须达到极其严重的程度。在认定精神损害方面，更进一步的问题是如何认定精

神损害的严重程度。精神损害虽然会因为实体损害而产生，但是否实际产生取决于个人心理承受能力，在精神损害赔偿问题上，真正要考察的是人的精神痛苦到达何种程度时才足以获得赔偿请求权。因此，并非所有的精神损害均应通过金钱赔偿进行救济。从我国立法来看，精神损害需要达到"严重"的程度，被侵权人才有权请求赔偿[1]。具体而言，应结合实际案情对受害人的精神损害情况作出评估，特殊情况下也可通过鉴定等司法技术手段来认定[2]。

二、私益诉讼搭便车的处理

虽然私益诉讼的原告不能同时主张公益诉讼请求，但根据《环境民事公益诉讼解释》的规定，私益诉讼原告可以申请搭公益诉讼案件的"便车"。即环境民事公益诉讼生效判决的认定有利于私益诉讼原告的，其可以在私益诉讼中主张适用。该司法解释第三十条第二款规定："对于环境民事公益诉讼生效裁判就被告是否存在法律规定的不承担责任或者减轻责任的情形、行为与损害之间是否存在因果关系、被告承担责任的大小等所作的认定，因同一污染环境、破坏生态行为依据民事诉讼法第一百一十九条[3]规定提起诉讼的原告主张适用的，人民法院应予支持，但被告有相反证据足以推翻的除外。被告主张直接适用对其有利的认定的，人民法院不予支持，被告仍应举证证明。"例如，沿河的三家工厂向河流排放污染物的行为既导致了河流遭受严重污染，又导致某养殖户网箱养殖的鱼类死亡，社

---

[1] 张蕾：《环境精神损害赔偿的实证检视与规范进路——以85件环境侵权精神损害赔偿案件为样本》，载《人民法院为服务新发展阶段、贯彻新发展理念、构建新发展格局提供司法保障与民商事法律适用问题研究——全国法院第33届学术讨论会获奖论文集（下）》，人民法院出版社2022年版，第1763页。

[2] 王琳：《环境侵权损害赔偿范围研究》，载《安徽农业科学》2015年第43期。

[3] 现为2023年《民事诉讼法》第一百二十二条。

会组织和养殖户可以分别提起公益诉讼和私益诉讼。由于侵权人和侵害行为相同，公益诉讼生效裁判关于三家工厂的排污行为与环境公共利益损害结果之间是否存在因果关系、三家工厂是否存在减轻或者免除责任的情形以及各自应承担的责任比例的认定，对于私益诉讼的裁判结果无疑具有影响。如环境民事公益诉讼生效裁判就上述争点作出对私益诉讼原告有利的认定，其可在私益诉讼中主张适用。[①]

三、私益诉讼与公益诉讼请求重合的处理

实践中，可能出现环境民事公益诉讼原告和私益诉讼原告的诉讼请求重合，主要是两者均提起不作为请求权的情形，即都要求被告就同一行为停止侵害、排除妨碍、消除危险。在此情况下，人民法院不能以环境民事公益诉讼已经受理为由对于私益诉讼不予立案。反之，也不能以私益诉讼已经受理为由对于环境民事公益诉讼不予立案。但是，如果环境民事公益诉讼原告或者私益诉讼原告的诉讼请求已经获得了支持，则另一案件原告的诉讼目的自然也获得了满足，诉讼已缺乏进行下去的必要，或者说该诉讼已经缺少诉的利益这一诉讼要件，此时，法院应向原告释明，让其申请撤诉，如原告坚持不撤诉的，法院应裁定驳回其起诉。

【法条链接】

《中华人民共和国民法典》（2020 年 5 月 28 日）

第一千一百六十七条　侵权行为危及他人人身、财产安全的，

[①] 最高人民法院环境资源审判庭编著：《最高人民法院环境民事公益诉讼案件司法解释理解与适用》，人民法院出版社 2023 年版，第 372~373 页。

被侵权人有权请求侵权人承担停止侵害、排除妨碍、消除危险等侵权责任。

第一千一百七十九条 侵害他人造成人身损害的，应当赔偿医疗费、护理费、交通费、营养费、住院伙食补助费等为治疗和康复支出的合理费用，以及因误工减少的收入。造成残疾的，还应当赔偿辅助器具费和残疾赔偿金；造成死亡的，还应当赔偿丧葬费和死亡赔偿金。

第一千一百八十三条 侵害自然人人身权益造成严重精神损害的，被侵权人有权请求精神损害赔偿。

因故意或者重大过失侵害自然人具有人身意义的特定物造成严重精神损害的，被侵权人有权请求精神损害赔偿。

第一千一百八十四条 侵害他人财产的，财产损失按照损失发生时的市场价格或者其他合理方式计算。

第一千二百三十二条 侵权人违反法律规定故意污染环境、破坏生态造成严重后果的，被侵权人有权请求相应的惩罚性赔偿。

第一千二百三十五条 违反国家规定造成生态环境损害的，国家规定的机关或者法律规定的组织有权请求侵权人赔偿下列损失和费用：

（一）生态环境受到损害至修复完成期间服务功能丧失导致的损失；

（二）生态环境功能永久性损害造成的损失；

（三）生态环境损害调查、鉴定评估等费用；

（四）清除污染、修复生态环境费用；

（五）防止损害的发生和扩大所支出的合理费用。

【典型案例】

案例一：姜某波与荆某噪声污染责任纠纷案[①]

（一）基本案情

2009年起荆某租用了谷某的房屋和院落，此院落与姜某波住所前后相邻，仅一墙之隔。荆某在租用的院落里对钢铁制品进行切割作业，产生的噪声使姜某波不堪忍受。姜某波先后向村委会及当地环境保护行政主管部门反映，但问题仍未得到解决，遂提起诉讼，请求判令荆某停止侵害，排除妨碍，将产生噪声污染及粉尘污染的铁制品搬离与姜某波相邻的院落，并赔偿其精神损失8000元。

（二）裁判结果

乌鲁木齐市米东区人民法院一审判令荆某立即停止侵权、排除妨害，将产生噪声的钢铁制品搬离与姜某波相邻的院落，并赔偿姜某波精神损害抚慰金2000元。荆某不服，上诉至乌鲁木齐市中级人民法院。该院二审认为，钢铁制品在装卸、运送或者加工过程中产生的声音超出一般公众普遍可忍受的程度。本案中，荆某院落与姜某波居所一墙相隔，荆某在院落中放置工具、加工材料时所产生的声音势必能传入到其他居民的居室内，已成为干扰周围居民生活的环境噪声。噪声污染对人体健康可能造成损害，是为公众普遍认可的，姜某波称其因噪声无法休息导致精神受到伤害符合日常生活经验法则，应推定属实。荆某否认噪声污染给姜某波造成了实际损害，

[①] 参见《姜某波与荆某噪声污染责任纠纷案》，载中国法院网，https://www.chinacourt.org/article/detail/2014/07/id/1329699.shtml，2023年9月8日访问。

应举证证明，但荆某不能举出其院落中发出的噪声对姜某波的身体健康未产生损害的证据。一审判决根据荆某加工钢铁制品产生的噪声的时间、两家距离的远近、噪声的大小酌情支持 2000 元精神损害抚慰金并无不当。二审法院于 2012 年 7 月作出判决，驳回上诉，维持原判。

(三) 典型意义

在工业生产、建筑施工、交通运输和社会生活中产生的严重噪声污染，侵害人们安宁生活、工作和学习的权利，导致人们身心健康受损。本案中，荆某在装卸、运送、加工钢铁制品过程中产生的噪声，超过了一般人可容忍的程度，严重干扰了周边人群的正常生活，应承担停止侵害、排除妨碍及赔偿损失的民事责任。噪声污染给受害人身心健康造成的损害具有持续性和隐蔽性等特点，受害人的症状往往不明显且暂时无法用精确的计量方法反映。二审判决适用了日常生活经验法则及事实推定规则，认为钢铁制品加工、搬卸的噪声会比较严重地影响相邻院落居民正常的生活和休息，符合一般人的认知规律，而且噪声污染对身心健康造成损害，也是为公众普遍认可的。在荆某未举出反证证明其产生的噪声未对姜某波产生损害的情况下，即使姜某波尚未出现明显症状，其生活受到噪声侵扰而导致精神损害的事实也是客观存在的。二审法院系结合荆某加工钢铁制品产生噪声的时间、双方距离的远近、噪声的大小，酌情作出了由荆某赔偿姜某波精神损害抚慰金 2000 元的判决。

案例二：贵州泰某河生态养殖开发有限公司诉贵州某铝业有限公司财产损害赔偿案[1]

（一）基本案情

泰某河公司是一家主要从事鲟鱼养殖的企业，从戈家寨大沟取水。某铝业公司于2014年10月在戈家寨水库上游河段筑坝取水。由于某铝业公司筑坝拦水，下游河道水量减少，导致泰某河公司养殖的鲟鱼在4月21日至23日因严重缺水缺氧大量窒息死亡。泰某河公司主张，某铝业公司从事工程建设，明知对原有供水水源有不利影响，应当采取相应的补救措施。某铝业公司在未通知下游用水户做好应对准备的情况下，擅自蓄水断水，造成泰某河公司养殖的鲟鱼缺氧窒息大量死亡。泰某河公司诉至法院，主张某铝业公司承担赔偿责任。

（二）裁判结果

贵州省清镇市人民法院一审认为，河流生态流量可以保证河流所需的自净扩散能力，维持水生生态系统平衡，保证库区养殖业所需的水质水量。我国虽然没有关于河流生态流量的法律规定，但实践中有此要求，如水电站最小下泄流量就是保障河流生态流量的措施。某铝业公司未办理取水行政许可及环境影响评价，擅自修建拦截坝取水，未保障必要的生态下泄流量，导致下游水量减少，养殖场进水减少，鲟鱼窒息死亡。故泰某河公司养殖的鲟鱼死亡与某铝业公司蓄水之间存在因果关系，判决某铝业公司赔偿泰某河公司经济损失757158.6元。某铝业公司不服，提起上诉。贵阳市中级人民

---

[1] 参见《长江流域环境资源审判十大典型案例》，载最高人民法院网站，https://www.court.gov.cn/zixun/xiangqing/71552.html，2023年9月8日访问。

法院二审判决驳回上诉、维持原判。

(三) 典型意义

长江流域蕴藏着十分丰富的水资源，依法审理水资源开发利用案件，促进水资源可持续利用是人民法院环境资源审判的重要职责。本案系水资源开发利用过程中产生的侵权纠纷，涉及水资源利用中"生态流量"的保障和控制。河流生态流量具有重要价值，上游地区用水户在水资源开发和利用过程中，要保障河流生态流量，不能损害下游地区供水、通航、灌溉、养殖等生态流量受益方的合法权益，从而保障全流域水生生态系统基本功能的正常运转。本案中，作为主要从事鲟鱼养殖的泰某河公司与某铝业公司均系戈家寨水库的需水方，均应依照法律规定取水、用水、排水。某铝业公司在上游取水用水时未办理取水行政许可和环境影响评价，擅自修建拦截坝取水，未保障必要的生态下泄流量，损害了下游用水户的合法权益，导致损害事实的发生，依法应当承担赔偿责任。本案肯定了生态流量的重要价值，维护了生态流量受益方的合法权益，对于人民法院审理水资源开发利用案件具有指导意义。

> 第二十三条 【自然资源使用权益的损害赔偿】因污染环境、破坏生态影响他人取水、捕捞、狩猎、采集等日常生活并造成经济损失，同时符合下列情形，请求人主张行为人承担责任的，人民法院应予支持：
> （一）请求人的活动位于或者接近生态环境受损区域；
> （二）请求人的活动依赖受损害生态环境；
> （三）请求人的活动不具有可替代性或者替代成本过高；
> （四）请求人的活动具有稳定性和公开性。
> 根据国家规定须经相关行政主管部门许可的活动，请求人在污染环境、破坏生态发生时未取得许可的，人民法院对其请求不予支持。

【条文主旨】

本条是关于生态环境侵权责任对自然资源使用权益的特殊规定。

【条文理解】

司法实践中，生态环境侵权不仅可能造成他人人身、财产损害，还可能损害他人对自然资源的使用利益。这些利益是否属于侵权责任当然保护的利益，是否应当保护以及如何保护，是本条所要解决的问题。

一、纯粹经济的赔偿限制及其理论

《民法典》第一百二十条规定，民事权益受到侵害的，被侵权人有权请求侵权人承担侵权责任。侵权责任法理论认为，侵权责任所保护的权益，一般限于绝对权，即人身和财产权利，不包括其他类型的权益。例如，甲因违章驾驶致乙车辆毁损，甲应当就乙的人身伤害和车辆的损害承担赔偿责任。但对于乙因未能及时赶到机场耽误航班，并错过与客户签订合约的损失，甲则不应承担赔偿责任。后者在学理上被称为纯粹经济损失。

纯粹经济损失，又被称为纯粹财产损害，是指非因人身或所有权等权利受侵害而产生的经济或财产损失。纯粹经济损失是对英文"pure economic loss"的翻译，属于学理上的概念，立法上鲜有规定。纯粹经济损失包括两类损失：一是直接侵害，包括前述所举之例；二为间接损害，如侵害某人之人身财产权利，而致第三人损害。相较于绝对损失，纯粹经济损失的最大特点就在于其不确定性。如甲在高速公路因过失发生车祸导致交通长时间阻塞，受困之人有的不能准时开店，有的被耽误出国旅游，有的不能如期交货，有的不能参加就业面试，等等。[1] 由此可见，纯粹经济损失的受害人和范围是不确定的。有学者将纯粹经济损失划分为反射损失、转移损失、因公共设施损害而发生损失、基于对特定信息披露内容的信赖而发生的损失、因对专业服务或者建议信赖而发生的损失等类型。[2]

关于纯粹经济损失是否赔偿的问题，各国立法例均以不赔偿为原则，赔偿为例外。例如，《法国民法典》虽然未就保护的法益予以限制，但强调纯粹经济损失必须与行为之间有直接性因果关系，始得请求赔偿。如在一起案件中，甲撞伤乙致其取消主办的演唱会，法国最高法院认为行为与损害结果没有因果关系，甲不就此项损失承担损害赔偿责任。在德国，权益只有在明文规定的时候才得到保

---

[1] 王泽鉴：《侵权行为》，北京大学出版社2009年版，第363页。
[2] 张新宝、张小义：《纯粹经济损失的几个基本问题》，载《法学杂志》2007年第4期。

护。《德国民法典》分别在第八百二十三条第一款、第二款和第八百二十六条规定了三种侵权行为,即对"权利的侵害""保护性规定的违反"和"善良风俗的违反"。明确只有在违反以保护他人为目的的法律,或者故意以有悖于善良风俗的方式驾驭他人,才可能对纯粹经济损失负赔偿责任。在英国"电缆案"中,丹宁勋爵认为对于因电力承包商员工失误切断电缆造成的炼钢厂纯粹经济损失不予赔偿,并提出以下几点论证:第一,当电力供应部门因为维修而切断电源,普通法通常不会支持为此造成的损失。既然电力部门都没有这个侵权责任,为什么承包商就应当赔偿损失呢?第二,断电可以由很多原因造成,断电发生时不仅造成个别人的财产损失,而是一大群人的损失。大多数情况下,大部分人会愿意接受或者忍受这种不便而不是诉讼。第三,如果该种经济损失被允许保护,将有无穷无尽的所诉讼。法院不能排除这些诉讼的真假。①

总体来看,纯粹经济损失赔偿之所以受到严格限制,主要基于以下五个方面的理由。第一,"水闸理论"。这种理论认为,由于人的社会属性造成个体之间的千丝万缕的联系,直接或间接的关联将使其中一人受到影响导致波及其他主体。如果不加限制会产生蝴蝶效应引发大量诉讼,造成法院不堪重负。而从赔偿责任的角度来看,大量的纯粹经济损失赔偿责任无疑会给行为人带来过重的负担。第二,基于法经济学的考虑。从法经济学的角度分析,社会损失与个人损失相区分,通过对社会损失和个人损失的比较,来决定是否对个体予以赔偿以及如何赔偿。当发生纯粹经济损失时,个人损失可能大于社会损失,按照个人损失要求行为人赔偿,就会形成一项过度预防机制。例如,在一般侵权中,因违章驾驶行为造成身体受到

---

① 陈磊:《普通法视角的纯粹经济损失》,载《清华法学》2010年第5期。

伤害，此时整个社会的损失与汽车所有人的损失相等，那么加害人所应负担的损害赔偿数额相当于社会损失或个人损失。而当电缆线被挖断导致 A 旅店无法正常经营时，来当地旅游的游客不得不选择 B 旅店，而造成 B 旅店收入增加，这样 A 旅店的损失客观发生了，而社会损失却并不存在。这时加害人的行为并没有负外部性。第三，权益位阶理论。按照权益位阶理论，纯粹经济损失的位阶要低于人身权益和有形财产权益，对其保护的力度要弱于后者。第四，行为自由。法律所应当赋予人们的自由，也包括一定范围内损害他人的自由。例如，正当的市场竞争行为必然会造成一部分市场主体亏损甚至退出，不能因此归咎于获利一方。第五，社会一般观念。在前述电缆案中可以看出，在多数情况下，对于因停电、交通堵塞等带来的不便，人们更加倾向于容忍而非诉讼追责。有学者适切地指出，当我们被偷 100 元钱时，与我们因交通堵塞而多花 100 元打车费时，我们感到愤怒的程度是否一致？我们是否觉得自己有权主张赔偿？[①]

虽然我国立法并未明确纯粹经济损失的赔偿问题，但基于对比较法中相关理论的借鉴，和对合同责任与侵权责任区分的考量，多数学者仍认为对于纯粹经济损失，应当严格限制。这种观点在司法实践中亦得到了遵循。例如，在重庆电缆案中，法院明确指出："纯粹经济上的损失……除加害人系故意以悖于善良风俗的方法致用户受损害的特殊情形外，不在赔偿之列。"在电缆毁损而导致电力供应中断时，用户所遭受的多数纯粹经济上损失，应否赔偿一般从以下三个方面考量：（1）电力企业是法定的供应者，因过失不能提供电力，不需赔偿消费者经济上的损失；（2）电力中断，给人们生活造成不便，产生经济上的损失，但电力供应短期即告恢复，一般人观

[①] 葛云松：《纯粹经济损失的赔偿与一般侵权行为条款》，载《中外法学》2009 年第 5 期。

念中多认为对此应负容忍义务；（3）受害人如均可请求经济上的损失赔偿，则请求漫无边际，加重加害人的赔偿义务，不利于经济社会发展。① 从该判决来看，基本采用了比较法对纯粹经济损失严格限制的立场和理由。又如，有的地方法院指出："请求方只能就现行法律保护的权益受到侵害行使侵权赔偿等请求权……但对于财产利益的损失，侵权行为法并不是一概保护的，原则上仅在行为人故意之场合方予以保护。"②

需要指出的是，纯粹经济损失作为受害人因侵权行为而造成的客观损失，如果不加区分地一概不予赔偿，则难谓公正。前述所举不予赔偿之理论，并不适用于一切纯粹经济损失。例如，当律师因过失导致遗嘱无效时，本可依此遗嘱继承的继承人和财产权益是确定且可以预见的，此时由律师就继承人的纯粹经济损失予以赔偿并不会过度加重加害人的负担，危及行为自由。因此，就纯粹经济损失的赔偿还应当进行类型化的思考。对于那些范围特定，因果关系明确，权益位阶高的纯粹经济损失，法律应当予以适当保护。在现行法律体系中，《证券法》《道路交通安全法实施条例》《医疗纠纷预防和处理条例》等法律和行政法规分别就各自领域内应当赔偿的纯粹经济损失作出了明确规定。例如，《证券法》第五十六条第四款规定，编造、传播虚假信息或者误导性信息，扰乱证券市场，给投资者造成损失的，应当依法承担赔偿责任。

二、生态环境侵权领域纯粹经济损失赔偿

生态环境侵权属于特殊侵权，适用不同于普通侵权的规则。但

---

① 重庆市高级人民法院编：《重庆审判案例精选》（第二集），法律出版社 2007 年版，第 191~196 页。

② 参见《上海市高级人民法院民一庭关于下发〈侵权纠纷办案要件指南〉的通知》，载法信网，https://www.faxin.cn/lib/dffl/DfflSimple.aspx？gid=B523026，2023 年 9 月 8 日访问。

在纯粹经济损失的赔偿问题上，生态环境侵权仍然遵循了限制赔偿的原则。特别是由于生态环境侵权的损害后果的不确定性特点突出，且在多数情况下具有正外部性，对于纯粹经济损失的赔偿的限制理应更加严格。例如，企业的合法生产经营行为对于促进经济发展，解决就业具有重要意义。但在生产经营过程中不可避免会产生一定数量的废水和废气，如果对由此造成的任意损害都承担赔偿责任，可能造成企业不堪重负，最终损害经济社会的发展。因此，各国在立法上普遍严格限制纯粹经济损失在生态环境侵权领域的赔偿。如《丹麦环境损害赔偿法》第四条规定，当损害是因故意、刑事违法行为所导致时，或导致的是人身伤害或明显的物的损坏时，排除对环境影响的忍受义务的适用。但是，如果企业已经尽到其保护环境的高度注意义务，仍不可避免造成环境污染的，就不需要承担纯粹经济损失的赔偿责任。《芬兰侵权责任法》第五章第一条规定，赔偿包括对人身伤害或者财产损害的获赔。如果损害是因被刑法禁止的行为或者授权行为所致，或者在其他情况下有特别的理由，则赔偿应包括与人身伤害或者财产损害不相联系的经济损失，即纯粹经济损失。此外，希腊、比利时也都对生态环境侵权中纯粹经济损失作出了相似性规定。总体来看，各国在对待纯粹经济损失方面较为谨慎，一般通过因果关系、违法性和过错要件以及有限领域等来限定纯粹经济损失的赔偿范围。同时，为了兼顾对受害人全面、及时补偿的要求，在私法救济不能的情况下，许多国家也都建立了环境保险制度、基金制度等社会风险分担机制。如美国的《超级基金法》、新西兰的《意外事故补偿法》和日本的《公害健康受害补偿法》等均为生态环境侵权受害人提供了迅速救济和紧急医疗的社会保障。

三、生态环境侵权自然资源使用权益的特殊保护

资源和环境是一枚硬币的两面。如森林和矿产，既属于生态环境的要素，同时还具有资源属性。当生态环境受到损害时，极有可能造成资源利用权益的损失。例如，污染河流影响周边居民的取水和捕捞；乱砍滥伐影响当地居民捡拾松子、蘑菇；等等。这些权益，可以统称为自然资源使用权益。这些权益是否应当保护，应当如何保护，首先应当确定其性质。如果这些权益归属于绝对权，则当然属于侵权责任法所保护的范围。相反，如果这些权益不属于法定物权，则应作为纯粹经济损失，从而对其赔偿予以严格限制。

关于自然资源使用权益的性质存在争议。《民法典》关于自然资源使用权益的规定，主要体现在第三百二十九条。该条规定："依法取得的探矿权、采矿权、取水权和使用水域、滩涂从事养殖、捕捞的权利受法律保护。"有观点认为，该条规定于用益物权分编的一般规定，表明立法已经明确权利属于用益物权。但是，该条未从正面明确这些权利的性质，也不像土地承包经营权、建设用地使用权、宅基地使用权、居住权、地役权那样规定了具体规则。另外，《企业破产法》第六十九条规定："管理人实施下列行为，应当及时报告债权人委员会：（一）涉及土地、房屋等不动产权益的转让；（二）探矿权、采矿权、知识产权等财产权的转让……"可见，《企业破产法》并未将采矿权作为物权对待。仅作简单梳理，就可以发现包括但不限于用益物权说[1]、特许物权说[2]、特别物权说[3]、自然资源使

---

[1] 屈茂辉：《用益物权论》，湖南人民出版社1999年版，第271~282页；张文驹：《矿权性质及其市场制度》，载《资源产业经济》2003年第10期。
[2] 王利明主编：《中国物权法草案建议稿及说明》，中国法制出版社2001年版，第90页。
[3] 陈华彬：《物权法》，法律出版社2004年版，第87页。

（利）用权说①、准物权说②、准用益物权说③、自然资源准物权说④、所有权说⑤、资源权说⑥等多种学说。

在这些学说中，将自然资源使用权益定位为准物权已逐渐成为多数说。准物权并不是一个实定法上的概念，对于何谓准物权目前没有确定的标准。"准"字型法律概念是法学家的创造。如果我们将视野放开一些，就可以发现"准"字型法律概念远远超出物权法乃至民法的范畴，且已遍布整个法学领域，成为广泛的法律现象。如准立法、准司法、准犯罪、准征收、准侵权、准合同；等等。如何理解其中的"准"字？按照学者对罗马法的考察，当罗马法的一个名词前冠以"准"字时，说明了这个概念和原概念虽然并不相同，但在两者的比较上有一种强有力的表面上的类比和相似。即可以把其中之一归类为另一个的连续，以及从法律的一个部门中取来的用语可以移用到法律的另外一个部门，并加以应用，而不致强烈地歪曲对规定的说明。⑦"准"字的应用意味着既存的概念无法包容新的法律现象，然而又无法基于新的法律现象创造出新的法律概念，故而以"准"称之。因此，当我们在某一法律概念前附上"准"字时，意味着要描述的是一个不完全等同于原概念的新的概念，否则"准"字的存在毫无必要。同时，新的概念还须与原概念具有相似

---

① 梁慧星主编：《中国物权法研究》（下册），法律出版社 1998 年版，第 630 页；高富平：《中国物权法：制度设计和创新》，中国人民大学出版社 2005 年版，第 286 页。

② 崔建远：《准物权研究》，法律出版社 2012 年版；张俊浩主编：《民法学原理》（上册），中国政法大学出版社 2000 年版，第 397 页。

③ 王利明：《〈物权法〉与环境保护》，载《河南省政法管理干部学院学报》2008 年第 4 期。

④ 参见樊勇：《自然资源准物权体系化研究》，中国人民大学 2019 年博士学位论文。

⑤ 康纪田：《采矿权并非用益物权的法理辨析——与中国政法大学李显冬教授商榷》，载《时代法学》2008 年第 2 期；王世军：《我国矿业权问题的制度及分析》，载《中国矿业》2005 年第 4 期。

⑥ 金海统：《论资源权的法律构造论》，载《厦门大学学报（哲学社会科学版）》2009 年第 6 期。

⑦ [英] 梅因：《古代法》，沈景一译，商务印书馆 1959 年版，第 220~221 页。

性，否则就不符合"准"字"差不多、相似"的内涵。再者，通过在原概念前缀以"准"字这样柔和而隐晦的表达，新的概念得以与原概念建立紧密的联系，从而能够自然而然地适用原概念的相关规则，而不会招致批评和反对。

在不同语境下，准物权有不同的含义。在罗马法时期，法学家为了调和用益物权只能针对非消耗物，与在消耗物上设立用益权的历史经验之矛盾，创设了"准用益权"的概念，仅用于指称那些设立于消耗物之上的用益权。德国民法理论认为，在特定情况下，权利人的相对权与一定法律地位相结合，会形成特别的"准物权"。如房屋承租人针对出租人的法律地位，又如全体共有人（如动产的一般共有人）就共有物的管理与使用达成协议，则该协议所生之利益与不利益，在效力上均及于份额的取得人。[①] 有学者认为，准物权可以应用于准不动产物权和准物权两个概念中。其中，准不动产物权是指于特殊动产如车辆、船舶、飞行器上设立的物权。准物权是指那些依据行政命令取得的且具有物权性质的权利。[②] 近年来，随着生态文明理念的提出和生态文明法治化进程的快速发展，为了有效解决理论供给，许多环境法学者将民法中物权的概念引入环境法，由此形成了一系列以环境容量为特殊客体的准物权，如碳排放权、排污权、用能权；等等。[③] 在自然资源领域，准物权一般是指矿业权（探矿权和采矿权）、取水权、渔业权、狩猎权等对自然资源开发利用的权利。[④] 为区别于其他类型的准物权，有学者将之归纳为"自然

---

① ［德］鲍尔、施蒂尔纳：《德国物权法》（上册），张双根译，法律出版社 2004 年版，第 50 页。
② 孙宪忠：《中国物权法总论》，法律出版社 2009 年版，第 62 页、第 69 页。
③ 邓海峰：《海洋环境容量的准物权化及其权利构成》，载《中国法学》2005 年第 4 期；王明远：《论碳排放权的准物权和发展权属性》，载《中国法学》2010 年第 6 期。
④ 崔建远：《准物权研究》，法律出版社 2012 年版，第 18~23 页。

资源准物权"。①

由此可见,《民法典》第三百二十九条规定的权益是属于接近用益物权的准物权。那么,在接近程度上,是否有差异呢？回答这一问题,必须首先明确物权的基本特征。《民法典》第一百一十四条第二款规定,物权是权利人依法对特定的物享有直接支配和排他的权利。特定的物要求物具有特定性。为实现对标的物的完全支配,物权要求其标的物具有特定性。所谓特定性,是指物的种类、数量、类型已经固定化而不能处于不断变动当中,否则无法为权利人所排他性支配。特定的物还应当为有体物。这里有体的客体并非指物的物理形态,而是作为固定的物质实体与作为无体物的权利相区分。特定物还应当是独立物。体现这种要求的是"一物一权原则"。顾名思义,"一物一权原则"包含两层含义：一方面,即每一个独立的物上都存在单独的所有权,每一个所有权也只能存在于唯一的物上,②即物权必须指向特定的单个物,③ 数个集合的物上不能设立一个所有权。另一方面,如果是某一个物的组成部分,则本身亦不能构成物权的标的,因为此时物权设立于整体之物上。同时,权利人对特定物的支配还应当具有独占性和排他性。

依据《民法典》的规定和民法物权理论,可以看出在自然资源使用权益中,矿业权是可以纳入现行物权体系的。④ 首先,作为矿业权客体的矿产资源虽无限绵延于整个地壳范围内,但可以按照开采利用的需求,通过探明的矿床分布和储量情况,以坐标拐点、面积、

---

① 参见樊勇：《自然资源准物权体系化研究》,中国人民大学 2019 年博士学位论文。
② [德] 曼弗雷德·沃尔夫：《物权法》,吴越、李大雪译,法律出版社 2002 年版,第 16~17 页。
③ [德] 鲍尔、施蒂尔纳：《德国物权法》(上册),张双根译,法律出版社 2004 年版,第 65 页。
④ 理论中,对于采矿权的物权属性争议不大,但对探矿权是否属于物权则存在较大争议。鉴于这一问题并非本文讨论的重点,在此不予详述。

标高等技术标准，对一定区域平面和立体范围内矿产资源进行特定化登记。一个矿区可以进一步划分登记为数个矿区。而数个相邻矿区亦可以基于需要合并登记为一个矿区。此种特定化的方式与土地相似，已为主流学说所采纳。① 其次，《矿产资源法》第十九条第二款明确禁止任何单位和个人进入他人矿区内开采矿产资源；原国土资源部②《关于进一步治理整顿矿产资源管理秩序的意见》③ 第二条明确规定，一个矿山只能设立一个采矿权，不能重叠和交叉设置。这些规定，分别从不同角度就矿业权人对矿区内矿产资源排他性支配作出明确。最后，在司法实践中，对于因盗采、越界开采进入他人矿区侵害矿业权的，一般按照相应储量依法予以赔偿。

相较于矿业权，捕捞、狩猎、采集等权益则与传统物权存在较大差异。这种差异体现在：首先，权益的客体不具有物的特定性。野外所生长的野菜、野果、蘑菇等的数量、类型均不清楚，野生动物更是可以在大范围内迁移。水处于持续流动状态，一定水域中的鱼群数量也是处于变化当中，无法作为特定物存在。正如有观点指出，行为人对这类自然资源的使用利益"可能占有特定空间，但难谓已占有自然资源"④。其次，其不符合物权"一物一权"的基本原则。例如，一定区域森林可以允许不特定的多数人采集、狩猎，一条河流可以允许不特定的多数人取水，任何人的利益都不具有排他性。

这样看来，采集、捕捞、狩猎等自然资源使用权益是位阶低于物权的纯粹经济损失，不能当然地作为物权予以保护。与此同时，

---

① 王利明：《物权法研究》，中国人民大学出版社 2016 年版，第 62 页；[日] 我妻荣：《新订物权法》，有泉亨补订，罗丽译，中国法制出版社 2008 年版，第 13 页。
② 经 2018 年国务院机构改革，组建自然资源部，不再保留国土资源部。
③ 该文件虽已失效，但实践中曾发挥了重要作用，此处作者为说明问题而加以引用。
④ 樊勇：《自然资源准物权体系化研究》，中国人民大学 2019 年博士学位论文。

由于权利人无法对客体实行排他性支配，损害也就不具有特定性。即对某一自然资源的损害会造成不特定多数人的不特定财产损失。如果这些损失都由行为人赔偿，将造成侵权人承担过重的责任。

那么，《民法典》第三百二十九条规定的"依法取得的探矿权、采矿权、取水权和使用水域、滩涂从事养殖、捕捞的权利受法律保护"应当如何理解呢？我们认为，应当对该条规定作目的性限缩，即当上述权益符合特定要件时，才能予以适当保护。为此，本条设置了以下几个条件：

第一，位于或者接近生态环境受损区域。此为责任的前提。自然资源使用权益的受损与污染环境、破坏生态的行为具有因果关系，且因果关系的链条不宜过长。对于远离生态环境受损区域发生的损害，原则上不予保护。

第二，依赖于受损生态环境。所谓依赖于受损生态环境，是指相关活动与生态环境具有紧密的联系，在一定程度上体现物权的支配关系。例如，采集、狩猎高度依赖于采集区域的生态环境，野生动植物生态环境受到破坏，必然造成被采集物、猎物的减少或者消灭。在这里，采集人、狩猎人虽然不能直接支配采集物、猎物，但两者之间具有紧密的联系，体现了对特定空间的支配利益。相反，如果没有这种高度的紧密联系，就不能予以保护。例如，开办农家乐、民宿虽然与所在区域的自然环境息息相关，但这种关联性尚无法达到依赖的程度。故因污染环境、破坏生态造成农家乐、民宿经营者收入降低的，其经营者不得主张损害赔偿。

第三，不具有可替代性或替代成本过高。自然资源使用权益具有可替代性。例如，某一水域被污染后，可以从其他未被污染的水域取水或捕捞；某一区域森林资源被破坏后，可以去其他未被破坏的森林采集；等等。如此种情形成立，则自然资源损害虽然客观发生，但其利用人的利益并未受到损害。因此，只有当自然资源使用人的权益无法替代时，才有保护的必要。需要指出的是，当自然资源使用权益虽然可以替代，但替代成本过高时，受害人的赔偿请求也可予以适度支持。如本可以在家门口取水，但因污染而不得不从十公里外取水。侵权人对于因此造成的损失应当承担赔偿责任。

第四，具有稳定性和公开性。物权是对世权。为体现排他性支配和保障交易安全，物权须以一定方法公示。一般而言，动产物权以占有为公示方法，而不动产物权具有复杂的权利义务关系的物权，不能为占有所表现，应依赖登记为公示。自然资源使用权益要获得物权性保护，同样必须具有接近于物权的公示方法。这种公示方法通过稳定性和公开性得以体现。

第五，这些自然资源使用权益依照法律规定需要取得许可的，还应当取得许可。区别于物权，对于应取得许可而未取得许可的自然资源使用权益，原则上应不予保护。如在王某军与大连某投资有限公司、大连某建设集团有限公司海上污染损害责任纠纷案中，[①] 法院在判决中指出，"虽然王某军与他人签订合同承包该海域从事养殖，但是与王某军签订合同的人也没有持有有效海域使用权证书和养殖证，因此王某军没有取得合法的养殖资格。不过王某军在承包海域内养殖虾夷扇贝，未持有合法有效证书属于行政管理范畴，并不因此而导致其实体权利不存在或灭失……因王某军未持有合法有效的养殖证书，故对其收入损失不予保护，但王某军对其养殖的虾夷扇贝享有物权，对于已经造成的虾夷扇贝损失，应当予以保护"。该案中，法院区分了原告的物权和自然资源使用权益，对两者适用了不同的保护标准，是妥当的。

[①] 参见辽宁省高级人民法院（2017）辽民终1308号民事判决书，载中国裁判文书网。

在具备上述要件的情况下，这些自然资源使用权益一方面具有了接近物权的排他性、支配性特征；另一方面自然资源使用权益的损害范围得到必要的限制，从而避免侵权人的责任无限扩大而危及行为自由，妥当地实现了权利救济和行为自由的平衡。

【审判实践中需要注意的问题】

本条规定的是影响他人取水、捕捞、狩猎、采集等日常生活应当予以赔偿。有学者认为，自然资源使用权益依主体利用自然资源是否为生存必需，可以分为"自然性资源权"和"人为性资源权"。前者是在自然资源开发利用中《宪法》生存权的体现，目的在于保障公民基于生存而对自然资源的无偿利用。而后者具有更强的私权属性，可以自由交易流转。[①] 如农村居民取水灌溉农作物的，可以归属于"自然性资源权"；而洗煤厂取水洗煤，则应归属于"人为性资源权"。按照这一区分标准，本条所优先保护的，应为"自然性资源权"。对于"人为性资源权"，因其位阶相对较低，在保护上具有劣后性。对于是否应当保护，以及保护到何种程度，可以在实践中进一步探索。

【法条链接】

《中华人民共和国民法典》（2020年5月28日）

第三百二十九条 依法取得的探矿权、采矿权、取水权和使用水域、滩涂从事养殖、捕捞的权利受法律保护。

[①] 金海统：《论资源权的法律构造论》，载《厦门大学学报（哲学社会科学版）》2009年第6期。

> **第二十四条 【连带责任的追偿权】**两个以上侵权人就污染环境、破坏生态造成的损害承担连带责任，实际承担责任超过自己责任份额的侵权人根据民法典第一百七十八条的规定向其他侵权人追偿的，人民法院应予支持。侵权人就惩罚性赔偿责任向其他侵权人追偿的，人民法院不予支持。

【条文主旨】

本条是关于连带责任人追偿权的规定。

【条文理解】

一、连带责任

连带责任，是指依照法律的直接规定或者当事人的约定，两个以上的责任主体向权利人连带承担全部赔偿责任，权利人有权要求连带责任人中的一人或数人承担全部责任，而一人或数人在承担全部赔偿责任后，将免除其他责任人的赔偿责任的民事责任形态。[①] 其主要特征表现为：（1）连带责任对于侵权人而言是一种比较严重的责任方式，赋予责任人的负担较重。连带责任对外是一个整体的责任。每一个连带责任人都需要对被侵权人承担全部责任。被请求承担全部责任的连带责任人，不得以自己的过错程度等为理由主张只承担自己相应部分的责任。（2）连带责任对于被侵权人保护得更为

---

① 参见最高人民法院民法典贯彻实施工作领导小组主编：《中华人民共和国民法典总则编理解与适用》，人民法院出版社2020年版，第888页。

充分。连带责任赋予被侵权人更多的选择权,被侵权人可以请求部分或者全部连带责任人承担全部责任。(3)连带责任是法定责任,其法律内涵由法律明确规定[①],各连带责任人不能约定改变该责任的性质,其关于内部责任份额的约定亦不对外发生效力。

根据《民法典》及本解释的相关规定,生态环境侵权中的连带责任主要包括以下情形:(1)共同侵权人的连带责任。根据《民法典》第一千一百六十八条的规定,二人以上共同实施侵权行为,造成他人损害的,应当承担连带责任。本解释第十四条对实践中较为常见的排污单位与第三方治理机构承担连带责任的情形予以进一步明确:第三方治理机构按照排污单位的指示,违反污染防治相关规定排放污染物的;排污单位将明显存在缺陷的环保设施交由第三方治理机构运营,第三方治理机构利用该设施违反污染防治相关规定排放污染物的;或者排污单位以明显不合理的价格将污染物交由第三方治理机构处置,第三方治理机构违反污染防治相关规定排放污染物的,足以表明排污单位与第三方治理机构之间具有共同故意,构成共同侵权,应当承担连带责任。(2)教唆人、帮助人与侵权行为人的连带责任。根据《民法典》第一千一百六十九条第一款和本解释第十条的规定,为侵权人污染环境、破坏生态提供场地或者储存、运输等帮助,或者教唆他人实施污染环境、破坏生态侵权行为的,帮助人或者教唆人应当与侵权人承担连带责任。(3)实施共同危险行为的侵权人的连带责任。根据《民法典》第一千一百七十条的规定,二人以上实施危及他人人身、财产安全的行为,其中一人

---

① 《民法典》第一百七十八条第一款规定:"二人以上依法承担连带责任的,权利人有权请求部分或者全部连带责任人承担责任。"第五百一十八条规定:"债权人为二人以上,部分或者全部债权人均可以请求债务人履行债务的,为连带债权;债务人为二人以上,债权人可以请求部分或者全部债务人履行全部债务的,为连带债务。连带债权或者连带债务,由法律规定或者当事人约定。"

或者数人的行为造成他人损害，能够确定具体侵权人的，由侵权人承担责任；不能确定具体侵权人的，行为人承担连带责任。（4）分别实施生态环境侵权行为但单个侵权行为都足以造成全部损害的侵权行为人的连带责任。根据《民法典》第一千一百七十一条和本解释第五条的规定，两个以上侵权人分别污染环境、破坏生态造成同一损害，每一个侵权人的行为都足以造成全部损害的，侵权人承担连带责任。（5）部分连带责任。根据本解释第七条的规定，两个以上侵权人分别污染环境、破坏生态，部分侵权人的行为足以造成全部损害，部分侵权人的行为只造成部分损害，造成全部损害的侵权人既应当对全部损害承担责任，又应当对与其他侵权人共同造成的损害承担连带责任。（6）污染物相结合产生次生污染造成损害时的连带责任。根据本解释第九条的规定，两个以上侵权人分别排放的物质相互作用产生污染物，两者具有整体性和不可分割性，构成造成他人损害的一个共同的原因，应当承担连带责任。

二、连带责任人的追偿权

《民法典》关于侵权责任追偿权的规范，散见于总则编和侵权责任编，共计13个条文，分属不同的侵权责任类型，多存在于连带责任、替代责任、典型的不真正连带责任、先付责任、补充责任以及附条件的不真正连带责任等不同形式的多数人侵权责任之中。[1] 其中，连带责任人的追偿权最为典型。

（一）追偿权的理论基础

连带责任人的追偿权，是指一个连带责任人因履行债务、抵销

---

[1] 参见杨立新：《侵权责任追偿权的"背锅"理论及法律关系展开》，载《求是学刊》2021年第1期。

债务等使连带责任人对债权人的债务在一定范围内消灭的，该连带责任人享有向其他连带责任人追偿的权利[①]。连带责任人的追偿权，在连带责任的内部关系中处于重要地位，能保障连带责任人内部合理分担风险，一定程度上可以缓解连带责任制度中的"深口袋"问题。

有关连带责任人追偿权的正当性依据，大陆法系传统民法理论上存在多种学说，包括当然存在说、主观共同关系说、相互保证说、无因管理说、不当得利说以及公平分担说等。[②] 追偿权理论基础上的复杂性有其历史渊源。早期罗马法认为任一连带责任人实施全部清偿系履行自己的义务，因此原则上不承认连带责任人之间的追偿权。但是，如果连带责任人之间存在比如合伙、共有等其他特定的法律关系，则可以依据这些具体的法律关系主张追偿，即连带责任人之间的追偿权最初系基于具体关系中的不同诉权。诸如无因管理、债权的法定转移、相互保证等现代法学上的解释学说都源于罗马法上的具体诉权理论。在此基础上，近代学者又提出了一些新的学说，比如不当得利、当然追偿、共同关系以及公平分担等。[③] 亦有观点认为，追偿权与替代责任、风险责任相关联，在性质上可以认定为请求权让与，其正当性来源于矫正正义，风险责任人承担责任后，通过受让原赔偿权利人的请求权，向最终责任人追偿，以消解自己受偿不能的风险。[④] 上述学说诉诸具体民法规则、连带性本身或者民法基本原则来寻求理论根据，均有其合理性。

[①] 黄薇：《中华人民共和国民法典合同编解读》（上册），中国法制出版社 2020 年版，第 189 页。
[②] 相关学说的观点介绍详见史尚宽：《债法总论》，中国政法大学出版社 2000 年版，第 664 页。
[③] 参见李中原：《连带债务人之间追偿权的法教义学构建》，载《法学家》2022 年第 2 期。
[④] 参见李怡雯：《补充责任与追偿权的断裂与衔接》，载《河南财经政法大学学报》2021 年第 2 期。

（二）追偿权的行使条件

通说认为，追偿权的构成要件包括：（1）权利人有清偿连带债务或类似于清偿的其他事由，且不论其清偿系其主动为之还是被动为之。（2）其他连带债务人因权利人的清偿或类似清偿的事由亦被免除全部或者部分债务，即权利人的行为造成了连带债务全部或者部分消灭的效果。（3）权利人使其他连带债务人的免债额超出权利人的分担额，即履行额大于分担额。[①]

上述构成要件中，前两项无甚异议。但就第三项而言，即连带责任人行使追偿权是否要以实际承担债务超过自己的债务份额为条件，学说上存在争论，大陆法系国家的民法典规定中亦做法不一。主要存在以下三种不同立法例：一是规定连带债务人实际承担的债务须超过自己的债务份额，才能向其他连带债务人行使追偿权。如《法国民法典》第一千三百一十七条规定，清偿超过自己分担部分的连带债务人得向其他连带债务人请求清偿其各自分担之部分。二是规定连带债务人行使追偿权不需要以实际承担的债务超过自己的债务份额为条件，只要债务人以自己的财产使各连带债务人共同免责，不管数额多少，均可以向其他债务人追偿。《日本民法典》采用这种做法，2017 年修订后的《日本民法典》第四百四十二条规定，连带债务人之一作出清偿，及以自己之财产而得共同免责时，该连带债务人，不论所得免责之金额超过自己负担部分与否，对其他连带债务人于得免责而支出之财产金额内，享有各自负担部分相应数额之求偿权。三是规定连带债务人须清偿全部债务，才能向其他连带债务人行使追偿权。如《意大利民法典》第一千二百九十九条规定，

[①] 参见谢鸿飞：《连带责任人追偿权与法定代位权的适用关系——以民法典第519 条为分析对象》，载《东方法学》2020 年第 4 期。

给付全部债务的连带债务人得就共同债务人各自的部分向他们追偿。① 我国《民法典》在总结立法和司法实践经验的基础上，采用了上述第一种做法。《民法典》第一百七十八条第二款采用了"实际承担责任超过自己责任份额的连带责任人"的表述，以法律明文规定的方式明确连带责任人追偿权的行使要以实际承担责任超过自己的责任份额为条件。

(三) 连带责任内部份额的确定

连带责任在外部关系上表现为各连带责任人对权利人均负有全部清偿的义务，在内部关系上则表现为各连带责任人按照各自的份额分担责任。连带责任人追偿权的行使既以其实际承担责任超过自己的责任份额为条件，责任份额的确定则为连带责任人行使追偿权的题中应有之义。

连带责任内部份额的确定，采取以过错比较为主、法律原因力比较为辅的方法。② 所谓过错比较，就是根据当事人的主观心理状态，将过错区分为故意、重大过失、一般过失和轻微过失，并以此为依据确定各责任人的责任范围。以过错程度确定连带责任人之间的责任份额，能够体现公平，也是司法实践中的通常做法。确定责任份额时，应当对各个连带责任人实施侵权行为时的过错进行比较，有故意或者重大过失等较大过错的，承担较大的责任份额；过错较小的，如只有轻微过失的，可以承担较少的责任份额。原因力是指在构成损害结果的多个原因中，每一个原因对于结果的发生或者扩

---

① 参见黄薇：《中华人民共和国民法典合同编解读》（上册），中国法制出版社 2020 年版，第 189~190 页。
② 参见最高人民法院民法典贯彻实施工作领导小组主编：《中华人民共和国民法典总则编理解与适用》，人民法院出版社 2020 年版，第 890 页。

大所起的作用。原因力也是确定连带责任人责任份额的一个方面，特别是在适用过错推定责任以及无过错责任的情况下，需要对各连带责任人侵权行为对损害后果所起的作用进行比较。本解释第二十五条在《民法典》第一千二百三十一条的基础上，对连带责任人内部责任份额的确定标准作出规定，增加了行为有无许可这一考量因素并将其排在其他考量因素前列，既是前述以过错比较为主、法律原因力比较为辅方法的体现，也是对生态环境数人侵权特殊性的观照，在部分侵权人有过错而部分侵权人没有过错的情况下，在确定各侵权人责任时，应当将过错作为主要标准。此外，根据《民法典》第一百七十八条第二款的规定，如果通过对过错、原因力等进行比较分析后，仍难以确定责任份额大小的，应当由各连带责任人平均承担责任。

三、连带责任人追偿权的适用例外

根据《民法典》第一百七十九条第一款的规定，民事责任形式包括停止侵害，排除妨碍，消除危险，返还财产，恢复原状，修理、重作、更换，继续履行，赔偿损失，支付违约金，消除影响、恢复名誉，赔礼道歉等。连带责任是否适用于上述各种民事责任形式，颇值得讨论。通常认为，对于返还财产、修理、重作、更换、继续履行、赔偿损失、支付违约金等民事责任形式，存在连带责任的适用空间，自无疑义。就排除妨碍、消除危险、恢复原状、消除影响、恢复名誉等责任形式而言，各责任人之间也可能成立连带责任。就赔礼道歉而言，一般情况下，各责任人不构成连带责任。仅部分责任人赔礼道歉，不能使其他责任人的责任当然消灭，其他责任人亦应实施赔礼道歉的行为。就停止侵害而言，则需要根据具体情况进行分析，当部分责任人停止侵害，能使侵害行为整体停止时，各责任人之间可能构成连带责任。反之，则不能构成连带责任。[1]

值得注意的是，《民法典》第一百七十九条第二款规定："法律规定惩罚性赔偿的，依照其规定。"第一千二百三十二条规定："侵权人违反法律规定故意污染环境、破坏生态造成严重后果的，被侵权人有权请求相应的惩罚性赔偿。"根据上述规定，生态环境侵权领域亦有惩罚性赔偿的适用，这一责任方式是否适用连带责任、连带责任人能否追偿？颇值得探讨。

生态环境侵权责任适用无过错责任归责原则，即在侵权人污染环境、破坏生态行为与他人损害有因果关系的情形下，不考虑侵权人是否存在过错、排污是否符合规定的标准，均应承担侵权责任。惩罚性赔偿，是指行为人恶意实施某种行为时，以对行为人实施惩罚和追求一般抑制效果为目的，法院在判令行为人支付通常赔偿金的同时，还可以判令行为人支付高于实际损失的赔偿金。惩罚性赔偿是传统侵权责任填平原则的例外，其赔偿数额更高，具有一般生态环境侵权责任不具备的惩罚功能。鉴于此，生态环境侵权惩罚性赔偿责任的适用，具有更为严格的特别构成要件。根据《民法典》第一千二百三十二条规定，其特别构成要件包括主观要件和客观要件，前者与惩罚性赔偿制度针对恶意侵权人的设计初衷相契，即惩罚性赔偿责任适用的基础性要件是要求侵权人具有主观故意；后者包括违反法律规定和造成严重后果，即侵权人污染环境、破坏生态行为违反了法律规定，是对其施以惩罚的正当性基础，造成的严重后果必须是已经实际发生的、现实存在的人身、财产或者生态环境

---

[1] 参见最高人民法院民法典贯彻实施工作领导小组编著：《中国民法典适用大全总则卷（三）》，人民法院出版社2022年版，第1556页。但也有观点认为，连带责任中的"责任"，仅指损害赔偿责任。《民法典》中规定的停止侵害、排除妨害、消除危险、返还财产、恢复原状、消除影响、恢复名誉以及赔礼道歉等其他责任方式，无所谓连带、份额。参见李宇：《民法总则要义：规范释论与判解集注》，法律出版社2017年版，第851页。

损害，而不能仅是一种风险。

　　根据上述分析可知，生态环境侵权惩罚性赔偿责任是否适用连带责任，连带责任人能否追偿，是两个复杂的问题。故，结合生态环境侵权领域承担连带责任的情形，进行类型化分析不失为一个相对稳妥的方式。其中，以下两种情形最为典型：一是二人以上基于共同故意实施违反法律规定的污染环境、破坏生态行为造成严重后果的，构成生态环境共同侵权，亦同时符合惩罚性赔偿责任的特别构成要件，在责任形式上可以适用惩罚性赔偿，连带责任人之间亦可根据其过错程度、原因力大小等确定责任份额，实际承担责任超出其份额的连带责任人可以行使追偿权。二是两个以上侵权人分别污染环境、破坏生态造成同一损害，每一个侵权人的行为都足以造成全部损害，应当承担连带责任。但这一连带责任仅指向生态环境一般侵权责任，是否同时适用于惩罚性赔偿，还需经受惩罚性赔偿责任特别要件的检视。在数人分别侵权承担连带责任情形下，如果仅部分侵权人存在主观过错，则惩罚性赔偿仅针对特定的侵权人单独作出，是对该侵权人的专门性惩罚，不适用连带责任，自不涉及追偿权的行使。需要说明的是，连带责任是一种比较严重的责任方式，赋予责任人的负担较重；生态环境侵权惩罚性赔偿是对损害赔偿填平原则的突破，亦是一种附加责任、加重责任，司法实践中对涉及惩罚性赔偿连带责任的适用应慎之又慎。且惩罚性赔偿是一种主要针对不法性和道德上应受谴责性的行为而适用的责任方式，更强调侵权人的主观恶意，惩罚性赔偿金数额以及可能涉及的连带责任人内部责任份额的确定，亦应谨慎斟酌，避免不当加重行为人的责任。

【审判实践中需要注意的问题】

关于连带责任人追偿权问题，《民法典》除在第一百七十八条规定之外，第五百一十九条亦有涉及。二者不同的是，前者在体系上处于总则编，后者处于合同编；前者使用的是"连带责任"的表述，后者使用的是"连带债务"的表述。由此可能引发法解释学上后者是否适用于连带责任人追偿权的疑问。经研究，我们认为，《民法典》第四百六十八条规定："非因合同产生的债权债务关系，适用有关该债权债务关系的法律规定；没有规定的，适用本编通则的有关规定，但是根据其性质不能适用的除外。"连带责任和连带债务并不存在实质法律差异，基于不同事由产生的多数人债务或者责任，其核心法律问题是能否成立连带债务（责任），但在连带债务（责任）成立后，不因其成立事由不同而产生效力差异。[①] 故在连带责任人追偿权问题，《民法典》第一百七十八条未规定的，可以适用《民法典》第五百一十九条的相关规定。

一、连带责任人追偿权的范围

《民法典》第一百七十八条没有规定连带责任人追偿权的范围，根据《民法典》第五百一十九条第二款的规定，连带责任人有权就超出部分在其他连带责任人未履行的份额范围内行使追偿权。即连带责任人行使追偿权的范围限于其实际承担责任超过自己份额的部分。还值得注意的是，连带责任人就超出部分在其他连带责任人未履行的份额范围内行使追偿权，只能主张其他连带责任人各自应当

[①] 参见谢鸿飞：《连带责任人追偿权与法定代位权的适用关系——以民法典第519条为分析对象》，载《东方法学》2020年第4期。

承担的责任份额内未履行的部分，而不是就该超出部分要求其他连带责任人承担连带责任。

二、特定情形下连带责任人之间的责任份额二次分担规则

实际承担责任超过自己份额的连带责任人在向其他连带责任人进行追偿时，只能要求其他连带责任人在各自未履行的份额范围内分担责任。实践中，如果其他连带责任人发生了破产、缺乏清偿能力等情形致使其不能承担其应当分担的责任份额的，实际承担责任的连带责任人的追偿权就难以全部实现。对于这种情形，一些国家和地区的民法典普遍设立了连带责任人之间的责任份额二次分担规则。如《法国民法典》第一千三百一十七条规定，如连带债务人中之一人陷于无支付能力状态，则其分担额由其他有支付能力之连带债务人（包括已为清偿的债务人和享受连带债务免除的债务人）按照比例分担之。《意大利民法典》第一千二百九十九条规定，给付全部债务的连带债务人得就共同债务人各自的部分向他们进行追偿。如果共同债务人中的一人无偿还能力，则由包括已经履行给付的人在内的其他共同债务人按照份额进行分担。《日本民法典》第四百四十四条规定，连带债务人中有无偿还资历者时，不能偿还部分，于求偿人及其他有资历者间，按各自负担部分分割负担。参考上述国家立法例，我国《民法典》第五百一十九条第三款规定，被追偿的连带债务人不能履行其应分担份额的，其他连带债务人应当在相应范围内按比例分担。其中"其他连带债务人"是指除不能履行其应分担份额的连带债务人之外的所有连带债务人，包括实际承担债务后行使追偿权的连带债务人自身以及在自己分担份额内已经承担债务的其他连带债务人。

【法条链接】

《中华人民共和国民法典》（2020年5月28日）

第一百七十八条 二人以上依法承担连带责任的，权利人有权请求部分或者全部连带责任人承担责任。

连带责任人的责任份额根据各自责任大小确定；难以确定责任大小的，平均承担责任。实际承担责任超过自己责任份额的连带责任人，有权向其他连带责任人追偿。

连带责任，由法律规定或者当事人约定。

第五百一十九条 连带债务人之间的份额难以确定的，视为份额相同。

实际承担债务超过自己份额的连带债务人，有权就超出部分在其他连带债务人未履行的份额范围内向其追偿，并相应地享有债权人的权利，但是不得损害债权人的利益。其他连带债务人对债权人的抗辩，可以向该债务人主张。

被追偿的连带债务人不能履行其应分担份额的，其他连带债务人应当在相应范围内按比例分担。

第一千二百三十二条 侵权人违反法律规定故意污染环境、破坏生态造成严重后果的，被侵权人有权请求相应的惩罚性赔偿。

> **第二十五条　【数人侵权的责任划分】**两个以上侵权人污染环境、破坏生态造成他人损害，人民法院应当根据行为有无许可，污染物的种类、浓度、排放量、危害性，破坏生态的方式、范围、程度，以及行为对损害后果所起的作用等因素确定各侵权人的责任份额。
>
> 　　两个以上侵权人污染环境、破坏生态承担连带责任，实际承担责任的侵权人向其他侵权人追偿的，依照前款规定处理。

【条文主旨】

本条是关于数人侵权的责任划分。

【条文理解】

本条是对《民法典》第一千二百三十一条规定的细化。《民法典》第一千二百三十一条规定："两个以上侵权人污染环境、破坏生态的，承担责任的大小，根据污染物的种类、浓度、排放量，破坏生态的方式、范围、程度，以及行为对损害后果所起的作用等因素确定。"考虑到生态环境侵权的特殊性，本条对数人侵权的责任划分作了进一步厘清和明确。

一、《民法典》第一千二百三十一条"承担责任"的理解与适用

《民法典》第一千二百三十一条规定了数人环境侵权中各侵权人

责任份额的考量因素，关于本条的"承担责任"属于对内责任还是对外责任，理论界主要存在三种不同观点。

一是外部责任说。该观点认为，《民法典》第一千二百三十一条是关于按份责任的规定，与《民法典》第一千一百七十二条规范旨趣相同，前者是对后者的具体运用。[1] 也就是说，《民法典》第一千二百三十一条规定的是每一个侵权人都实施了侵权行为，但造成的损害责任无法直接确定具体份额。在这种情况下，应根据市场份额规则承担按份责任，并适用第一千一百七十二条的规定。

二是内部责任说。该观点认为，《民法典》第一千二百三十一条是数人环境侵权责任中侵权人之间内部责任份额的确定规则。[2] 各侵权人之间属于共同侵权，应当承担连带责任，而按份责任完全可以作为侵权人承担连带责任之后的内部责任分担规则。同时，考虑到主观上的过错或者意思联络并非环境共同侵权的构成要件，数人环境侵权区分有无意思联络，对于是否构成环境共同侵权以及承担连带责任并无实质影响。

三是区分说。该观点认为，关于《民法典》第一千二百三十一条，既不能完全将其定性为对内的按份责任，也不能完全将其定性为对外的按份责任，而应根据数人环境侵权的不同责任形态区别看待。[3] 具体来说，包括两种情形：一是两个以上侵权人污染环境，如果行为关联造成同一个损害结果的，构成共同侵权，侵权人对被侵权人承担连带责任；二是两个以上侵权人污染环境，如果分别实施

---

[1] 张新宝：《中华人民共和国民法典侵权责任编理解与适用》，中国法制出版社2020年版，第260页。

[2] 最高人民法院民法典贯彻实施工作领导小组主编：《中华人民共和国民法典侵权责任编理解与适用》，人民法院出版社2020年版，第525页。

[3] 邹海林、朱广新主编：《民法典评注·侵权责任编》（1），中国法制出版社2020年版，第614页。

或者损害结果可分的，构成分别侵权，侵权人各自承担相应的责任。

综上所述，对《民法典》第一千二百三十一条中"承担责任"的争论主要在于，该条是关于数人环境侵权中侵权人外部责任的规定，还是关于其内部责任的规定。我们倾向于第三种观点，可从共同侵权和分别侵权两个层面理解《民法典》第一千二百三十一条的规定。具体来说，主要有以下几点考虑：

第一，从法条的文义解释看，该条表述与《民法典》第一千一百七十二条关于按份责任的表述并非完全对应的关系。作为对外承担按份责任的一般条款，《民法典》第一千一百七十二条明确规定，"二人以上分别实施侵权行为造成同一损害，能够确定责任大小的，各自承担相应的责任；难以确定责任大小的，平均承担责任"。而第一千二百三十一条既没有"分别实施侵权行为"的表述，也没有明确对被侵权人承担按份责任。同时，《民法典》第一百七十八条第二款规定，"连带责任人的责任份额根据各自责任大小确定；难以确定责任大小的，平均承担责任"，明确了连带责任的内部份额的划分标准。据此，从字面意思看，《民法典》第一千二百三十一条更宜解释为与第一千一百七十二条和第一百七十八条的规定相对应，不仅包括侵权人对外承担按份责任的标准，也涉及数个侵权人之间内部责任份额的确定。

第二，从共同侵权的规则看，不宜将该条内容理解为对外承担按份责任的规定。环境共同侵权行为不仅包括有意思联络的共同侵权，还包括无意思联络但客观上行为关联共同的数人侵权行为。对于实施环境共同侵权行为的数个侵权人，无论是有意思联络还是客观上无意思联络，其中一人对外承担连带责任后，必然也要面临对内求偿或者划分责任份额的问题。如果《民法典》第一千二百三十一条仅包括对外按份责任的承担，可能不符合当前理论界和实务界关于共同侵权规则的一般认识，也不利于实现我国当前依法加强保护环境、建设美丽中国的目标。

第三，从责任承担的本质看，连带责任与按份责任在某种侵权行为类型上的适用，体现了一种法律价值判断，包含着公共政策导向的考虑。对各侵权人适用连带责任有利于填补受害人的损害，更强调对受害人的充分救济、对侵权人的制裁和对违法行为的预防；而适用按份责任则重在保护行为人的行为自由，减轻行为人的责任负担。如果将缺乏意思联络的数人侵权导致同一损害规定为按份责任，被侵权人在向部分侵权人尤其是缺乏赔偿能力、经济状况不好的企业主张损害赔偿时，可能会发生求偿困难。这样的制度安排导致的结果是被侵权人会处于不利地位，侵权责任立法的目的难以实现。[1]

第四，从审判实践看，不宜将该条内容理解为对内按份责任的规定。实践中的环境侵权类案件类型多元，而环境侵权又具有长期性、复杂性、潜在性等特点。在数人实施侵权行为的情况下，既可能存在承担连带责任的情形，也可能存在承担按份责任的情形。在承担连带责任的情形下，也会存在内部责任份额划分标准问题。也就是说，这两种情况都可能涉及最终的责任份额确定问题。如果认为《民法典》第一千二百三十一条仅规定了对内按份责任，则意味着该条文不能用来确定侵权人与被侵权人的责任关系，可能无法解决司法实践中面临的相关情况。

因此，本条对《民法典》第一千二百三十一条的规定作了进一步细化和明确，不仅规定了数个侵权人之间的责任份额确定的标准；同时，明确了该标准既可以适用于连带责任情形下的内部责任划分

---

[1] 张新宝、庄超：《扩张与强化：环境侵权责任的综合适用》，载《中国社会科学》2014年第3期。

的追偿权纠纷,也可以适用于按份责任情形下的责任份额的确定。为了使条文表述更加清晰,更便于司法实践理解与适用,本条规定了两款内容。其中,第一款规定的是数人侵权按份责任的确定标准;第二款规定的是连带责任的内部追偿标准。通过这两款规定,进一步明确本条的适用范围,不仅适用于数个侵权人承担连带责任后内部追偿的案件,也同样适用于涉及数个侵权人对外承担按份责任的案件。

二、数个污染者责任份额确定的一般规则及其适用

关于数人侵权的责任份额划分问题,我国学界基本不再主张单一的过错决定说或法律原因力决定说。[1] 也就是说,确定数人侵权的责任份额,不能仅依据过错程度或原因力大小,而是综合考虑这两个方面的因素,否则可能出现不公平的情形。但在综合考虑原因力大小和过错程度时,应以过错比较为主还是以原因力比较为主存在不同认识,主要有以下三种观点。

一是以过错比较为主、原因力比较为辅。将原因力大小作为第二位因素,是因为原因力对于赔偿份额的确定具有相对性。确定各个主体的赔偿份额的主要因素,是过错程度的轻重,而原因力的大小尽管也影响各自的赔偿责任份额,但要受过错因素的约束和制约。[2] 原因力的相对性决定作用主要表现在:(1)当各方当事人的过错程度无法确定,或者在适用无过错责任原则归责时,应以各自行为原因力大小,确定各自的赔偿份额;(2)在各方当事人的过错程度相等时,各自行为的原因力大小对于赔偿份额的确定,起"微

---

[1] 杨立新、梁清:《原因力的因果关系理论基础及其具体应用》,载《法学家》2006年第6期。

[2] 张新宝、明俊:《侵权法上的原因力理论研究》,载《中国法学》2005年第2期。

调"作用；（3）在加害人依其过错承担主要责任或者次要责任时，双方各自行为的原因力起"微调"作用。①

二是以原因力比较为主、过错比较为辅。对于数人侵权的责任份额划分问题，应当主要考虑各方当事人行为的原因力，适当兼顾过错程度：（1）如果损害主要是由加害人的行为所造成的，应较少减轻或不减轻加害人的责任；（2）如果损害主要是由受害人的行为所造成的，应大部分减轻或免除加害人的责任；（3）于加害人存在故意或重大过失（尤其是恶意）之情形，不得免除其责任；（4）于受害人存在故意或重大过失之情形，得免除加害人之责任。亦即过失相抵制度虽然与双方当事人的主观状态有联系，但主要是从因果关系的角度来考虑后果分担的。②

三是过错比较和原因力比较并重，即通过综合判断各共同行为人的主观过错程度和原因力大小，确定各自的责任份额。具体方法是：（1）确定整体责任是100%；（2）确定各行为人主观过错在整体过错中的百分比，按照故意重于重大过失，重大过失重于一般过失的标准，分别确定各行为人各自所占过错比例的百分比；（3）确定各行为人的行为对损害发生的原因力，亦用百分比表示，即全体行为人的行为总和为100%，各行为人的行为占一定百分比；（4）某一行为人的过错百分比与原因力百分比相加除以二，即为该行为人的责任份额。③

我们倾向于第一种观点，即以过错比较为主、原因力比较为辅。一方面，过错程度是确定赔偿份额的主要因素。即使是对于适用无过错责任原则的侵权行为类型，也不能以无过错责任原则并不以过

---

① 杨立新：《侵权法论》，人民法院出版社2004年版，第598~599页。
② 张新宝：《中国侵权行为法》，中国社会科学出版社1998年版，第611页。
③ 杨立新：《侵权法论》，人民法院出版社2004年版，第555页。

错为构成要件或者行为人的过错不好确定为由，否定以过错比较为主规则的适用。如数人环境侵权，到底是根据客观损害与原因力来决定责任分担，还是更多地考虑过错程度？由于污染侵权适用无过错责任原则，行为人对损害所承担的责任实际是一种风险分担，并非因自己的过错而承担责任。但在部分侵权人有过错而部分侵权人无过错的情况下，仍应当将过错作为侵权责任分担的主要标准。因此，当数人环境侵权涉及多种不同的责任承担形式时，还是应以过错比较为主，首先比较过错程度。另一方面，过错也并非影响责任划定的唯一因素。在部分侵权人有过错而部分侵权人无过错的情况下，如侵权人甲实际没有过错仍然承担无过错责任的行为与侵权人乙应承担过错责任的行为构成共同侵权时，也不能纯粹依据过错程度划分责任份额，还需要考虑比较原因力大小。原因力虽然也影响赔偿责任份额，但要受过错因素的约束和制约。

具体来说，在共同侵权行为中，可分为以下四种情形：第一，各行为人过错与法律原因力都能确定的，确定共同加害人责任份额的基本要求是各共同行为人过错程度和行为的原因力。如果各侵权人均有过错或者部分侵权人有过错而部分侵权人无过错，首先比较过错程度，然后比较原因力大小。第二，全部或者部分行为人的过错难以确定但各行为人的法律原因力能确定的，则根据各自的法律原因力的大小确定各行为人的责任份额。第三，全部或者部分行为人的法律原因力难以确定但各行为人的过错能确定的，则根据各自过错的大小分配各行为人的责任份额。第四，各个共同侵权行为人的过错与法律原因力都无法确定的，则应当以各行为人平均分担责任为原则，并适当考虑加害人的非法获利、经济负担能力等情况。

在非共同侵权行为中，可分为以下三种情形：第一，各行为人对各自的行为造成的后果承担按份责任。在这一情形下，各行为人的行为只是单独的行为，只对其行为所造成的损害后果负责。在损害结果可以单独确定的前提下，应当由各行为人对在其过错和原因力范围内造成的损害承担赔偿责任。第二，依照各行为人的过错程度和各自行为的法律原因力确定责任份额。在各行为人对于造成的损害结果无法分割的情况下，按照行为人各自的过错程度和行为的原因力，来确定各自的份额责任。第三，对于无法区分过错和法律原因力的，应按照公平原则，一般情况下数人应当承担相同份额的责任，并适当考虑各行为人的经济负担能力和非法获利情况。

三、数个污染者责任份额确定的考量因素及其适用

《民法典》第一千二百三十一条规定的考量因素主要包括：污染物的种类、浓度、排放量，破坏生态的方式、范围、程度，以及行为对损害后果所起的作用等因素。其中，环境侵权责任原因行为属污染环境行为时，应主要考量污染物的种类、浓度、排放量、作用力；环境侵权责任原因行为属破坏生态行为时，应主要考虑破坏生态的方式、范围、程度、作用力。同时，第一千二百三十一条以"等因素"作出兜底性规定。

对此，有观点认为，行为人是否违法排放、超标排污等过错因素，也应作为数人环境侵权责任中各侵权人责任份额的考量因素。主要理由为：《民法典》第一千二百三十一条规定的"因素"是指所有对损害后果具有影响的各种因子，法官可据自由裁量权对"等"的范围进行酌定考量，行为人是否违法排放、超标排污应当成为确定各侵权人责任大小的考量因素，以激励企业持证达标排污的积极性。[1] 而否定论者则认为，《民法典》第一千二百三十一条虽以"等

---

[1] 最高人民法院民法典贯彻实施工作领导小组主编：《中华人民共和国民法典侵权责任编理解与适用》，人民法院出版社2020年版，第529页。

因素"予以兜底概括规定,但从该条款列举的具体因素可知确定责任份额的考量因素为"原因力大小"而不包括"过错大小";行为人是否违法排放、超标排污实则是过错大小的反映,非原因力大小的判断因素,故其不应成为确定责任份额的要素。[1]

我们倾向认为,确定数人环境侵权责任份额的考量因素应包括过错。主要考虑如下:首先,无过错责任并不排斥过错的实际存在。无过错责任仅意味着在责任的成立阶段不考虑过错的存在,即无论过错是否实际存在,只要符合其他法定要件,均应构成侵权责任。[2]也就是说,即使是对于适用无过错责任原则的侵权行为类型,也不能否认过错的存在。其次,侵权人过错的大小与致害风险大小成正比。过错程度越严重,致害风险越大,其在全部可责性中所占的比例就越大。侵权人明知或应知这种行为可能带来相应的致害风险,就应承担相应份额的侵权责任。在数人环境侵权承担连带责任的情况下,虽然侵权人之间无所谓"过错",但基于连带责任的事实,达标排污过错程度较低的侵权人可能受超标排污过错程度较高的侵权人"连带"而致对外应予承担的赔偿损失责任加重。如果不考虑过错程度,则不利于真正实现责任自负。

因此,本条在《民法典》第一千二百三十一条规定的基础上,进一步明确了数个污染者责任份额的考量因素,包括行为有无许可,污染物的种类、浓度、排放量、危害性、破坏生态的方式、范围、程度,以及行为对损害后果所起的作用等。需要特别注意的是,本条在规定数个污染者责任份额的考量因素时,将"行为有无许可"放在了各要素之首。如上文所述,对于适用无过错责任原则的侵权

---

[1] 张新宝:《中华人民共和国民法典侵权责任编理解与适用》,中国法制出版社 2020 年版,第 261 页。

[2] 刘海安:《过错对无过错责任范围的影响——基于侵权法的思考》,法律出版社 2012 年版,第 241 页。

行为类型，数人侵权责任份额的确定宜适用以过错比较为主、原因力比较为辅的规则。特别是在部分侵权人有过错而部分侵权人无过错的情况下，在确定各侵权人责任时，应当将过错作为主要标准。因此，依据本条规定，确定数个污染者责任份额的依据，首先是过错比较，其次是污染者的行为在导致损害的结果中所占的原因力的比例。

首先，关于数个污染者责任份额的过错考量因素。本条将"行为有无许可"作为过错比较的主要考虑因素，既包括侵权人有无排污许可证，也包括是否超过污染物排放标准、是否超过重点污染物排放总量控制指标等情况。这些因素在一定程度上均能反映出侵权人的主观过错程度。由于环境侵权责任采无过错归责原则，不管行为人是否取得排污许可证并按照有关要求合法排污，只要造成了环境污染和生态破坏，进而导致他人人身、财产损害，都应当承担侵权责任。但是，相关行为有无许可却是认定侵权责任大小的重要考量因素。因此，无论是破坏环境还是破坏生态，确定责任份额的大小，首先应当考量相关行为有无许可，包括有无排污许可证、是否超过污染物排放标准、是否超过重点污染物排放总量控制指标等因素。

其次，关于数个污染者责任份额的原因力考量因素。一是环境侵权责任原因行为属污染环境行为时，主要根据污染物的种类、浓度、排放量、危害性，以及行为对损害后果所起的作用等因素综合确定。污染物的种类，是指导致环境污染损害结果发生的污染物的具体类型。污染物依其来源、性质、组成及其污染的主要对象可有多种分类。例如，按性质可将污染物分为化学、物理和生物污染物，按环境介质可分为大气、水、土壤和海洋污染物，按形态可分为废气、废水、固体废弃物、噪声、电磁辐射等。不同的污染物对污染损害结果发生的作用程度、作用方式不同，导致侵权人承担责任的份额也会有所差别。污染物的浓度，是指单位体积环境介质中污染物质的含量。污染物的排放量，是指污染物的排放总量乘以排放浓度。即使是排放同一种污染物，如果各侵权人排放的污染物浓度、排放量不同，其承担责任的份额也应有所区别。需要注意的是，突发事故的排污量可以参照监测数据，累积型的排污量可以根据排污单位申报量、日常监测数据、环保部门监测数据、物量核算等方式确定。污染物的危害性，是指污染物基于其自身物理化学等特性，对环境造成的危害程度。行为对损害后果所起的作用，是指行为在导致环境污染损害的结果中所占的原因力比例，也是综合判定行为人承担环境侵权责任份额比例的重要因素。二是环境侵权责任原因行为属破坏生态行为时，应主要考虑破坏生态的方式、范围、程度，以及行为对损害后果所起的作用等因素综合确定。破坏生态的方式，比如是通过纵火的方式破坏森林，还是砍伐承包地内的林木的方式破坏森林，也会影响承担责任份额的大小。行为破坏生态的范围大小、对生态环境破坏的程度不同，同样会影响侵权人承担责任的份额。另外，行为对损害后果所起的作用，是指行为在导致生态破坏损害的结果中所占的原因力比例，也是比较原因力大小的一项重要考量因素。

需要注意的是，本条在规定数个污染者责任份额的考量因素时，采取的是不完全列举的方法，使用了"等"字兜底。因此，实践中在确定数个污染者的责任份额时，并非只限于条文中明确列举的考量因素。

【审判实践中需要注意的问题】

在适用本条时，实践中要特别注意以下两个问题：

第一，本条以及《民法典》第一千二百三十一条是关于侵权人责任份额划分规则的规定。发生数人实施污染行为时，首先，应当根据《民法典》第一千一百六十八条、第一千一百七十一条、第一千一百七十二条等规定明确对受害人承担责任的规则；其次，再根据《民法典》第一千二百三十一条规定及本条确定侵权人内部的责任份额。

第二，连带责任与按份责任的区分标准，特别是客观行为关联的共同侵权行为与本司法解释第六条第一款规定的"两个以上侵权人分别污染环境、破坏生态，每一个侵权人的行为都不足以造成全部损害"的区分问题。客观行为关联的共同侵权行为，是指共同侵权的构成不以数个行为人之间存在共同故意或者过失为必要条件，在数个行为人分别实施加害行为导致同一损害发生且这些行为存在高度关联性（即"直接结合"）时，也构成共同侵权，数个行为人应承担连带责任。[1] 关于判断是否为客观共同污染行为承担连带责任，有学者从损害结果是否可分与因果关系的原因力能否查明作为适用连带责任还是按份责任的标准。如果结果可以分割，就承担按份责任；反之，承担连带责任。这样既可以避免因为无法准确分割各侵权主体的责任份额，各侵权方推诿责任，从而无法保护受害者合法权益，又可以避免在准确判定责任份额的情况下承担连带责任导致企业负担加重和讼累问题。

我们倾向于认同这一观点，应当从"时空一致性"的要求和"结果不可分性"两个方面，判断是否为客观行为关联的共同侵权行为。如果数个侵权人在同一相对集中的时间和同一相对集中的地域内一起排污，不仅可能表现为物理上的混合，还可能表现为复杂的

---

[1] 张新宝、庄超：《扩张与强化：环境侵权责任的综合适用》，载《中国社会科学》2014年第3期。

化学反应甚至生物反应,从而导致同一损害后果的发生。此时,损害后果不具有可分性,数个侵权人应承担连带责任。反之,如果损害后果可以分割确认,或者数个排污行为并没有发生任何结合,则不满足本条适用的前提条件,数个侵权人应承担按份责任或者各自独立的责任。

【法条链接】

《中华人民共和国民法典》(2020年5月28日)

第一千二百三十一条 两个以上侵权人污染环境、破坏生态的,承担责任的大小,根据污染物的种类、浓度、排放量,破坏生态的方式、范围、程度,以及行为对损害后果所起的作用等因素确定。

> 第二十六条 【生态环境侵权过错相抵的适用】被侵权人对同一污染环境、破坏生态行为造成损害的发生或者扩大有重大过失,侵权人请求减轻责任的,人民法院可以予以支持。

【条文主旨】

本条是关于生态环境侵权过失相抵原则适用的规定。

【条文理解】

《民法典》第一千一百七十三条规定,被侵权人对损害的发生或者扩大具有过错的,可以减轻侵权人的责任。我们认为,对于无过错责任而言，由于其承担责任的基础并非过错，而是在于行为的危险性和风险的分担，故而对于受害人仅有一般过错的情形，不宜适用过错相抵。如根据《水污染防治法》第九十六条可知，水污染造成的损失适用过错相抵原则时要求被侵权人具有重大过失。根据生态环境侵权责任的基础在于危险和风险分担的理论共识，结合《水污染防治法》第九十六条的特殊规定，我们认为生态环境侵权的过错相抵须以被侵权人有重大过失为要件。

一、过失相抵的概念和构成要件

（一）过失相抵的概念

所谓过失相抵，是指当受害人对于损害的发生或者损害结果的扩大具有过错时，依法减轻或者免除赔偿义务人的损害赔偿责任，从而公平合理地分配损害的一种制度。[1]

过失相抵原则作为损害赔偿领域的一项重要原则，其效力体现在三个层面：对侵权人而言，体现为其损害赔偿责任的减轻或者免除；对被侵权人而言，体现为其损害赔偿请求权在实体上受到限制，其丧失了部分或者全部的损害赔偿请求权；对于作为裁判者的法院而言，则体现为法官应当依据特定的标准在当事人之间公平分配损害结果，确定责任的承担。过失相抵，实质上是将加害人与受害人的过失两相较量以确定责任，而非两者互相抵销。

关于过失相抵原则的理论基础，大致有惩罚说、损害控制说、因果关系说、保护加害人说、过错责任说等多种观点。惩罚说认为，之所以对那些因自身过错造成损害或者导致损害扩大的原告不给予

---

[1] 史尚宽：《债法总论》，中国政法大学出版社2000年版，第303页。

赔偿，或者减少赔偿，就是为了惩罚原告自身的不当行为；损害控制说认为，通过对那些自身具有过失的原告不给予赔偿或减少赔偿，可以促使人们更加注意自身的安全，从而有效地减少损害事故的发生；因果关系说从因果关系角度出发，认为受害人的过错与侵权人的行为或事件的地位是相同的，因此，自然就要求双方都在一定范围内对损害负责；保护加害人说认为，过失相抵制度是过错责任的发展，过错责任是以保护受害人为基点，重点在于填补受害人的损害，而过失相抵制度是以保护加害人为基点，重点在于减轻加害人所应承担的赔偿责任；过错责任说认为，过失相抵是过错责任原则的发展，体现了过错责任应依据过错确定责任和责任范围的要求，既维护了责任自负的法治精神，也更能体现公平正义理念。

现代侵权法上，有关过失相抵原则，一般认为其源于公平观念和责任自负原则。其基本规则是比较侵权人与被侵权人的过错大小，对此通常采取的标准包括：一是根据行为危险性大小及危险回避能力的优劣来决定过失的轻重，优越者的行为的危险性更大，危险回避能力更强，因而过失更重。反之，过失较轻。二是根据注意义务的内容和注意标准来决定过失行为的轻重。通常把双方的行为与一个合理的、谨慎的人的行为进行比较，以决定双方的过失和过失程度。如果行为与一个合理的、谨慎的人的标准相距较远，则过失较重。反之，则过失较轻。三是采用不同的标准衡量各方的行为以决定过失的轻重。对受害人应采取低标准或主观标准衡量其过失轻重。对加害人应采取重标准或客观标准衡量其过失轻重，以使受害人能有更多的机会获得赔偿。①

---

① 最高人民法院民法典贯彻实施工作领导小组主编：《中华人民共和国民法典侵权责任编理解与适用》，人民法院出版社 2020 年版，第 93 页。

（二）过失相抵的构成要件

有关过失相抵的构成要件，应当从客观要件和主观要件两个方面进行考察。

1. 过失相抵的客观要件

即指损害的同一性。这种损害的同一性包括两个方面的内容：其一，是指损害结果的同一性。即"得发生过失相抵者，常为赔偿义务人之过失所引发之损害，与赔偿权利人之过失所酿成之损害为同一，而且该二过失相互助成以致损害发生或扩大"。[①] 其二，侵权人与被侵权人的行为均为损害发生的原因。损害的同一性是指损害结果和原因的同一性，即过失相抵的客观要件包括损害结果的同一性和原因力的竞合。

2. 过失相抵的主观要件

即受害人主观上有过错。过错是行为人主观上的一种应受谴责的心理状态，包括故意和过失两种情形。在《侵权责任法》立法过程和《民法典》编纂过程中，有人建议将本条中的"过错"改为"过失"。理由是"过错"包括"故意"和"过失"，如果是受害人故意造成自己损害，则不是减轻行为人责任的问题，而应当免除行为人的责任。《民法典》编纂未采纳上述意见，理由主要是如果损害完全是由于受害人故意造成的，即损害发生的唯一原因是受害人的故意，应完全免除行为人的责任。在侵权人对于损害的发生有故意或者重大过失，受害人对于同一损害的发生或者扩大也有责任时，只有减轻侵权人责任的问题。在立法过程中还有观点建议将本条中的"可以减轻侵权人的责任"中的"可以"修改为"应当"。经研

[①] 曾世雄：《损害赔偿法原理》，中国政法大学出版社2001年版，第260页。

究认为，在损害主要是由侵权人造成，被侵权人对同一损害仅有轻微责任的情况下，就不一定要减轻侵权人的责任。例如，在责任认定上，侵权人占99%的原因，被侵权人占1%的原因。这种情况下，如果规定"应当"减轻侵权人的责任，是不公平的。因此立法没有采纳上述建议。①

二、过失相抵原则在特殊侵权领域的适用

过失相抵原则仅适用于以过错责任为归责原则的一般侵权行为领域，还是也能够适用于以无过错责任为归责原则的特殊侵权行为领域，在我国的理论界和实务界曾经长期存在争论。而从目前所掌握到的相关规定来看，对其适用规则亦由于侵权行为类型之不同而有所区别。

《民法通则》第一百二十三条规定，从事高空、高压、易燃、易爆、剧毒、放射性、高速运输工具等对周围环境有高度危险的作业致人损害的，应当承担民事责任；如果能够证明损害是由受害人故意造成的，不承担民事责任。根据该条后段的观点，在受害人故意造成损害的情况下免除加害人的责任。《民法典》第一千二百三十七条关于民用核设施或者核材料致害责任之规定，第一千二百三十八条关于民用航空器致害责任之规定，第一千二百三十九条关于占有或使用高度危险物致害责任之规定，以及第一千二百四十条关于从事高空、高压、地下挖掘活动或者使用高速轨道运输工具致害责任之规定，亦承继了《民法通则》该规定精神，规定如属于受害人故意造成损害的情况下，免除加害人的责任。不过在因受害人故意造成损害的情况下，也有例外规定，如《民法典》第一千二百四十六

---

① 黄薇主编：《中华人民共和国民法典释义》，法律出版社2020年版，第2257页。

条关于违反规定未对动物采取安全措施致害责任中则规定："违反管理规定，未对动物采取安全措施造成他人损害的，动物饲养人或者管理人应当承担侵权责任；但是，能够证明损害是因被侵权人故意造成的，可以减轻责任。"

还有一种情况，法律明确规定受害人的重大过失作为减轻责任的理由。承担无过错责任的主体只有在能够证明受害人对于损害的发生有重大过失的前提下，才能对受害人进行抗辩，即要求减轻自己的责任。如《民法典》第一千二百三十九条关于占有或使用高度危险物致害责任之规定，第一千二百四十条关于从事高空、高压、地下挖掘活动或者使用高速轨道运输工具致害责任之规定，以及第一千二百四十五条饲养动物致害责任的一般规定，均规定被侵权人对损害的发生有重大过失的，可以减轻占有人、使用人、经营者或者动物饲养人、管理人的责任。再如《水污染防治法》第九十六条第三款规定，水污染损害是由受害人重大过失造成的，可以减轻排污方的赔偿责任。

有时对于特殊侵权行为类型，法律也会专门规定受害人过失可以作为免责事由，如按照《民用航空法》第一百五十七条和第一百六十一条的规定，飞行中的民用航空器或者从飞行中的民用航空器落下的人或者物，造成地面上的人身伤亡或者财产损害的，民用航空器的经营人能够证明损害是部分由于受害人的过错造成的，相应减轻其赔偿责任。

由此可见，过失相抵原则的具体适用，还需要衡量加害人所为之侵权行为的具体情形。一般而言，加害人所为之行为专业性越强、危险性越大，对于加害人的注意义务以及责任要求就越高。

三、过失相抵原则在生态环境侵权领域运用时需要注意的问题

根据《民法典》第一千一百七十三条的规定,适用过错责任的一般侵权行为和适用无过错责任的特殊侵权行为均可依据本条规定适用过失相抵,故在生态环境侵权领域中可以适用过失相抵原则。通过梳理过失相抵原则在特殊侵权领域的适用可知,承担无过错责任的主体只有在能够证明受害人对于损害的发生有重大过失的前提下,才能对受害人进行抗辩,即要求减轻自己的责任。因此,结合《水污染防治法》第九十六条的规定,本条明确生态环境侵权的过错相抵须以受害人存在重大过失为要件。在实践中,可以根据案件实际情况,来具体确定减轻的数额。

(一)过失的判断标准

对于过失的判断,学理上存在主观说(主观判断标准)和客观说(客观判断标准)两种不同认识。

过失的主观判断标准主要通过判断行为人的心理状态来确定其有无过失,其核心在于判断行为人能否预见其行为的后果。[①] 主观说的实质在于能够预见或者不能预见行为后果的标准在于对行为人年龄、学识、经验、身体精神状况等个体因素,而不是以行为人之外的第三人的预见能力作为判断标准。"其具体适用分为三个步骤,包括:(1)确定行为人对其行为后果有无预见;(2)行为人在预见到后果的情况下,对后果所采取的态度;(3)根据上述两个方面的情况得出行为人有过错(疏忽或轻信)的结论,进而确定其可归责的

---

① 张新宝:《侵权责任构成要件研究》,法律出版社2007年版,第462页。

主观心理状态。"①

过失的客观判断标准是以加害人是否违反其能够意识到和能够履行的义务作为判断标准。所谓过失，就是对义务的违反。客观说"不是以行为人的预见能力或识别能力作为过失的认定标准，而是以某种客观的行为标准来衡量行为人的行为，进而作出其有无过失的判断：如果其行为达到了该客观行为标准的要求，则认定没有过失；反之，则认定有过失"。② 这种过失的客观判断标准，无论是以英美法上的"合理人"还是大陆法上"善良家父""善良管理人"的名词来表示，其实质都体现为一种以"注意义务"为标准的过失检验方法。

现代各国在民法理论和实务上都倾向于对过失的判断采取客观标准，即所谓"过失的客观化"。学者王泽鉴认为：依主观说将"过失"解释为怠于注意之一种心理状态，作为对过失的解释本身，当然值得赞同；但就方法论而言，民法上过失的认定标准应当有别于刑法。刑法的目的是对犯罪者处以刑罚，从而关于过失的认定，应当采取主观说。民法尤其是侵权行为法的目的在于合理分配损害，过失的认定则应当采取客观说。按照客观说，过失就是对"注意义务"的违反；而构成必要的注意义务，应当具备两个条件：其一，损害结果具有可预见性；其二，损害结果具有可避免性。损害结果是否具有可预见性和可避免性，以行为人是否违反"善良管理人"的注意义务为标准进行判断。善良管理人的注意，乃通常合理人的注意，属一种客观化或类型化的过失标准。即行为人应具其所属职业（如医生、建筑师、律师、药品制造者），某种社会活动的成员

---

① 张新宝：《侵权责任构成要件研究》，法律出版社2007年版，第463页。
② 张新宝：《侵权责任构成要件研究》，法律出版社2007年版，第465页。

(如汽车驾驶人）或者某年龄层（老年人或者未成年人）通常具有的智识能力。在"过失"的认定过程中，操作上就是以具体加害人的"现实行为"与善良管理人的"当为行为"进行比较，如果存在差距，即加害人的行为低于其注意标准时，即认定其有过失。[1]

（二）注意义务

作为判断过失的标准，"注意义务"存在不同的类型或层级，违反不同层级的注意义务也意味着构成不同程度的过失。在罗马法时代，注意义务即区分为"疏忽之人"可有之注意与"善良家父"应有之注意。前者意味着损害的发生极易避免，即使一个疏忽之人也能够注意到；后者则指一个谨慎之人所能够达到的注意。未尽到一个"疏忽之人"可有之注意，构成重大过失；而欠缺"善良家父"应有之注意，则构成一般过失或者轻过失。现代民法理论，一般将注意义务根据行为人的注意程度，分为三个层级：第一，善良管理人的注意，即为通常合理人的注意或者与某一职业群体、某一专业领域的诚实、理性之人通常具有的知识经验、技术水平相当的注意。与此对应，应尽善良管理人的注意义务而未尽到的，行为人的过失为抽象的过失，即轻过失。第二，与管理自己事务为同一程度的注意，这种注意程度通常低于善良管理人的注意程度。欠缺与处理自己事务为同一注意的，行为人构成具体的过失，即一般过失。第三，普通人的注意或者一般人的注意。这种情形注意义务的程度最低，已经接近客观上能够注意的极限。与之相对应，欠缺普通人的注意的，构成重大过失。当然，尽管上述分类为过失的判断提供理论上的参照，但过失是一个不确定的概念，判断过失本身也是一个复杂

---

[1] 王泽鉴：《侵权行为法》（第一册），中国政法大学出版社2001年版，第257~258页。

的过程，应当由审理案件的法官根据案件的具体情况，考虑相关的因素甚至在特定场合还要结合法官的价值判断，来进行综合判定。

（三）需要注意的问题

尽管过失的客观判断标准的实质是对义务的违反，但在过失相抵场合却有所不同。这与对受害人过失的性质的认识密切相关。受害人的过失，是受害人没有采取合理的注意或者可以获得的预防措施来保护其身体、财产以及其他权益免受损害，以致遭受了他人的损害或者在遭受他人损害后进一步导致了损害结果的扩大的情形。对于此种过失的性质，学者从不同角度提出自己的观点。日本著名民法学家我妻荣教授将注意义务作为诚实信用原则上的义务，凡是违反这一义务的行为就有过失。他认为，在社会生活中，每个人不仅应当注意不给他人造成损害，还应当注意不使自己蒙受损害，如果违背上述原则，受害人须忍受其损害。[1] 有观点认为，如果肯定每一个人都负有保护自己人身与财产的注意义务，那么就不存在过失侵权行为，任何损害的发生都可以认定为受害人没有尽到保护自己人身与财产的注意义务。因此，应当从受害人的行为是否具有违法性着手来解释受害人的过失，如此方能避免得出人们具有自我保护义务的结论。[2] 也有观点认为，现实生活中，虽然每一个人都不负有自我保护的个体性义务，但是一旦纯粹的个人主义外观被抛弃之后，这样一项对自身的义务就与更广泛的对有关系的人的义务以及被告所负有的维护作为整体的社会的义务相互结合。这项保护自身及其财产的义务成为对其作为一个社会成员应向社会所尽到的义务的一个方面。即便没有任何法律文本明确表述此种义务，他也可以由法

---

[1] 程啸：《论侵权行为法上的过失相抵制度》，载《清华法学》2005年第2期。
[2] 程啸：《论侵权行为法上的过失相抵制度》，载《清华法学》2005年第2期。

官依据社会的需要加以确认并且违反该义务构成违法。[1] 无论从何种角度来阐释受害人过失的性质，各种学说观点都认同加害人过失与受害人过失在性质上的差别。事实上，加害人的过失就其本质而言，是因违反了法律保护他人的义务而使其行为具有不法性，而受害人过失之所以减少其赔偿额并非受害人违反了保护自己的注意义务，而是基于衡平原则与诚实信用原则的要求，使加害人不去承担那部分并非因自己造成的损害。因此，受害人过失既可体现为受害人违反法律上的注意义务，也包括不违反法律上的注意义务而只是单纯的没有注意的情形。

这一点，也可以从过失的概念上进行考察。过失在学理上可以区分为两种意义上的过失：第一种为固有意义的过失，即真正的过失，是以义务的违反为前提，这种义务是指不得侵害他人的一般义务或者基于合同关系而发生的特别义务。对于违反这种义务所发生的损害，行为人有过失的，应当承担赔偿责任。第二种意义的过失为非固有意义的过失，即非真正的过失，其不以违反义务为前提，而是行为人对于自己利益的维护照顾有所懈怠，因此，也称为对自己的过失。一般而言，受害人在法律上并不负有不损害自己权益的义务，但其既因自己疏懈酿成损害，与有责任，依公平原则，应依其承担受减免赔偿额之不利益。[2] 在过失相抵场合，过失并不限于违反注意义务的情形。

四、过失相抵原则的适用方法

在受害人对于损害的发生或者扩大有过错时，法院应当依据一

---

[1] 王泽鉴：《债法原理：基本理论·债之发生》，中国政法大学出版社2001年版，第47页。
[2] 王泽鉴：《民法学说与判例研究》（第一册），中国政法大学出版社1998年版，第366页。

定的标准或者方法适用过失相抵原则，在双方当事人之间分配损害。有关减免加害人赔偿责任的标准或者方法，理论上有三种学说。

其一，比较原因力说。即通过比较原因力的大小来确定减免赔偿责任的数额。如《德国民法典》第二百五十四条规定，被害人对损害的发生负有共同过失的，应根据情况，特别是根据损害在多大程度上主要是由当事人一方或者另一方造成的，来确定赔偿义务和赔偿范围。

其二，比较过错说。即以比较过错的轻重确定加害人的责任。这是"二战"以来美国侵权法上比较普遍采用的方法。根据这种学说，故意在过错程度上重于重大过失，而重大过失重于一般过失。由此，如加害人一方为故意或重大过失，受害人一方为一般过失，一般不减轻加害人的责任；反之，则大部分减轻乃至免除加害人的责任。

其三，折中说。即在决定加害人责任时既比较原因力的强弱，也考虑过错程度的轻重。《荷兰民法典》第一百零一条第一款规定，于损害也可归责于共同导致损害发生的受害人之情形，通过在受害人与负有救济义务的人之间对损害的分担，减轻救济的义务。减轻的比例，以其对造成损害所起作用之大小定之。依过错程度之不同或案件的其他情事，双方分担的损害份额可以不问甚或按照衡平原则的要求，可以完全免除救济的义务或完全不由受害人分担损害。此规定即采纳折中说的见解。

考虑到过失相抵原则适用过程本身具有复杂性，与单一采取比较原因力说或是比较过错说相比，我们认为，折中说是比较实事求是的方法，也为我国审判实务所采纳。[1]

---

[1] 最高人民法院民事审判第一庭编著：《最高人民法院人身损害赔偿司法解释的理解与适用》，人民法院出版社 2004 年版，第 47 页。

【审判实践中需要注意的问题】

一、关于本条与《民法典》第一千一百七十三条的关系

根据《民法典》第一千一百七十三条规定，受害人于损害的发生有一般过失时，即可适用过失相抵。此为过失相抵的一般规定。同时，《民法典》第一千二百三十九条、第一千二百四十条、第一千二百四十六条等条文作为例外规定，明确在高度危险作业、动物致人损害等特定侵权中，只有受害人为故意或者重大过失的，才能适用过失相抵。那么，生态环境侵权应当按照过失相抵的一般原则吗？我们经研究认为，无过错责任承担责任的基础在于风险分担，而非过错。如果受害人一般过失就可以适用过错相抵原则，不利于无过错责任风险分担功能的发挥，保障受害人的权利。《民法典》第一千一百七十三条规定的是在有过错的情况下可以减轻侵权人的责任，而非绝对应当减轻。故而不能排除在特定情况下对于虽有过失但不减轻的情形。因此，宜就《水污染防治法》第九十六条第三款作扩大解释，即可以适用于水污染之外的其他生态环境侵权案件。

二、适用过失相抵原则要注意与因果关系中断的区别

因果关系中断，是指在因果关系进行过程中，因为介入一定的自然事实或者第三人行为，而使得原有的因果关系链发生中断。发生因果关系中断的情况包括：其一，一方从事不法行为，在损害没有发生之前因为有其他因素的介入，从而使本不应发生的损害发生；其二，包括行为人实施了侵权行为之后，由于第三人的行为或事件的介入，损害结果未按照原来的因果关系历程发生，而是导致了一种新的损害的发生。

区别过失相抵与因果关系中断，应当把握过失相抵构成的基本要件。损害结果的同一和原因力竞合，是过失相抵在客观方面须同时具备的必要条件。二者缺一不可，这两个条件中任何一个条件不具备，都不能构成过失相抵，而可能属于因果关系中断的情形。例如，保管人拒不交付保管物，寄存人一怒之下将保管物烧毁。从损害结果分析，保管人拒不交付保管物，所受损害为对方迟延履行导致的违约损害，寄存人大怒而将保管物烧毁，表面上是因对方过失与自己过失相结合造成损失扩大，实际上后一损害为物的毁损灭失，与前一损害并非同一。此种情形属于损害结果不具有同一性，不能构成过失相抵，而属于因果关系中断。再如，某甲向某乙食物中投毒，意图毒杀乙。某乙食用后毒性尚未发作，即因丙驾车肇事致某乙遭遇车祸身亡。从结果分析，中毒死亡与车祸身亡所造成的结果将为同一，但其中并没有原因力的竞合，遭遇车祸之结果使投毒的作用完全消失，也就是使毒杀损害之因果关系中断。由于因果关系中断，行为人主观上虽有过失，但却得以免责，原则上不承担任何损害赔偿责任。这是典型的损害虽为同一但没有原因力的竞合的情形，与过失相抵的情形显然不同。①

【法条链接】

《中华人民共和国民法典》（2020年5月28日）

第一千一百七十三条　被侵权人对同一损害的发生或者扩大有过错的，可以减轻侵权人的责任。

---

① 最高人民法院侵权责任法研究小组编著：《〈中华人民共和国侵权责任法〉条文理解与适用》，人民法院出版社2010年版，第209页。

《中华人民共和国水污染防治法》（2017年6月27日）

第九十六条第三款 水污染损害是由受害人故意造成的，排污方不承担赔偿责任。水污染损害是由受害人重大过失造成的，可以减轻排污方的赔偿责任。

> **第二十七条 【生态环境侵权诉讼时效期间的起算】** 被侵权人请求侵权人承担生态环境侵权责任的诉讼时效期间，以被侵权人知道或者应当知道权利受到损害以及侵权人、其他责任人之日起计算。
>
> 被侵权人知道或者应当知道权利受到损害以及侵权人、其他责任人之日，侵权行为仍持续的，诉讼时效期间自行为结束之日起计算。

【条文主旨】

本条是关于生态环境侵权诉讼时效期间起算的规定。

【条文理解】

本条是关于生态环境侵权诉讼时效的规定，共分为两款。第一款是关于普通生态环境侵权诉讼时效期间起算的规定，第二款是关于持续性侵权诉讼时效期间起算的规定。

一、关于普通生态环境侵权诉讼时效期间起算的规定

本条第一款的规定源于《民法典》第一百八十八条第二款"诉讼时效期间自权利人知道或者应当知道权利受到损害以及义务人之

日起计算"的规定，考察世界各国关于诉讼时效期间起算点的规定，大致有两种：

一是客观起算点，即将诉讼时效期间开始的时间确定在一个客观的时点上，如损害发生时、义务违反时、实施侵权行为之时或诉因产生时等，如《意大利民法典》第二千九百四十七条规定对违法行为所致损害主张赔偿的权利要在权利发生之日起5年内行使。卢森堡、芬兰规定为损害发生时，瑞典则将时效的起算点确定为加害行为发生时。不过，采用客观起算点的国家，多数规定为损害发生时，采用加害行为实施时的比较少。因为重要的不是违反义务发生的时间，而是损害发生的时间，只有在损害发生时才成立侵权，受害人最早在此时也才可以主张权利。

二是主观起算点，即将诉讼时效期间开始的时间确定在受害人主观认识之时，如受害人知道或应当知道自己受到侵害之时、知有损害及赔偿义务人时等。

在大陆法系，依据最新《德国民法典》第一百九十九条第一款的规定，3年普通诉讼时效在同时满足下列两个条件的当年的年末开始起算：（1）请求权在该年内发生；（2）受害人在该年内知道或在无重大过失的情况下本应知道请求权成立的情事和债务人本人的。然而，由于这种主观的起算点很难确定，同时在受害人不知道的情况下，时效的届满可能会被推迟到一个无法预测的时间，因此在涉及侵权损害赔偿时，依据所侵害的权益的不同，又设置了最长时效期间，并且确定了相应的起算点：如果侵害的是生命、身体、健康或自由权益时，自侵权行为实施时、义务违反时或引起损害的其他事件发生时起，经过30年时效完成；如果侵害的是其他权益，自请求权发生时起20年时效完成，但自侵权行为实施时、义务违反时或引起损害的其他事件发生时起，经过30年时效完成（二者以最先完成的时效为准)。又如,依据最新《法国民法典》第二千二百二十四条的规定,普通诉讼时效期间为 5 年,自权利人知道或应当知道其可以行使权利的事实之日起算。但是,第二千二百二十六条第一款规定:"自造成身体伤害之事件,受到该事件引起之损失的直接或间接受害人提起的追究责任之诉讼,时效期间为 10 年,自最初的损害或者加重的损害得到最后确定之日起计算。"《荷兰民法典》(2004 年 2 月 1 日修订) 第三百一十条规定,损害赔偿请求权的诉讼时效为 5 年,自受害人得知所受损害之日的次日起算,但无论何种情形,从造成损害的事由发生之日起经过 20 年消灭 (第 1 款)。但是,如果因环境污染、高度危险物、地质灾害产生的损害赔偿请求权,自导致损失的事件发生时起经过 30 年消灭 (第 2 款)。尽管有前述规定,但因伤害或死亡造成的损害赔偿请求权的诉讼时效从受害人知道或应当知道有损害发生和责任人之日的次日 5 年才消灭。《奥地利民法典》第一千四百八十九条将损害赔偿请求权消灭时效规定为:"自知道损害及加害人之日起的 3 年;最长时效为自侵权行为及犯罪行为实施之日起 30 年。"《瑞士债法典》第六十条第一款规定,损害赔偿请求权或者一般赔偿金请求权,应当在受害人知道受损害的情况和责任人之日起 1 年内行使,但无论如何自造成损害的行为发生之日起 10 年内不行使的,该权利消灭。《日本民法典》第七百二十四条规定,因侵权行为的损害赔偿请求权自受害者或其法定代理人知道损害及加害者时起 3 年间不行使时因时效而消灭,自侵权行为之时起经过 20 年时亦同。

在英美法系,英国虽然规定,一般侵权行为 (如暴力威胁、暴力侵犯、错误拘禁、非法侵占等) 的诉讼时效期间为自诉因产生之日起 6 年 (1980 年时效法案第 2 条),但对于因过失、侵扰或违反法定义务造成的身体伤害的 3 年时效从受害人知道之日起算〔1980

年时效法案第11（4）条］。这里所谓"知道之日"，是指受害人首次全部知道或发现如下四项事实之日：（1）损害是严重的；（2）损害全部或部分肇因于被告的作为或不作为；（3）被告身份；（4）如果损害是由于第三人的作为或不作为引起，则包括明确该第三人身份并获得可以对被告提起诉讼的相应事实材料。美国诉讼时效的起算点早期也是采取诉权"形成规则""事件规则"，但后来，至少是在人身损害赔偿案件中，美国越来越多的州倾向于采取"发现规则"，以保护权利人的利益。主观起算点将时效开始的时间确定在受害人对损害及义务人的认知上，这一认知当然不可能发生在损害发生前而只能在损害发生时或发生后才能获得。

比较各国关于诉讼时效起算点的立法，可以看出，采用主观起算点的国家占多数，尤其是当代各国诉讼时效期间普遍呈现缩短的趋势，原来时效期间较长的国家，在时效期间缩短后都将起算点由原来的客观时点转变为主观时点。由于主观起算点是一个不确定的时间点，诉讼时效期间可能会因为受害人在主观上没有认识而一直不起算，这样一来，在本质上无疑延长了诉讼时效期间，这对加害人而言显然是不利的。因此，为了避免这一弊端的出现，各国又以一个最长时效期间予以限制，并且这一期间的起算点为客观时点。主观起算点是站在受害人的立场上所确定的时间点，是以受害人主观上的认知为界限的，但是认知的内容是什么，各国的规定基本上又可分为两种，一是只要知道损害事实即可，如法国、荷兰、西班牙、葡萄牙等；二是除知道损害事实外，还应当知道责任人是谁，如德国、瑞士、日本、英国等。相比之下，后一种立法例较有利于受害人利益的保护，符合采用主观起算点的立法宗旨。

我国《民法典》中普通时效期间的起算需满足以下条件：一是权利客观上受到侵害。权利受到侵害是诉讼时效期间起算的前提之一，如权利未受到侵害，不涉及诉讼时效问题。二是权利人知道或应当知道权利受到侵害。虽然权利客观上受到侵害，但是权利人可能并不知道权利受侵害情况，故诉讼时效期间的起算应将权利人知道或应当知道权利受侵害作为条件之一。所谓"应当知道"，指的是以一般人的标准，权利人在当时的情况下应当知道权利受到侵害。三是权利人知道或应当知道具体侵害人。权利人知道权利受侵害还不够，如果不知道侵害人是谁，也无法行使请求权，故诉讼时效期间的起算还需要权利人知道或应当知道具体的义务人。

本条关于普通生态环境侵权诉讼时效期间起算的规定源于《民法典》中普通时效期间的起算的规定，有明确的被告是民事诉讼的必要条件之一，在生态环境侵权诉讼中，具体的义务人不仅指侵权人，还包括《民法典》第一千二百三十三条规定的第三人等其他责任人。

二、关于持续性侵权诉讼时效期间起算的规定

本条第二款是关于持续性侵权诉讼时效期间起算的规定。实践中，生态环境侵权行为往往具有持续性的特征。持续性侵权行为是指对同一权利客体持续地、不间断地进行侵害的行为。由于持续性侵权行为引起的损害会随着侵权行为的持续而不断增加，呈现出不断积累的特点，由此决定了持续性侵权诉讼时效的起算比较复杂。目前，我国理论界和司法实务界对此大致存在四种观点：一是持续性侵权诉讼时效应自侵权行为开始之日起算。理由是在持续性侵权行为开始之日，权利人的权利就受到侵害，权利人就开始享有请求权，也可以行使请求权。二是持续性侵权诉讼时效应自侵权行为终了之日起算。理由是持续性侵权中的侵权行为是持续发生的，是一个整体，侵权行为持续之时，一直是侵权行为发生之时，终了之日

才是整个侵权行为完成之时，从此时开始计算诉讼时效，有利于保护权利人的权利。三是持续性侵权诉讼时效应从权利人向法院起诉之日起向前推 2 年起算。这种观点以《最高人民法院关于审理专利纠纷案件适用法律问题的若干规定》《最高人民法院关于审理著作权民事纠纷案件适用法律若干问题的解释》和《最高人民法院关于审理商标民事纠纷案件适用法律若干问题的解释》为依据，因为上述三个司法解释均规定在持续性侵犯知识产权情形下，权利人超过 2 年起诉的，如果侵权行为在起诉时仍在持续且该知识产权仍在保护期内，人民法院应当判决被告停止侵权行为，侵权损害赔偿数额应当自权利人向人民法院起诉之日起向前推算 2 年计算。四是持续性侵权行为延续的每一天都看作诉讼时效期间的起算点，采取分段计算法确定持续性侵权之债债权请求权的诉讼时效。理由是持续性侵权行为延续的每一天都产生新的诉因，将每一天分别作为诉讼时效期间的起算点，有利于权利人在相应的诉讼时效期间内分别就相关的损害提出赔偿。

本条规定中，对于持续性的生态环境侵权，诉讼时效期间自行为结束之日起计算。理由如下：

（一）生态环境侵权致害过程和机理相对复杂，如何判断被侵权人应当知道权利受到损害以及侵权人、其他责任人可能存在争议

生态环境侵权具有以下特点：

一是间接性。这个特点又是其与传统侵权的本质区别，即不是直接对人身或财产的损害，而是通过环境这一介质发生的。如最早发生在日本九州岛不知火海之滨的熊本县水俣市，后又在日本新潟发生的怪病，主要临床症状为运动共济失调，知觉、视力、听力、

步行、语言等障碍，神经错乱等。随着病症的加重、病区的蔓延，初以为是地方流行病，后经几十年努力才确定是日本自"二战"后最大的人为公害事件所致，是某工厂向水俣湾长期排放含汞废液导致人或其他生物摄入有机汞，使有机汞侵入脑神经细胞而引起的一种综合性疾病，人们没见过这种病，不知道何因，就把它以发病地为名叫作水俣病。水俣病是环境污染引发食物链连锁反应最终造成大规模中毒的事件，从水俣病的名称即可看出，人们对致病原因是何等的茫然。病名病因的未知性折射出的是环境污染损害的间接性特点。

二是潜伏性。由这个间接性特点派生的是环境污染损害的潜伏性或叫隐蔽性，可分为环境潜伏性和身体潜伏性两种。所谓环境潜伏性是指致害物质一般是透过环境媒介缓慢发生损害的，所谓身体潜伏性是指对人体的伤害也是在人体内逐渐积累而后爆发的。这个特点使传统法律"直接的和必然的"因果关系认定的要求难以得到满足。

三是长期性。环境污染突发事故导致的损害多数情况下包括两个方面：一是直接损害，如即时造成的财产和人身伤害及紧急扑救所花费用；二是其遗留的致害物以及扑救物在环境中持续为害。前者，严格而言，不是环境污染损害，后者才是我所讨论的内容。环境污染和其他公害都是随人们生产、生活所必需的环境要素而循序渐进、不断积累起来对人体健康或财产造成侵害的，这种侵害具有很长的潜伏期，如核电站泄漏事故，因核物质的半衰期几十年乃至几百年、上千年，其时间跨度非常长远。其他环境污染物也是在环境中持续释放的，从向环境排放行为开始到该污染物造成人体健康或财产损害的发现，再到污染物释放完毕，一般都要经过数十年甚至更长时间。

四是复杂性。环境是一个复杂的系统，在环境中，首先有各个环境要素之间的相互交融，再者有各种物质、运动尤其是污染物之间、污染物与其他物质和能量之间的交融，使得环境污染损害的发生呈现多因一果或一因多果的现象。比如一次污染、二次污染，以及复合污染如噪声、光害、振动、电磁波辐射等综合致害。损害既可能是加害人因主观过失所致，也可能是加害人合法原因所为，还可能是第三人的原因或不可抗力所致。因此，侵害原因具有多样性甚至合成性的特点。很多污染是多因复合作用的结果，致人生病也可能多种原因，如哮喘病，可以由大气污染引起也可能由吸烟、厨房油烟、工作场所环境所致。环境污染损害的结果多种多样，可以有财产损失、生理健康和心理健康三个方面，如水俣病、美尼尔氏综合征、空调综合征以及重金属污染，伴随生理疾病，病人往往表现出心理和行为失常，如恐慌、焦虑、心神不宁、行为失常等。有时单一的排污行为或开发行为尚不至造成环境侵害，但多个相似行为集合在一起则形成了环境侵害。受害者不同时发病，病情轻重不一，受害范围、程度不断变化。

基于生态环境侵权上述特点，判定被侵权人知道权利受到损害以及侵权人、其他责任人的时间非常困难，因此，对于侵权行为仍持续的，诉讼时效期间自行为结束之日起计算更为明确。

（二）生态环境侵权的诉讼时效已经不再具有特殊性，但对于生态环境侵权诉讼时效仍应予宽松把握

关于诉讼时效期间、诉讼时效期间起算及诉讼时效期间延长，1986年《民法通则》第一百三十五条规定："向人民法院请求保护民事权利的诉讼时效期间为二年，法律另有规定的除外。"第一百三十七条规定："诉讼时效期间从知道或者应当知道权利被侵害时起计算。但是，从权利被侵害之日起超过二十年的，人民法院不予保护。

有特殊情况的，人民法院可以延长诉讼时效期间。"对此，理论界和实务界一直有适当延长普通诉讼时效期间的呼吁。原因在于：一方面，从诉讼时效制度的目的和价值来看，主要在于维持社会关系的稳定，惩罚怠于行使权利的权利人，方便法院进行案件的审理。考察诉讼时效制度的目的和价值可以看出，只有权利人在一定期间内不行使权利，才能构成债务人拒绝履行其本应履行的债务之理由。如果诉讼时效期间规定得过短，对权利人不免过于严苛，亦不能形成足以对抗原权利义务关系的，因权利人长期怠于行使权利而导致权利处于休眠状态的新秩序。另一方面，从司法实践来看，在我国的现实生活中，债权因诉讼时效经过而不能受到保护的情况比较普遍，这不利于保护债权人利益，不利于社会和谐稳定，增加了当事人的维权成本。适当延长普通诉讼时效期间更符合我国的国情与文化。

2014年《环境保护法》第六十六条规定："提起环境损害赔偿诉讼的时效期间为三年，从当事人知道或者应当知道其受到损害时起计算。"在《民法通则》规定一般诉讼时效为两年的情况下，《环境保护法》规定了三年的诉讼时效，体现了法律对生态环境侵权受害人的特殊保护。原《民法总则》在第一百八十八条中将普通诉讼时效延长为三年，规定向人民法院请求保护民事权利的诉讼时效期间为三年。法律另有规定的，依照其规定。诉讼时效期间自权利人知道或者应当知道权利受到损害以及义务人之日起计算。法律另有规定的，依照其规定。但是自权利受到损害之日起超过二十年的，人民法院不予保护；有特殊情况的，人民法院可以根据权利人的申请决定延长。该规定顺应了理论界和实务界的呼声，《民法典》对这一规则予以沿用，《民法典》第一百八十八条规定："向人民法院请求保护民事权利的诉讼时效期间为三年。法律另有规定的，依照其规定。诉讼时效期间自权利人知道或者应当知道权利受到损害以及义务人之日起计算。法律另有规定的，依照其规定。但是，自权利受到损害之日起超过二十年的，人民法院不予保护，有特殊情况的，人民法院可以根据权利人的申请决定延长。"

在《民法通则》规定一般诉讼时效为两年的情况下，《环境保护法》规定了三年的诉讼时效，体现了法律对生态环境侵权受害人的特殊保护。虽然在《民法总则》出台后，生态环境侵权的诉讼时效已经不再具有特殊性，但根据立法精神，对于生态环境侵权诉讼时效应予宽松把握。因此本条关于持续性生态环境侵权诉讼时效的规定，侵权行为仍然持续的，诉讼时效应自侵权行为终了之日起算，有利于保护权利人的权利。

【审判实践中需要注意的问题】

如前所述，根据立法精神，对于生态环境侵权诉讼时效应予宽松把握，为保护权利人权利，对于持续性生态环境侵权，诉讼时效应自侵权行为终了之日起算。但是，《民法典》第一百八十八条第二款对特别诉讼时效期间作出了规定，自权利受到损害之日起超过二十年的，人民法院不予保护。最长诉讼时效期间的规定具有以下特点：一是自权利受到损害之日起计算。最长诉讼时效采用客观标准，从权利受到损害之日开始计算。二是不考虑权利人何时知道权利受到侵害及具体义务人。即使权利受到侵害后权利人一直不知道，但是只要权利受到损害之日起超过 20 年的，除极特殊情况下的诉讼时效延长外，人民法院就不予保护。三是具有固定性，该期限不适用诉讼时效中止、中断的规定，固定为 20 年时间。因此，虽然基于保护权利人的目的，持续性侵权诉讼时效作出了特别规定，但其诉讼时效仍受 20 年最长诉讼时效限制。

【法条链接】

《中华人民共和国民法典》（2020 年 5 月 28 日）

第一百八十八条　向人民法院请求保护民事权利的诉讼时效期间为三年。法律另有规定的，依照其规定。

诉讼时效期间自权利人知道或者应当知道权利受到损害以及义务人之日起计算。法律另有规定的，依照其规定。但是，自权利受到损害之日起超过二十年的，人民法院不予保护，有特殊情况的，人民法院可以根据权利人的申请决定延长。

> 第二十八条　【生态环境侵权诉讼时效中断】被侵权人以向负有环境资源监管职能的行政机关请求处理因污染环境、破坏生态造成的损害为由，主张诉讼时效中断的，人民法院应予支持。

【条文主旨】

本条是关于生态环境侵权诉讼时效中断的规定。

【条文理解】

一、诉讼时效中断

诉讼时效制度的主要功能系督促权利人及时行使权利，稳定现存法律及社会秩序。诉讼时效期间中断，指诉讼时效期间进行过程中，出现了权利人积极行使权利等法定事由，从而使已经经过的诉讼时效期间归于消灭，重新计算期间的制度，[①] 是一种诉讼时效障碍制度，合法阻却诉讼时效的完成，保护权利人权利。《民法典》第一百九十五条对诉讼时效中断法律适用规则作出规定："有下列情形之一的，诉讼时效中断，从中断、有关程序终结时起，诉讼时效期间重新计算：（一）权利人向义务人提出履行请求；（二）义务人同意履行义务；（三）权利人提起诉讼或者申请仲裁；（四）与提起诉讼或者申请仲裁具有同等效力的其他情形。"该规定延用了《民法总则》的规定。我国最初对诉讼时效中断的规定为《民法通则》第一百四十条："诉讼时效因提起诉讼、当事人一方提出要求或者同意履行义务而中断。从中断时起，诉讼时效期间重新计算。"

（一）诉讼时效中断的事由

1. 权利人向义务人提出履行请求

关于权利人向义务人提出履行请求的生效标准，我国采到达主义，即权利人主张权利的意思表示应到达或者应当到达义务人，但无需义务人同意。《民事案件诉讼时效规定》第八条规定："具有下列情形之一的，应当认定为民法典第一百九十五条规定的'权利人向义务人提出履行请求'，产生诉讼时效中断的效力：（一）当事人一方直接向对方当事人送交主张权利文书，对方当事人在文书上签名、盖章、按指印或者虽未签名、盖章、按指印但能够以其他方式证明该文书到达对方当事人的；（二）当事人一方以发送信件或者数据电文方式主张权利，信件或者数据电文到达或者应当到达对方当事人的；（三）当事人一方为金融机构，依照法律规定或者当事人约

[①] 黄薇：《中华人民共和国民法典释义及适用指南》，中国民主法制出版社2020年版，第305页。

定从对方当事人账户中扣收欠款本息的；（四）当事人一方下落不明，对方当事人在国家级或者下落不明的当事人一方住所地的省级有影响的媒体上刊登具有主张权利内容的公告的，但法律和司法解释另有特别规定的，适用其规定。前款第（一）项情形中，对方当事人为法人或者其他组织的，签收人可以是其法定代表人、主要负责人、负责收发信件的部门或者被授权主体；对方当事人为自然人的，签收人可以是自然人本人、同住的具有完全行为能力的亲属或者被授权主体。"该规定对"权利人向义务人提出履行请求"的情形作出了更加具体详细的规定。

2. 义务人同意履行义务

义务人同意履行义务，是指义务人承认并同意履行义务。《民事案件诉讼时效规定》第十四条规定："义务人作出分期履行、部分履行、提供担保、请求延期履行、制定清偿债务计划等承诺或者行为的，应当认定为民法典第一百九十五条规定的'义务人同意履行义务'"，对"义务人同意履行义务"在实践中的表现形式进行明确。上述同意履行义务的形式，一方面使债权得以明确和维持，另一方面也是债务人对债权人作出履行承诺，使得债权人对债务人产生合理信赖，债权人也因此不必再以其他方式主张权利，因而发生诉讼时效中断的效力。

3. 权利人提起诉讼或者申请仲裁

权利人提起诉讼或者申请仲裁是权利人主张权利最强烈有效的意思表示方式，当事人向人民法院提起的诉讼足以认定权利人向义务人主张了争议的权利，从而产生诉讼时效中断的效力。至于权利人提起诉讼的，诉讼时效期间应从何时中断，《民事案件诉讼时效规定》第十条规定："当事人一方向人民法院提交起诉状或者口头起诉的，诉讼时效从提交起诉状或者口头起诉之日起中断。"

4. 与提起诉讼或者申请仲裁具有同等效力的其他情形

《民事案件诉讼时效规定》第十一条规定:"下列事项之一,人民法院应当认定与提起诉讼具有同等诉讼时效中断的效力:(一)申请支付令;(二)申请破产、申报破产债权;(三)为主张权利而申请宣告义务人失踪或死亡;(四)申请诉前财产保全、诉前临时禁令等诉前措施;(五)申请强制执行;(六)申请追加当事人或者被通知参加诉讼;(七)在诉讼中主张抵销;(八)其他与提起诉讼具有同等诉讼时效中断效力的事项。"第十二条规定:"权利人向人民调解委员会以及其他依法有权解决相关民事纠纷的国家机关、事业单位、社会团体等社会组织提出保护相应民事权利的请求,诉讼时效从提出请求之日起中断。"第十三条规定:"权利人向公安机关、人民检察院、人民法院报案或者控告,请求保护其民事权利的,诉讼时效从其报案或者控告之日起中断。上述机关决定不立案、撤销案件、不起诉的,诉讼时效期间从权利人知道或者应当知道不立案、撤销案件或者不起诉之日起重新计算;刑事案件进入审理阶段,诉讼时效期间从刑事裁判文书生效之日起重新计算。"该司法解释第十一条、第十二条、第十三条对"与提起诉讼或者申请仲裁具有同等效力的其他情形"作出了具体规定。

(二)诉讼时效中断后重新起算点的确认

对于《民法典》第一百九十五条重新起算点"从中断、有关程序终结时起"应该如何理解的问题,我们认为,该条第一项"权利人向义务人提出履行请求"和第二项"义务人同意履行义务"为时点性事由,适用从中断时起重新起算;第三项"权利人提起诉讼或者申请仲裁"和第四项"与提起诉讼或者申请仲裁具有同等效力的其他情形"为时期性事由,适用从有关程序终结时重新起算。

二、向行政主管部门请求处理生态环境侵权纠纷

本解释根据行政主管部门生态环境保护职能定位和生态环境侵权案件特点，遵循《民法典》关于诉讼时效中断的规定，制定本条规定。

2020年中共中央办公厅、国务院办公厅印发《关于构建现代环境治理体系的指导意见》提出，要构建党委领导、政府主导、企业主体、社会组织和公众共同参与的现代化环境治理体系。为依法支持政府主管部门发挥职能作用，促进纠纷及时有效化解，维护被侵权人合法权益，本条规定，被侵权人向负有环境资源监管职能的行政机关请求处理因污染环境、破坏生态造成的损害的，产生诉讼时效中断的效力。

根据生态环境保护相关单行法的规定，生态环境等主管部门具有调处纠纷、解决民事争议及保护民事权利的职能，生态环境侵权造成的损害，被侵权人可以请求生态环境行政主管部门调解处理。例如，《土壤污染防治法》第九十六条第三款规定："土壤污染引起的民事纠纷，当事人可以向地方人民政府生态环境等主管部门申请调解处理，也可以向人民法院提起诉讼。"《水污染防治法》第九十七条规定："因水污染引起的损害赔偿责任和赔偿金额的纠纷，可以根据当事人的请求，由环境保护主管部门或者海事管理机构、渔业主管部门按照职责分工调解处理；调解不成的，当事人可以向人民法院提起诉讼。当事人也可以直接向人民法院提起诉讼。"生态环境侵权具有滞后性、隐蔽性和积累性特点，环保部门等相关行政机关负有保护生态环境的行政职责，在生态环境保护中应当发挥主导作用，在处理生态环境侵权纠纷时不但掌握更详细的情况，也具有比诉讼更加灵活的优势。

本条规定中"向负有环境资源监管职能的行政机关请求处理"属于《民事案件诉讼时效规定》第十二条规定的权利人向依法有解决相关民事纠纷的国家机关提出保护相应民事权利的请求的情形；属于《民法典》第一百九十五条第四项"与提起诉讼或者申请仲裁具有同等效力的其他情形"的情形。诉讼时效在被侵权人向负有环境资源监管职能的行政机关提出请求之日中断。如果被侵权人提出请求后经有权机关处理未能解决纠纷的，则诉讼时效应从被侵权人知道或者应当知道纠纷未获解决之日起重新起算。如做出调处决定或达成调处协议，调处决定或调处协议中规定了侵权人等义务人履行义务的履行期限，在履行期限届满后义务人未履行或者未完全履行义务的，则诉讼时效自履行期届满之日重新起算。

三、诉讼时效中断在环资案件中的认定

环境资源审判实践中，已经有在环境污染责任纠纷案件审理中，受诉法院认定被侵权人向环保局反映问题，产生诉讼时效中断效力的案例。

在李某诉某安装公司环境污染责任纠纷案[①]中，受诉法院查明，原告李某于1994年起承包某地块种植水果，于2007年5月发现承包地上果树出现异常并造成了大部分果树减产。之后，多次找环保局反映问题。又查明，2007年，被告某安装公司未经环保部门审批，擅自开工建设并投入化铝生产，生产过程中产生粉尘和异味对周围环境造成影响。2007年5月29日，某市环境保护局对被告作出行政处罚。被告于2007年6月1日停止化铝生产，并于2007年7月16日将所有生产设施拆除，并将厂区南墙外堆放的废铝灰清除。

---

① 本案例系在真实案例基础上改编加工而成。

2008年8月，原告反映被告又暗地进行化铝生产，某市环境保护局执法人员现场检查未发现有生产行为，但原进行生产的部分原料仍堆积在厂区院内。经某市环境监察支队组织调查，该部门于2008年12月24日做出环境监察现场调查处理单，认为被告生产产生的粉尘污染造成果园危害，初步认定被告对原告有相应的赔偿责任。原告于2011年1月11日向人民法院起诉。

受诉法院认为，原告于2007年5月发现承包地上果树出现异常并造成了大部分果树减产，之后，其多次找环保局反映问题，诉讼时效中断。

本解释的发布实施，将进一步规范环资案件诉讼时效中断效力认定，有利于支持政府主管部门发挥职能作用，促进纠纷及时有效化解，维护被侵权人合法权益。

【审判实践中需要注意的问题】

当事人向负有环境资源监管职能的行政机关请求处理因污染环境、破坏生态造成的损害，通常行政机关按照行政调解工作要求，根据相关法律、法规、规章和政策规定，对与其行政职能有关的矛盾纠纷，通过疏导、说服、教育，促使各方当事人在自愿、平等协商的基础上达成一致协议，以解决矛盾纠纷。行政调解并非环境侵权之诉的前置程序，当事人也可以不选择行政调解，直接向法院提起诉讼。行政调解不具有法律上的强制执行效力，一方当事人不履行协议的，另一方当事人可以依法向法院提起诉讼。根据2023年修改的《民事诉讼法》第二百零六条规定，经依法设立的调解组织调解达成调解协议，可以由双方当事人自调解协议生效之日起三十日内，共同向相应人民法院申请司法确认；该法第二百零六条规定："人民法院受理申请后，经审查，符合法律规定的，裁定调解协议有效，一方当事人拒绝履行或者未全部履行的，对方当事人可以向人民法院申请执行；不符合法律规定的，裁定驳回申请，当事人可以通过调解方式变更原调解协议或者达成新的调解协议，也可以向人民法院提起诉讼。"未经司法确认的，当事人一旦起诉，则行政机关主持达成的调解协议自动失效，此时环境污染纠纷的解决以人民法院的生效判决、裁定或者在法院主持下达成的调解协议、调解书为依据。

【法条链接】

《中华人民共和国土壤污染防治法》（2018年8月31日）

第九十六条　污染土壤造成他人人身或者财产损害的，应当依法承担侵权责任。

土壤污染责任人无法认定，土地使用权人未依照本法规定履行土壤污染风险管控和修复义务，造成他人人身或者财产损害的，应当依法承担侵权责任。

土壤污染引起的民事纠纷，当事人可以向地方人民政府生态环境等主管部门申请调解处理，也可以向人民法院提起诉讼。

第二十九条　【时间效力和新旧司法解释的衔接适用】 本解释自2023年9月1日起施行。

本解释公布施行后，《最高人民法院关于审理环境侵权责任纠纷案件适用法律若干问题的解释》（法释〔2015〕12号）同时废止。

【条文主旨】

本条是关于本解释时间效力和新旧司法解释衔接适用的规定。

【条文理解】

一、起草背景

《环境侵权责任规定》（法释〔2015〕12号）于2015年2月9日经最高人民法院审判委员会第1644次会议通过，根据2020年12月23日最高人民法院审判委员会第1823次会议通过的《最高人民法院关于修改〈最高人民法院关于在民事审判工作中适用《中华人民共和国工会法》若干问题的解释〉等二十七件民事类司法解释的决定》进行了修正。2015年《环境侵权责任规定》在适用范围上包括公益诉讼案件和私益诉讼案件，在内容上包括实体规则和程序规则，是最高人民法院出台的首部关于环境民事责任的综合性司法解释。该部司法解释的出台，对于指导环境司法实践，统一裁判尺度发挥了重要作用。近年来，随着生态环境法治体系的完善和环境司法走向深入，2015年《环境侵权责任规定》的规定已经不能完全适应审判实践的要求。为此，最高人民法院坚持问题导向，总结环境司法实践形成的共识，对原司法解释的相关条文涉及私益侵权的内容予以扩充完善，形成了本解释。

相较于2015年《环境侵权责任规定》，本解释有以下特点：一是聚焦环境私益侵权案件的裁判规则。环境私益诉讼和环境公益诉讼在制度功能、理念原则、裁判规则方面都存在较大差别。本解释聚焦环境私益侵权的裁判规则，就案件范围、归责原则、数人侵权、责任主体、责任承担、诉讼时效等重点问题予以明确。除数人侵权等共通规则外，本解释原则上不适用于环境公益诉讼。二是提升裁判规则体系的完整性。相较 2015 年《环境侵权责任规定》，本解释的条文内容更加丰富。如本解释第一条、第二条、第三条通过正面规定和反向排除，明确了生态环境侵权的案件范围。第六条、第八条、第九条分别就数人侵权中"足以造成全部损害的"的举证责任，"假设因果关系"的免责，行为人排放的物质相互作用产生污染物造成损害责任承担作出规定，完善了数人侵权规则。第十二条、第十三条、第十四条规定了第三方治理模式中的生态环境侵权责任主体。第二十三条规定了生态环境侵权中受害人自然资源使用利益的特殊保护等。通过这些有针对性的条文设计，有效提升了裁判规则体系的完整性，有利于更好地指导司法实践。三是增强裁判规则的可操作性。如针对第三人责任，本解释第十九条规定，因第三人的过错污染环境、破坏生态造成他人损害，被侵权人同时起诉侵权人和第三人承担责任，侵权人对损害的发生没有过错的，人民法院应当判令侵权人、第三人就全部损害承担责任。同时应当在判决中明确侵权人承担责任后有权向第三人追偿。第二十条规定，被侵权人起诉第三人的，人民法院应当释明是否同时起诉侵权人。被侵权人不起诉侵权人的，人民法院应当追加侵权人参加诉讼。相较于《民法典》和 2015 年《环境侵权责任规定》关于第三人责任的原则性规定，本解释更加明确具体，具有可操作性。

二、本解释的时间效力

司法解释的时间效力是指司法解释何时生效、何时失效以及其对生效前的事件和行为是否具有溯及力等问题。司法解释的施行时间就是司法解释的生效时间，但何时生效的具体规定，相关立法授权决议中并未提及，一般根据司法解释的性质和实际需要来决定。1997年6月23日印发的《最高人民法院关于司法解释工作的若干规定》①（法发〔1997〕15号）第十一条规定："司法解释以在《人民法院报》上公开发布的日期为生效时间，但司法解释另有规定的除外。"2007年3月9日印发的《最高人民法院关于司法解释工作的规定》②（法发〔2007〕12号）第二十五条规定："司法解释以最高人民法院公告形式发布。司法解释应当在《最高人民法院公报》和《人民法院报》刊登。司法解释自公告发布之日起施行，但司法解释另有规定的除外。"2007年8月23日最高人民法院办公室印发的《关于规范司法解释施行日期有关问题的通知》（法办〔2007〕396号）规定："一、今后各部门起草的司法解释对施行日期没有特别要求的，司法解释条文中不再规定'本解释（规定）自公布之日起施行'的条款，施行时间一律以发布司法解释的最高人民法院公告中明确的日期为准。二、司法解释对施行时间有特别要求的，应当在司法解释条文中规定相应条款，明确具体施行时间，我院公告的施行日期应当与司法解释的规定相一致。"2019年2月，最高人民法院办公厅印发的《关于司法解释施行日期问题的通知》（法办〔2019〕2号）第一条规定："司法解释的施行日期是司法解释时间效力的重要内容，司法解释应当在主文作出明确规定：'本解释（规定或者决定）自×年×月×日起施行'。"

　　本解释于2023年6月5日由最高人民法院审判委员会第1890次会议通过，于2023年8月15日公布。根据最新司法解释的工作要求，本条以明文规定的形式明确了本解释施行时间为2023年9月1日。

---

① 该规定现已失效。
② 该规定现已修改。

三、有关司法解释的废止

根据本条文的规定，本解释公布施行后2015年《环境侵权责任规定》废止。司法解释的废止主要有以下几种情况：一是以新的司法解释代替旧的司法解释；二是司法解释本身规定了有效期限，期限结束，该司法解释自动废止；三是司法解释因某一特定情况而制定，该情况消失，司法解释即废止。本条文属于第一种情况，即以新的司法解释代替旧的司法解释。

在本解释公布施行后，2015年《环境侵权责任规定》所涉的程序规则和实体规则分别为最高人民法院公布施行的《环境侵权证据规定》和本解释所修改和完善，原解释没有适用的空间。其中，涉及私益侵权的裁判规则已为本解释全面替代，涉及公益诉讼裁判规则在环境公益诉讼、检察公益诉讼、生态环境损害赔偿诉讼等相关司法解释已有规定。针对《民法典》施行后环境公益诉讼领域的新情况、新问题，最高人民法院目前正在起草生态环境公益侵权相关司法解释。在此情况下，为避免司法解释适用出现混乱，2015年《环境侵权责任规定》予以废止。关于环境侵权的相关司法解释在此之前仅有2015年《环境侵权责任规定》这一部，并不涉及与其他司法解释在条文上的交叉重叠，故本条文仅写明需要废止的司法解释，并未有"与其他司法解释不一致，以本解释为准"的字样。

【审判实践中需要注意的问题】

本解释是对2015年《环境侵权责任规定》中所涉私益侵权裁判规则的全面替代，本解释施行后，2015年《环境侵权责任规定》相应废止。根据《立法法》第一百零四条规定："法律、行政法规、地方性法规、自治条例和单行条例、规章不溯及既往，但为了更好地保护公民、法人和其他组织的权利和利益而作的特别规定除外。"我国法律原则上不溯及既往，但是出于"为了更好地保护公民、法人和其他组织的权利和利益"，则具有溯及力。关于司法解释的溯及力问题，目前除了 2001 年 12 月 17 日施行的《最高人民法院、最高人民检察院关于适用刑事司法解释时间效力问题的规定》外，民事司法解释的溯及力问题并未统一规定。我们认为，司法解释是对法律的释明，虽然在被解释法律实施后制定，但应被视为被解释法律的一部分，其在生效之日就应适用于审判实践，故其具有溯及力，只是其溯及力应当受到被解释法律的时间效力范围的限制。换句话说，解释自身的溯及力没有限制，限制来源于被解释的法律规定。因此，对于本解释公布施行前人民法院已经受理的案件，只要所涉条款晚于被解释的法律，如《民法典》《土壤污染防治法》《环境保护法》等公布施行的日期，则当然适用本解释的规定。例如，对于本条规定的连带责任，如果行为发生于《环境保护法》公布施行前，则不予适用。又如，对本解释第十七条规定的违反风险管控和修复义务责任。如果土地使用权人未实施管控和修复行为造成损害系发生于《土壤污染防治法》公布施行之前，亦不予适用。

【法条链接】

《最高人民法院关于适用〈中华人民共和国民法典〉时间效力的若干规定》（2020 年 12 月 29 日）

第一条 民法典施行后的法律事实引起的民事纠纷案件，适用民法典的规定。

民法典施行前的法律事实引起的民事纠纷案件，适用当时的法律、司法解释的规定，但是法律、司法解释另有规定的除外。

民法典施行前的法律事实持续至民法典施行后，该法律事实引起的民事纠纷案件，适用民法典的规定，但是法律、司法解释另有规定的除外。

第二条 民法典施行前的法律事实引起的民事纠纷案件，当时的法律、司法解释有规定，适用当时的法律、司法解释的规定，但是适用民法典的规定更有利于保护民事主体合法权益，更有利于维护社会和经济秩序，更有利于弘扬社会主义核心价值观的除外。

第三条 民法典施行前的法律事实引起的民事纠纷案件，当时的法律、司法解释没有规定而民法典有规定的，可以适用民法典的规定，但是明显减损当事人合法权益、增加当事人法定义务或者背离当事人合理预期的除外。

第五条 民法典施行前已经终审的案件，当事人申请再审或者按照审判监督程序决定再审的，不适用民法典的规定。

《最高人民法院关于司法解释工作的规定》（2021年6月9日）

第二条 人民法院在审判工作中具体应用法律的问题，由最高人民法院作出司法解释。

第三条 司法解释应当根据法律和有关立法精神，结合审判工作实际需要制定。

第四条 最高人民法院发布的司法解释，应当经审判委员会讨论通过。

第五条 最高人民法院发布的司法解释，具有法律效力。

第二十五条 司法解释以最高人民法院公告形式发布。

司法解释应当在《最高人民法院公报》和《人民法院报》刊登。

司法解释自公告发布之日起施行，但司法解释另有规定的除外。

第二十七条 司法解释施行后，人民法院作为裁判依据的，应当在司法文书中援引。

人民法院同时引用法律和司法解释作为裁判依据的，应当先援引法律，后援引司法解释。

《最高人民法院办公厅关于司法解释施行日期问题的通知》（2019年2月15日）

为进一步规范和统一我院司法解释的施行日期，保证司法解释的正确适用，根据《最高人民法院关于司法解释工作的规定》第二十五条的规定，现将有关事项通知如下：

一、司法解释的施行日期是司法解释时间效力的重要内容，司法解释应当在主文作出明确规定："本解释（规定或者决定）自×年×月×日起施行"。批复类解释在批复最后载明的发布日期作为施行日期。

二、确定司法解释的施行日期应当充分考虑司法解释实施准备工作的实际需要。

三、司法解释的施行日期应当在提交审判委员会的送审稿中拟出，并提请审判委员会审议确定。

四、发布司法解释公告中的施行日期应当与司法解释中的施行日期一致。

图书在版编目（CIP）数据

最高人民法院生态环境侵权责任司法解释理解与适用/最高人民法院环境资源审判庭编著．—北京：中国法制出版社，2023.9

ISBN 978-7-5216-3813-4

Ⅰ.①最… Ⅱ.①最… Ⅲ.①环境保护法-侵权行为-民事诉讼-证据-法律适用-中国 Ⅳ.①D922.680.5

中国国家版本馆CIP数据核字（2023）第147804号

策划编辑：李小草　韩璐玮（hanluwei666@163.com）
责任编辑：孙静　赵律玮　白天园　　　　　　　　　　　　封面设计：李宁

最高人民法院生态环境侵权责任司法解释理解与适用
ZUIGAO RENMIN FAYUAN SHENGTAI HUANJING QINQUAN ZEREN SIFA JIESHI LIJIE YU SHIYONG

编著/最高人民法院环境资源审判庭
经销/新华书店
印刷/三河市紫恒印装有限公司

开本/730毫米×1030毫米　16开	印张/23.75　字数/287千
版次/2023年9月第1版	2023年9月第1次印刷

中国法制出版社出版

书号 ISBN 978-7-5216-3813-4　　　　　　　　　　　　定价：118.00元

北京市西城区西便门西里甲16号西便门办公区
邮政编码：100053　　　　　　　　　　　　　　　　传真：010-63141600
网址：http://www.zgfzs.com　　　　　　　　　　编辑部电话：010-63141787
市场营销部电话：010-63141612　　　　　　　　　　印务部电话：010-63141606

（如有印装质量问题，请与本社印务部联系。）